**생존을 위한 최소한의 지리**

# 생존을 위한 최소한의 지리

다섯 가지 키워드로 보는 초예측 지정학

최준영 지음

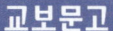

# 서문

시작은 2009년 여름의 스웨덴 스톡홀름이었다. 아름다운 스톡홀름은 수많은 역사 유적이 존재하지만 덥고 조금은 번잡하던 튀르키예 이스탄불과는 대조적으로 시원하고 깨끗했다. 누군가의 말처럼 북유럽의 일본이란 표현이 딱 들어맞는 곳이었다. 함께 출장을 갔던 일행의 인연으로 당시 주 스웨덴 대한민국 대사님을 만나 뵐 기회가 있었다. 만찬을 위해 찾아간 대사관저는 아름다운 동네에 위치해 있었고 소박하지만 깔끔했다. 대한민국이 참 많이 컸구나 싶었다.

만찬 자리에서 대사님으로부터 직접 듣게 된 스웨덴 이야기는 말 그대로 다른 세상이었다. 우리나라 국회와 마찬가지로 스웨덴 의회에도 한-스웨덴 친선 협의회 같은 모임이 있는데 대사관에서는 매년 크리스마스에 여기 속해 있는 의원들에게 간단한 선물을 전달한다고 하셨다. 스웨덴 의원 윤리 규정에 따라 약 5만 원 정도의 비용 기준을 준수하려면 스웨덴산 앱솔루트 보드카 정도가 최선이라는 이야기에 좀 놀랐는데 더 놀라운 이야기는 그다음부터였다. 선물이 전달되고 나면 다음날부터 전화, 이메일 등을 통해 문의가 쏟아진다는 것이었다. 내가 외국 대사관에서 이런 선물을 받아도 되는지 모르겠다는 문의였다. 의회 윤리 규정을 설명해 주고, 필요하면 고참 의원 아무개에게 물어보면 확인해 줄 것이라고 말하면 전화기 너머로 정말 진심으로 고맙고 감사하다는 인사가 이어진다는 이야기는 신기하기도, 좀 어이가 없기도 했다. 놀라운 건 여기서 끝이 아니었다. 그런 설명 이후에도 몇몇 의원들은 걸어서, 또는 자전거를 타고 선물을 돌려주러 대사관을 찾는단다. "아무리 생각해도 내가 이렇게 선물을 받는 게 부담스러워서요."라면서 말이다.

소박하고 깨끗한 정치가 부럽다고 하니 대사님은 이야기를 더 해 주셨다. 봄이 되면 친선 협의회 소속 의원들을 부부 동반으로 초청해 대사관저에서 만찬을 함께하곤 하는데 이때 방문하는 의원들 대부분 표정이 싱글벙글 그 자체라는 것이었다. 본인이 의원이라는 것을 배우자에게 인식시킬 수 있는 거의 유일한 기회이기 때문이라는 설명이었다. 높은 물가로 외식이 거의 불가능하고 의원 2명당 1명의 보좌관을 쓰기 때문에 매일 바쁜 일상을 보내는 그들에게 외국 대사관에서의 만찬은 잠깐의 여유를 즐길 수 있는 매우 특별한 이벤트였다.

만찬을 마치고 배웅해 주시는 대사님께 대사관저가 매우 아름답다고 말씀드리니 원래 대사관 건물로 임차해서 사용하고 있었는데 1990년대 초반 스웨덴 경제 위기 때 건물주가 제발 사달라고 해서 아주 저렴한 가격에 구입했다고 하셨다. 이렇게 아름답고 검소한 나라에 경제 위기라니? 상상이 되지 않았다. 스웨덴에 대해 좀 더 알고 싶다는 생각이 들었지만 귀국 후 바쁜 일상에 묻혀 기억은 잊혔다.

2012년 우연한 기회에 미국에서 나온 박사 논문 《Constructing the People's Home인민의 집 만들기》을 접하게 됐다. 1879년부터 1976년까지 스웨덴의 정치와 경제 그리고 복지 체계 형성에 관한 논문이었다. 전혀 알지 못했던 내용이 많았다. 먹고살기 어려웠던 스웨덴 전체 국민의 3분의 1이 미국으로 건너갔고, 그들이 모여 사는 곳이 미국 중북부의 미네소타주라고 했다. 미국으로 건너간 이주민 대부분이 보수적인 농민인 탓에 좌파 정부가 오랫동안 쉽게 정권을 유지할 수 있었다는 점도, 스웨덴의 복지라는 것이 원래 스웨덴의 국교회 교구에서 하던 것을 이어받아서 비교적 쉽게 정착할 수 있었다는 것도 알게 됐다. 세상의 일이 참 이렇게 연결되는구나 싶었다.

스웨덴에 대해 알아가면서 세계 여러 나라들에 대해서도 새삼 관심이 생겼다. 기후 변화 업무를 담당한다는 이유로 매일 책상 위에 놓여 있던 〈뉴욕타임스〉를 언제부턴가 열심히 보게 됐다. 아프가니스탄에 병력을 추가 투입해야 하는지를 둘러싸고 버락 오바마Barack Obama 대통령과 의회의 갈등이 한창 진행되던 상황이라 아프가니스탄 그리고 파키스탄에 관한 내용들이 넘쳐났다. 나무 한 그루 없는 삭

막해 보이는 풍경이 원래 그랬던 것은 아니라는 점도 알게 됐다. 올리브 열매를 키워 이란 등에 수출하던 나라가 아프가니스탄이었다. 하지만 1980년대 이후 내전이 지속되면서 아프가니스탄 사람들은 참고 기다려서 열매를 수확한다는 것을 잊어버리게 됐다. 나무가 눈에 띄면 남들보다 빨리 잘라서 땔감으로 사용하는 게 훨씬 합리적인 상황이었기 때문이다. 미국을 비롯한 서방 국가들의 원조를 제대로 활용하지 못하는 아프가니스탄 사람들을 이해하게 된 순간이었다.

아프가니스탄과 더불어 끝없이 등장하는 국가가 파키스탄이다. 미국과 협력하는 척하면서 탈레반을 뒤에서 돕는다는 미국의 불만이 이해되지 않았다. 이에 대한 궁금증을 해결하기 위해 《Pakistan: A Hard Country 파키스탄: 어려운 나라》라는 책을 킨들(미국의 온라인 상거래 플랫폼 아마존에서 만든 전자책 기기)로 읽었다. 좋지 않은 영어 실력 탓에 하루 읽을 수 있는 양은 얼마 되지 않았지만 오늘도 내일도, 출근길 퇴근길 그리고 자기 전에 몇 줄씩 읽어 나가자 조금씩 파키스탄이라는 나라의 모습이 머릿속에 그려졌고, 왜 그런 줄타기를 할 수밖에 없었는지도 이해가 됐다. 더불어 어렴풋이 알던 인도와의 관계 그리고 공포감도 깨달았다. 사우디아라비아를 비롯한 중동 국가와의 관계 역시 파키스탄이 이상한 것이 아니라, 세상을 단순히 우방 아니면 적으로 나누는 우리가 어쩌면 더 이상한 나라가 아닐까 하는 생각을 하게 됐다.

한번 재미가 붙자 자꾸 찾아보게 됐다. 2017년 전기자동차 업무를 하게 되면서는 배터리, 그중에서도 코발트에 흥미가 생겼고, 아프리카 한복판에 있는 콩고민주공화국에 관심이 갔다. 이런저런 자료를 찾다가 우연히 접한 책이 《Dancing in the Glory of Monsters몬스터의 영광 속에서 춤추기》였다. 콩고민주공화국 이야기라 생각하고 읽기 시작했는데 알고 보니 옆 나라 르완다를 중심으로 한 이야기였다. 막연히 대학살이 있었던 나라로만 알고 있던 르완다가 옆 나라 콩고민주공화국과 어떤 악연이 있었는지, 그리고 1990년대에 아프리카 전역을 대상으로 한 거대한 전쟁이 있었다는 사실도 알게 됐다. 아프리카라는 멀고 어두워 보이던 나라에 관심이 가기 시작해 다시 자료를 찾고, 책을 읽는 일이 시작됐다.

그렇게 흥미를 좇아 파고든 게 유튜브 채널 〈지구본 연구소〉로 이어졌다. 매일 다른 나라에서 벌어지는 일들을 찾고 정리하고 소개하는 게 힘들지 않느냐는 질문을 종종 받는다. 답은 '아니오'다. 세상은 넓고, 궁금하고 재미있는 일은 정말 많다. 우리가 꿈꾸는 유토피아도 없고, 반대로 완전한 지옥도 없다. 지구상에서 가장 끈질기고 독한 생명체인 사람은 어디에서나 살아남고, 꿈을 키우고, 생활을 영위한다. 처절한 살육 현장 바로 옆에서 사람들을 돕고 헌신하는 존재들이 공존하는 곳이 지구다. 완벽해 보이는 곳도 그만큼의 고민이 있고, 모든 것을 잘하는 것처럼 보이는 나라도 허술하고 숨기고 싶은 것이 있다. 꿈도 희망도 없어 보이는 나라에서도 기회를 찾아 바쁘게 움직이는 사람들이 존재하고, 풍요와 복지 속에서도 권태로움으로 어려움을 겪는 사람들이 존재한다.

    이 책은 그동안 〈지구본 연구소〉에서 이야기됐던 내용 가운데 많은 분들이 사랑해 주신 내용들과 함께 미래를 읽어 나갈 키워드들을 주제로 엮었다. 이 책을 안내자 삼아 세계에서 벌어지고 있는 일들을 하나씩 살펴보자. 책을 덮고 나서 세상이 조금 달라 보인다면 좋겠다.

2025년 8월
최준영

**차례**

서문      4

## 1부
## 경제와 주택

| | | |
|---|---|---|
| 1장 | 집 걱정 없는 나라, 오스트리아 | 26 |
| 2장 | 최저임금도 퇴직금도 없는 복지국가, 스웨덴 | 54 |
| 3장 | 일상에 자극이 필요한 부자 나라, 노르웨이 | 82 |
| 4장 | 동남아에서 가장 부유했던 나라의 몰락, 미얀마 | 102 |
| 5장 | 치솟는 물가에 반비례하는 성장, 캐나다 | 128 |

**2부
에너지**

| | | |
|---|---|---|
| 6장 | 백색수소의 시대, 말리 | 148 |
| 7장 | 셰일의 부활, 미국 | 160 |
| 8장 | 설탕, 시가, 그리고 니켈의 나라, 쿠바 | 178 |
| 9장 | 희토류를 품은 광물 창고, 우크라이나 | 198 |
| 10장 | 천연가스라는 권력, 러시아 | 212 |

**3부
인구와 기후**

| | | |
|---|---|---|
| 11장 | 넓은 땅에 적은 인구로 사는 법, 카자흐스탄 | 232 |
| 12장 | 인구가 가장 많은 나라, 인도 | 248 |
| 13장 | 저출생 시대, 인구가 급증한 미국 플로리다 | 260 |
| 14장 | 가뭄과 홍수로 고민하는 중국 | 272 |
| 15장 | 호주, 그리고 전 세계 생존을 위협하는 산불 | 286 |

| | |
|---|---|
| 참고문헌 | 300 |

## 미국
**셰일 오일 생산량 1위**
(2025 추정)
1위 미국
2위 러시아
3위 중국

## 오스트리아
**살기 좋은 도시 2위**
(이코노미스트, 2025)
1위 코펜하겐
공동 2위 빈
공동 2위 취리히

## 스웨덴·노르웨이·캐나다
**삶의 질**
(US뉴스, 2023)
1위 스웨덴
2위 노르웨이
3위 캐나다

## 플로리다
**미국 내 인구수 3위**
1위 캘리포니아
2위 텍사스
3위 플로리다

## 쿠바
**1,000명당 의사 수 1위**
(세계은행, 2017)
1위 쿠바
2위 모나코
3위 스웨덴

## 말리
세계 최초 백색수소 생산

# #경제
## economy

국내총생산gross domestic product, GDP은 그 나라의 경제 규모와 세계 시장에서의 경쟁력을 가늠하는 중요한 지표다.

GDP는 크게 명목 GDP와 구매력 평가purchasing power parity, PPP GDP로 나눌 수 있다. 명목 GDP는 국내에서 생산된 최종 생산물의 수량에 당시 가격을 곱해 산출한 지표이고, PPP GDP는 스웨덴의 경제학자 칼 구스타프 카셀Karl Gustav Cassel이 제안한 것으로, 나라의 물가 수준을 반영한 실제 구매력을 비교하는 지표다.

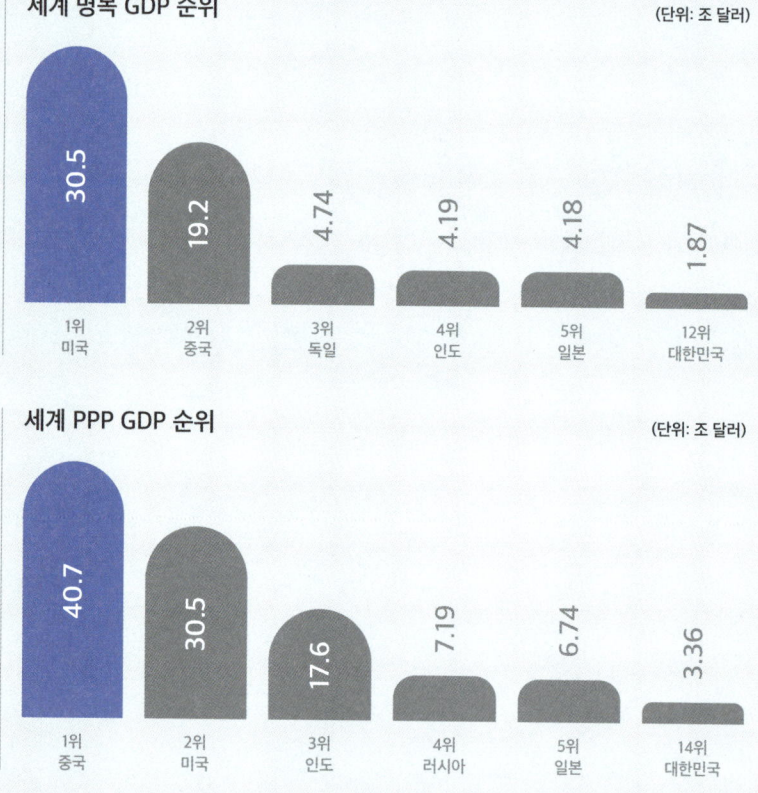

세계 명목 GDP 순위 (단위: 조 달러)

| 1위 미국 | 2위 중국 | 3위 독일 | 4위 인도 | 5위 일본 | 12위 대한민국 |
|---|---|---|---|---|---|
| 30.5 | 19.2 | 4.74 | 4.19 | 4.18 | 1.87 |

세계 PPP GDP 순위 (단위: 조 달러)

| 1위 중국 | 2위 미국 | 3위 인도 | 4위 러시아 | 5위 일본 | 14위 대한민국 |
|---|---|---|---|---|---|
| 40.7 | 30.5 | 17.6 | 7.19 | 6.74 | 3.36 |

세계 GDP 순위를 비교해 보면 1~5위가 순위 변동은 있을지언정 고정된 듯 보인다. 그럼 1인당 GDP는 어떨까. GDP에 인구가 반영되면 전혀 다른 양상을 띤다. 국민 한 사람이 얼마나 더 많은 재화와 서비스를 소비하고 있는지를 보여 주는 1인당 GDP에는 앞에서 보지 못한 나라들이 눈에 띈다.

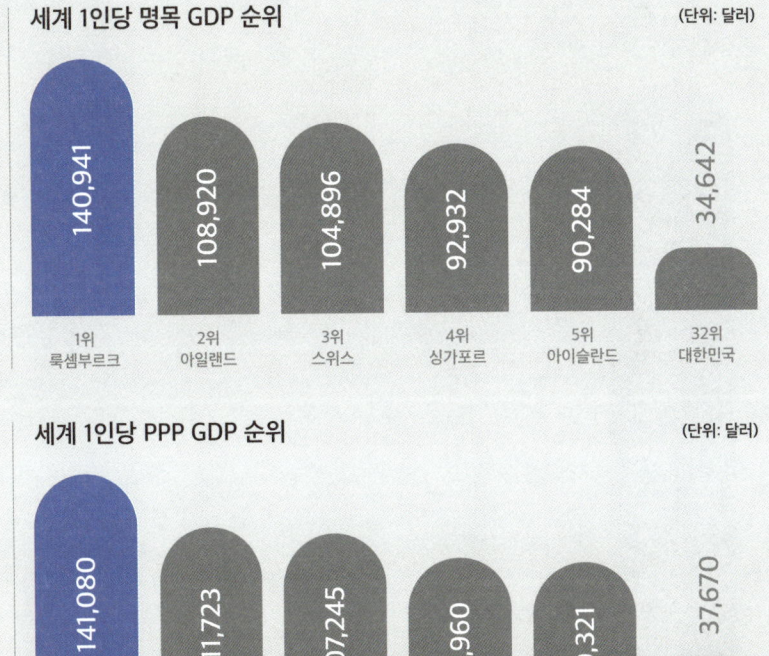

# #주택
# housing

나라의 경제도 물론 중요하지만 삶의 기본이 되는 '집'은 어느 나라에서나 중요한 이슈다. 특정 지역의 주택 가격의 변동을 측정하는 지표로는 주택가격지수 house price index, HPI가 있다. 주택가격지수는 주택의 유형별, 지역별, 수요 및 공급뿐 아니라 금리, 경제 성장률 등을 반영해 측정하며 정부의 부동산 정책, 주택 구입, 부동산 투자 등의 계획을 수립할 때 활용된다. 지수가 높을수록 해당 국가의 주택 가격이 크게 상승했다는 의미다.

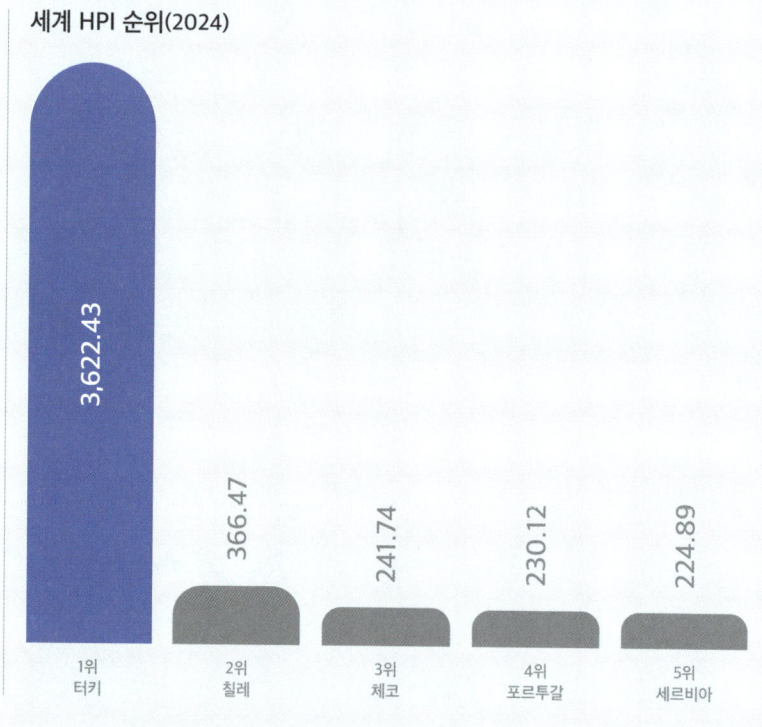

세계 HPI 순위(2024)

| 순위 | 국가 | HPI |
|---|---|---|
| 1위 | 터키 | 3,622.43 |
| 2위 | 칠레 | 366.47 |
| 3위 | 체코 | 241.74 |
| 4위 | 포르투갈 | 230.12 |
| 5위 | 세르비아 | 224.89 |

자료: TheGlobalEconomy.com

## 세계 주요 도시의 아파트 평균 가격 순위

(단위: 만 달러)

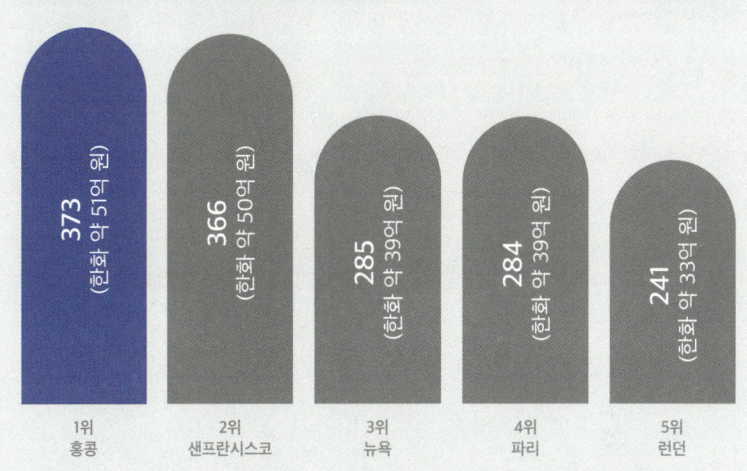

| 순위 | 도시 | 가격 |
|---|---|---|
| 1위 | 홍콩 | 373 (한화 약 51억 원) |
| 2위 | 샌프란시스코 | 366 (한화 약 50억 원) |
| 3위 | 뉴욕 | 285 (한화 약 39억 원) |
| 4위 | 파리 | 284 (한화 약 39억 원) |
| 5위 | 런던 | 241 (한화 약 33억 원) |

※ 2베드룸, 80제곱미터 기준    자료: Deutsche Bank Research Institute의 Mapping the World's Prices-2025

## 세계 주요 도시의 주택 월 임대료 순위

(단위: 달러)

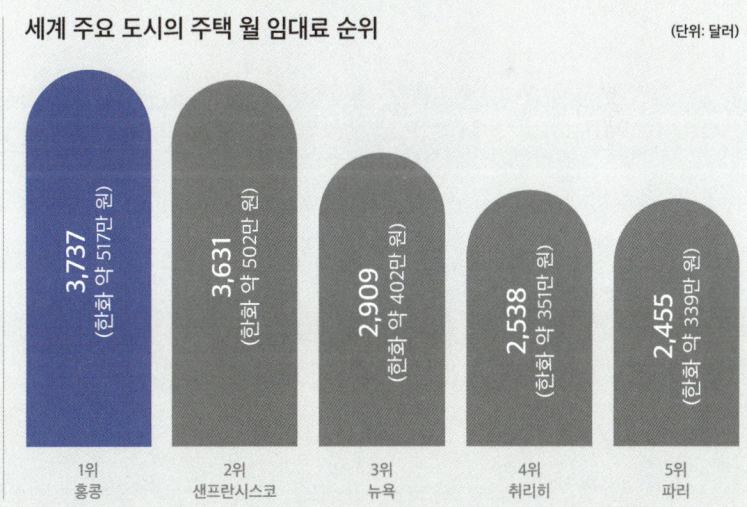

| 순위 | 도시 | 임대료 |
|---|---|---|
| 1위 | 홍콩 | 3,737 (한화 약 517만 원) |
| 2위 | 샌프란시스코 | 3,631 (한화 약 502만 원) |
| 3위 | 뉴욕 | 2,909 (한화 약 402만 원) |
| 4위 | 취리히 | 2,538 (한화 약 351만 원) |
| 5위 | 파리 | 2,455 (한화 약 339만 원) |

※ 2베드룸, 80제곱미터 기준    자료: Deutsche Bank Research Institute의 Mapping the World's Prices-2025

# #에너지
# energy

에너지는 살아가는 데 있어 가장 중요한 자원이다. 에너지가 없으면 생활도, 산업도 마비되는 건 한순간이다. 불행히 한국에는 천연 자원이 그리 풍부하지 않다. 그럼 어디서 어떤 자원을 가지고 올 수 있고, 또 부족한 자원을 만회할 만한 다른 에너지 자원은 없을지 탐구해 볼 필요가 있다. 여기에 한 가지 더하면 새로운 에너지원은 친환경적이어야만 한다.

| | | |
|---|---|---|
| **1위**<br>석유<br>세계 1차 에너지의 30퍼센트 | **2위**<br>천연가스<br>석유보다 청정해 에너지 전환기 핵심 자원 | **3위**<br>석탄<br>세계 전력 생산의 35퍼센트 |
| **4위**<br>우라늄<br>원자력 발전용 | **가장 주목받는<br>에너지 자원<br>베스트 10** | **5위**<br>태양광<br>탄소 중립의 핵심 재생 에너지 |
| **6위**<br>풍력<br>재생 에너지 | | **7위**<br>수력<br>가장 오래된 재생 에너지 |
| **8위**<br>리튬<br>2차 전지 배터리 산업 필수 자원 | **9위**<br>수소<br>미래 에너지로 주목 | **10위**<br>희토류<br>2차 전지 배터리 산업에 활용 |

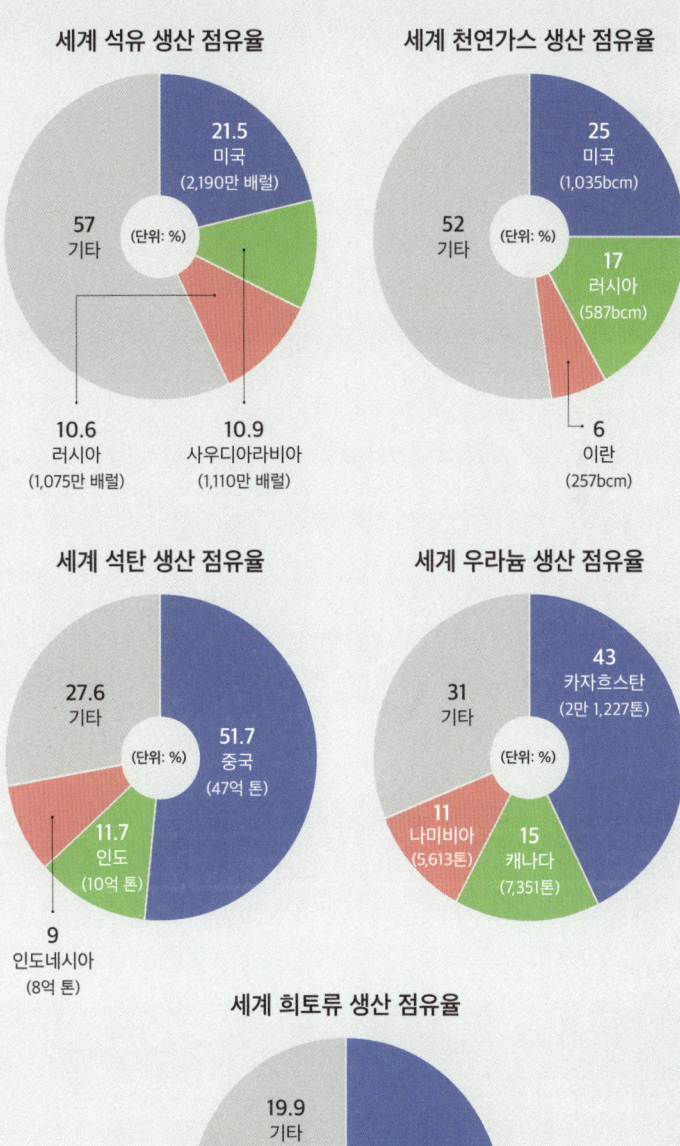

# #인구
# population

전 세계적으로 인구가 감소 추세에 있다고 하지만 여전히 어디는 너무 많아서 문제, 어디는 너무 적어서 문제다. 인류가 존속하기 위해서는 다양한 연령대의 적정 인구가 유지될 필요가 있다. 현재 가장 인구가 많은 나라는 인도다. 뿐만 아니라 인도는 1990년 이후 출생자가 전 인구의 3분의 2를 차지할 정도로 젊은 피라미드 구조다. 그런 인도조차 인구가 점차 감소세를 보이고 있어 곧 항아리 구조로 접어들 모양새다. 통계적으로 인구 구조가 항아리 형태를 띨 때 경제가 급격히 성장한다. 인도의 미래가 궁금해진다.

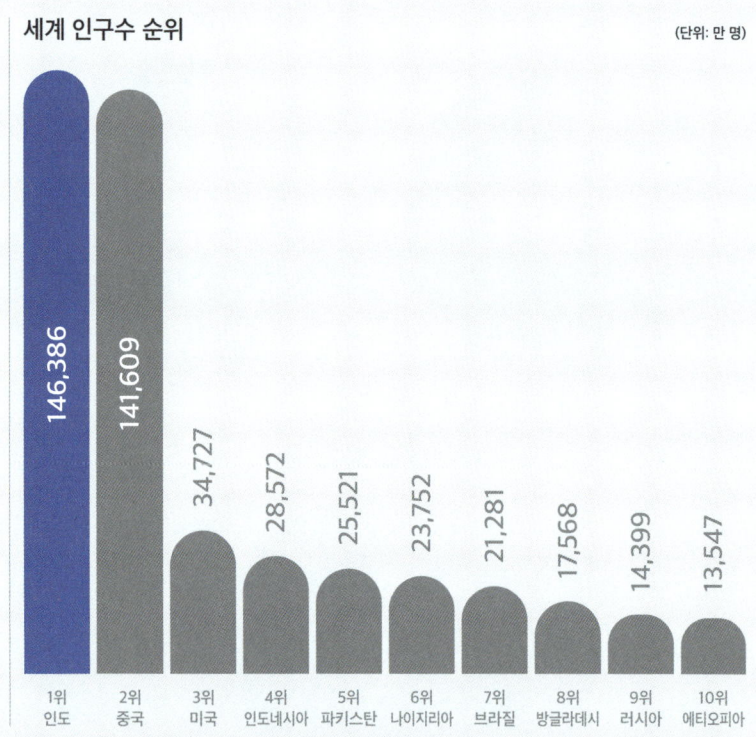

세계 인구수 순위 (단위: 만 명)

| 순위 | 국가 | 인구 |
|---|---|---|
| 1위 | 인도 | 146,386 |
| 2위 | 중국 | 141,609 |
| 3위 | 미국 | 34,727 |
| 4위 | 인도네시아 | 28,572 |
| 5위 | 파키스탄 | 25,521 |
| 6위 | 나이지리아 | 23,752 |
| 7위 | 브라질 | 21,281 |
| 8위 | 방글라데시 | 17,568 |
| 9위 | 러시아 | 14,399 |
| 10위 | 에티오피아 | 13,547 |

## OECD 회원국 합계출산율 최하위 순위

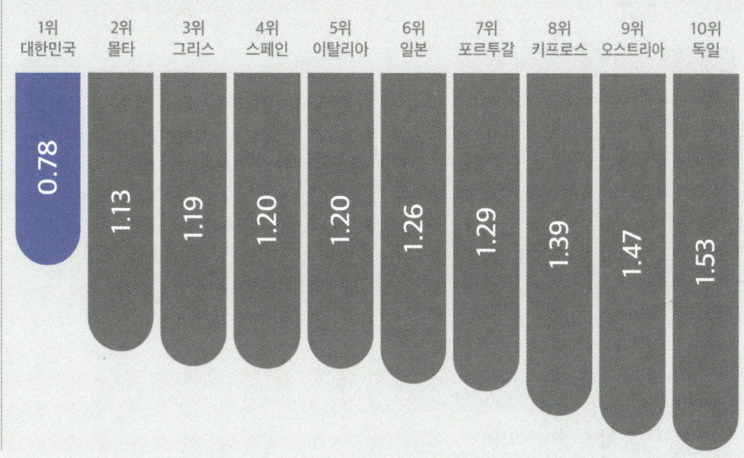

| 1위 대한민국 | 2위 몰타 | 3위 그리스 | 4위 스페인 | 5위 이탈리아 | 6위 일본 | 7위 포르투갈 | 8위 키프로스 | 9위 오스트리아 | 10위 독일 |
|---|---|---|---|---|---|---|---|---|---|
| 0.78 | 1.13 | 1.19 | 1.20 | 1.20 | 1.26 | 1.29 | 1.39 | 1.47 | 1.53 |

## OECD 회원국 고령화율 순위(인구 대비 65세 이상 인구 비율)

(단위: %)

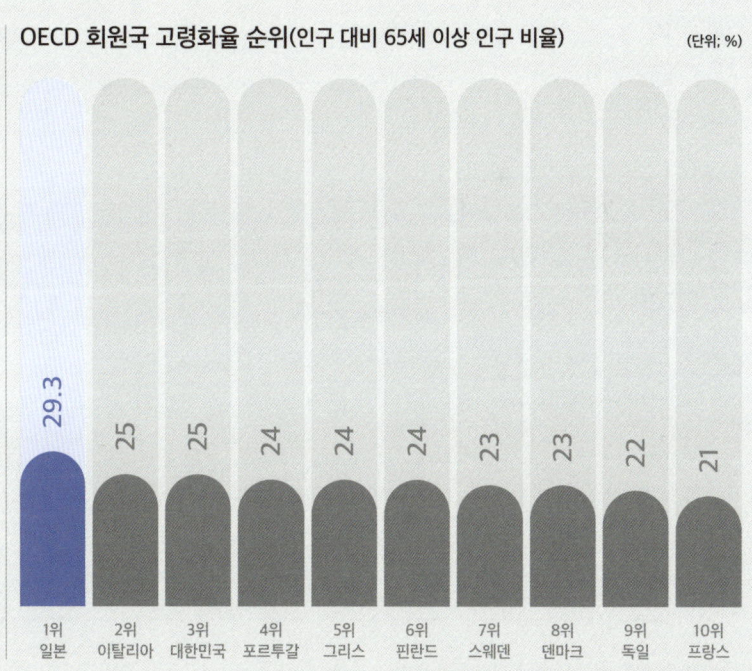

| 1위 일본 | 2위 이탈리아 | 3위 대한민국 | 4위 포르투갈 | 5위 그리스 | 6위 핀란드 | 7위 스웨덴 | 8위 덴마크 | 9위 독일 | 10위 프랑스 |
|---|---|---|---|---|---|---|---|---|---|
| 29.3 | 25 | 25 | 24 | 24 | 24 | 23 | 23 | 22 | 21 |

# #기후
# climate

연도별 지구 평균 기온 변화 그래프(2000년 이전 평균 기온 대비 변화 폭)

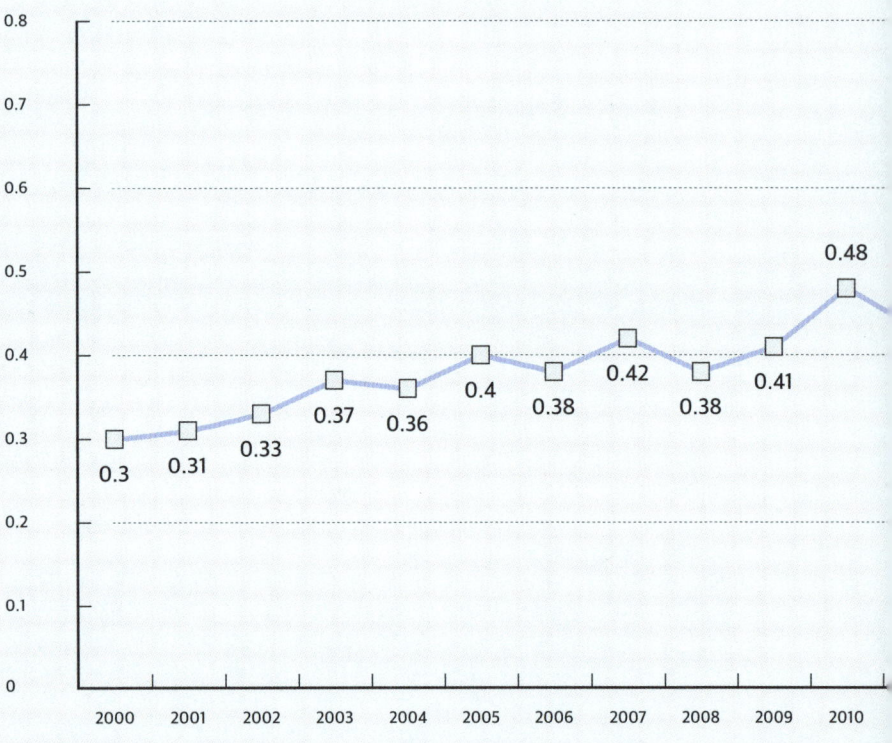

우리나라 사람들이 기후 위기를 가장 절박하게 느끼는 때는 여름 또는 겨울인 것 같다. 특히 여름에는 100년 만의 폭우, 100년 만의 더위 등의 뉴스가 일상이 됐다. 최근 전 세계적으로 발생하고 있는 극심한 가뭄과 무자비한 홍수, 불시에 연쇄적으로 발생하는 산불 등등 자연재해의 원인은 대부분 지구 온난화에 따른 기후 변화에 있다. 당장 나와는 상관없다는 안일한 태도, 다른 사람들도 다 신경 안 쓰니 나도 신경 쓰고 싶지 않다는 문제의식 결여, 결국 누군가 해결하겠지 하는 근거 없는 믿음이 머지않아 인류를 집어삼키지 않을까.

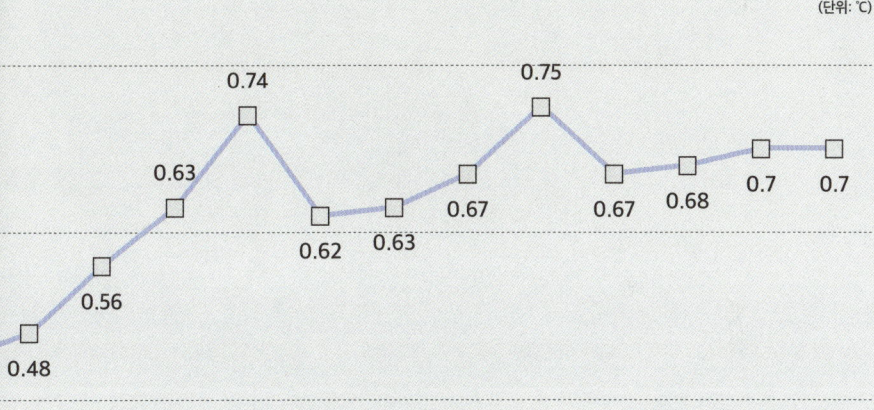

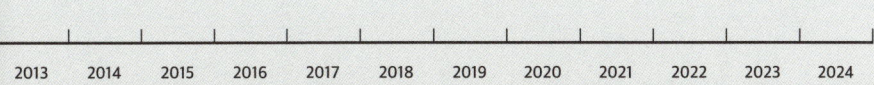

# 1부

# 경제와 주택

# 1장

## 집 걱정 없는 나라,
## 오스트리아

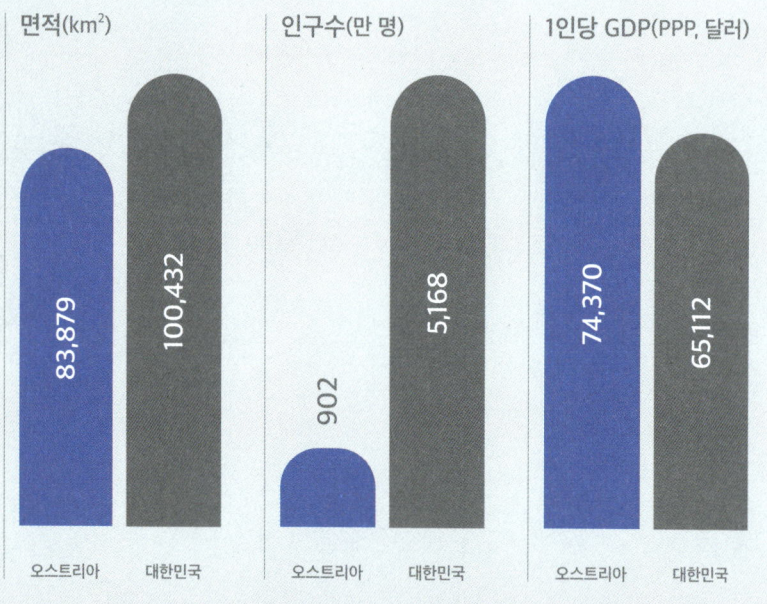

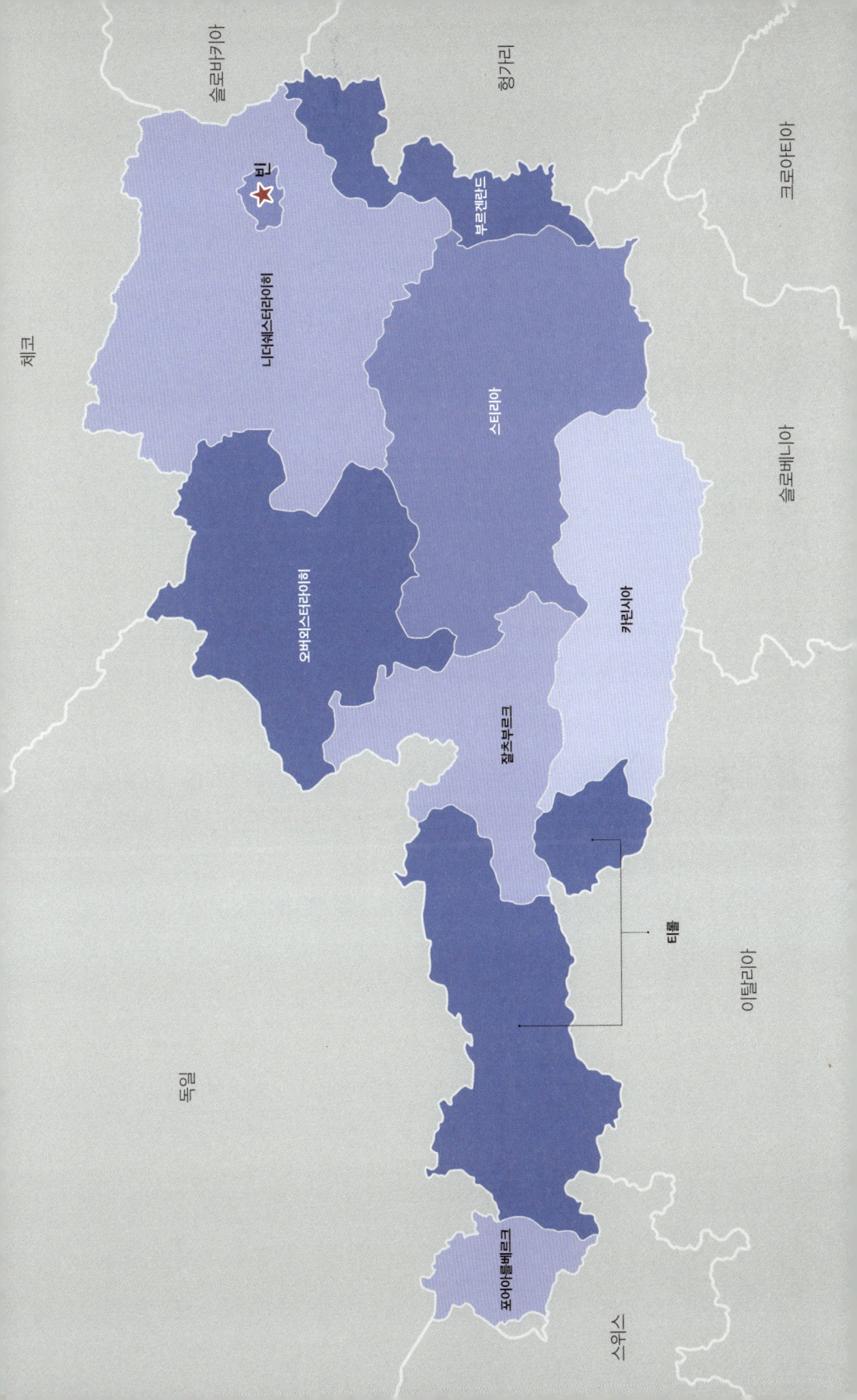

문명이 시작된 이래로 사람들은 도시로 모여들었다. 하지만 모든 도시가 살기 좋기만 한 건 아니다. 사람들은 어떤 환경에서 살기 좋다고 느낄까? 우선순위는 저마다 다르겠지만 일반적으로 풍부한 일자리, 안정적인 물가, 쾌적한 환경 안에서 사람들은 만족감을 느낀다. 세계에서 가장 살기 좋은 도시를 조사할 때 거의 매번 1, 2위를 놓치지 않는 곳이 오스트리아 빈이다.

러시아를 제외하면 유럽에서 가장 동쪽에 있어서 동방 제국이라 불리며 이슬람 등 외부의 침입으로부터 유럽을 지키는 방파제 역할을 하기도 했던 오스트리아는 면적 약 8만 제곱킬로미터로 우리나라보다 조금 작다. 빈은 이런 오스트리아의 수도다. 빈의 면적은 약 432제곱킬로미터로 서울의 3분의 2 정도이며 그중 50퍼센트가 녹지인데, 서울의 녹지는 대부분이 산인 반면 빈의 녹지에는 공원이 많다.

빈의 인구는 약 195만 명, 수도권이라고 할 수 있는 주변 권역까지 포함해도 대략 260만 명 정도로 많지 않아, 도시가 전체적으로 여유롭고 깨끗한 인상을 준다. 오스트리아-헝가리 제국의 수도로서 오랫동안 유럽의 동쪽을 지켜 온 대표적인 도시인 만큼 빈 곳곳에는 역사와 문화 유적들이 자리하고 있고, 이들은 일상 공간과 적절히 조화를 이룬다. 사실 유럽에는 이런 도시들이 꽤 많다. 그럼에도 불구하고 가장 살기 좋은 도시로 빈이 꼽히는 데는 어떤 이유가 있을까?

## 살기 좋은 도시는 집으로부터

유럽의 아름다운 도시들 중 대부분에서는 주택이 새로 공급되는 일이 드물다. 과거의 아름다움을 보존하기 위해 규제를 강력하게 하다 보니 신규 주택의 공급이 매우 제한적으로 이루어질 수밖에 없다. 세계 어디든 대도시의 주택 가격은 높다. 거주하거나 활동하는 인구에 비해 토지가 부족하기 때문이다. 가뜩이나 그런 상황에서 주택 수까지 부족하니 유럽 대도시의 주택 가격 상승은 불가피한 결과다.

유명 통계 사이트 스태티스타Statista에 따르면 2018년 기준, 프랑스 파리의 월 주택 임대료는 2,853달러(당시 한화 약 311만 원)로 유럽에서 가장 비쌌고, 영국 런던 2,548달러(한화 약 277만 원), 스위스 제네바 2,340달러(한화 약 255만 원), 노르웨이 오슬로 2,039달러(한화 약 222만 원), 덴마크 코펜하겐 1,868달러(한화 약 203만 원)가 뒤를 이었다. 그런데 같은 조사에서 빈은 1,244달러(한화 약 135만 원)로 파리

**유럽 도시들의 월 주택 임대료 평균**

(단위: 달러)

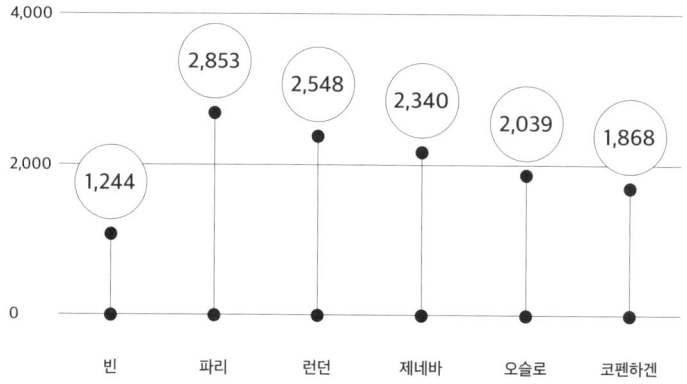

자료: 스태티스타, 2018

의 절반 이하 수준이었다.

"2000년대 초반에 지어지고, 도심에서 걸어서 20분 정도 걸리는 곳에 위치한 100제곱미터 면적의 주택에 거주하는데 월 임대료가 800유로(한화 약 104만 원)예요."

2016년 2월 영국 〈가디언〉 지와의 인터뷰에서 빈에 거주하는 32세의 헬라나 하트라우어 씨의 이야기다. 같은 시기 비슷한 수준의 런던 주택 임대료가 310만 원을 훌쩍 넘는 것과 비교하면 이 얼마나 합리적인 가격인가. 2017년 기준, 오스트리아의 1인당 GDP가 4만 7,290달러로 매우 높다는 점을 감안하면 납득하기 어려울 정도로 낮은 비용이다. 단순히 숫자만 놓고 보면 물가 차이라고 생각할지 모르지만 나라별 소득 대비 주택 가격 비중을 보면 더 확실해진다.

유럽 국가들의 경우 대체로 소득 대비 월세 비중이 높다. 런던이나 파리는 가처분 소득 중 월세가 차지하는 비중이 50~60퍼센트 가까이 될 정도로 높다. 유럽 또는 미국의 경우, 대개 월급의 3분의 1은 주택 가격, 3분의 1은 일상 생활비로 사용된다. 반면 빈의 경우 가처분 소득 중 월세 비율이 18퍼센트 정도로 상대적 비교에서도 주택 가격이 낮은 편에 속한다. 예를 들어, 빈에 살며 월 300만 원을 버는 사람의 가처분 소득이 250만 원이라고 가정하면 그중 약 20퍼센트, 즉 40만~50만 원 정도를 월세로 내는 셈이다.

빈이 이처럼 낮은 주택 가격을 안정적으로 유지할 수 있는 배경에는 그들만의 견고한 주택 정책이 있다. 빈의 주택 정책은 크게 3개 축으로 이뤄져 있다. 첫째는 신규 주택 건설, 둘째는 임대 주택의 재고 유지, 셋째는 기존 임대 주택의 재생rehab이다.

빈은 임대 주택 비율이 높다. 빈의 188만 인구 중 약 26퍼센트에 해당하는 50만 명가량이 국가나 지자체가 직접 운영, 관리하는 공공 임대 주택, 즉 '사회 주택'에 거주하고 있다. 또한 민간에서 운영하는 민간 임대 주택에 거주하는 인구도 35퍼센트 정도 돼 전체 가구의 60퍼센트가 임대 주택에서 산다. 민간 임대라 하더라도 빈에서는 오래전부터 주택의 임대료를 함부로 올리지 못하는 임대료 통제 정책을 펴고 있기 때문에 임대료가 높지 않다. 물론 공공 임대료와는 차이가 좀 난다. 빈의 공공 임대료는 1제곱미터당 5.58유로로, 1제곱미터당 10.5유로인 민감 임대료와 비교하면 거의 절반 수준이다.

빈에서 임대 주택의 평균 면적은 약 69제곱미터다. 이는 실거주 면적으로, 우리나라로 치면 25평형 아파트(우리나라 25평형 아파트의 전용면적은 대체로 59제곱미터)보다 조금 더 넓은 크기라 독신자는 물론 가족들이 함께 살기에도 결코 부족하지 않다. 가구당 평균 거주자 수는 2.06명, 즉 1인당 제공 면적은 약 38제곱미터다. 이 또한 서울 30제곱미터, 런던 32제곱미터에 비하면 20퍼센트 이상 넓다. 최근 들어 유럽도 1인 가구가 늘고 있어 큰 집보다는 주로 작은 집을 선호한다. 주택의 양도 중요하지만 사는 사람의 니즈에 맞는 주택을 공급하는 게 더 중요하다. 이게 맞지 않아 고생하는 도시가 독일의 뮌헨이다. 뮌헨의 경우 경제적으로 부유하고, 6~7명 정도가 함께 사는 넓은 집들이 꽤 많다. 그런데 요즘에는 대체로 1~2명이 살다 보니 그런 큰 집보다는 1~2인 가구를 위한 주택이 더 필요하다. 큰 집들은 주택 가격만 끌어올릴 뿐 정작 실수요자가 없으니 무용지물이라 골치를 앓고 있다.

반면 빈은 수요에 맞는 신규 주택을 꾸준히 공급하고 있다. 2016년만 봐도 인구가 약 3만 명 늘어나는 동안 1만 가구 정도의 주택이 신규로 공급됐다. 이런 꾸준한 주택 공급 덕에 난민 사태나 다른 지역에 문제가 생겼을 때 등 갑작스럽게 인구가 유입되는 상황에서도 주택 가격이 크게 오르지 않는다. 수요에 맞는 공급을 위해 빈은 과거 공업 지역이었던 곳이나 이제 사용하지 않는 공항 등 땅이 있으면 부지런히 주택을 짓고 신도시를 건설해 주거 지역으로 전환한다. 대표적으로 과거 공항이던 약 300만 제곱미터 규모의 제슈타트 아스페른 Seestad Aspern을 2만 가구의 주거 지역으로 변신시킨 바 있다. 여기에 더해 빈 행정 당국은 수요-공급 원리에 입각해 주택 공급 30퍼센트 증가를 목표로 인허가 절차 간소화 및 각종 건설 지연 걸림돌 철폐 등 공급 확대를 위한 정책 변화에도 열심이다.

얼마나 많은 양의 주택이 공급되느냐도 중요하지만 이를 얼마나 잘 유지하느냐는 더 중요하다. 기껏 임대 주택을 지어 놓고도 여러 사정으로 민간에 매각해 버리면 임대 주택의 수는 줄어들 수밖에 없다. 독일의 경우, 통일 이후 베를린과 드레스덴은 증가하는 예산을 감당하기 위해 기존 임대 주택의 상당 부분을 민간에 매각했다. 영국도 1980년대에 임대 주택을 거주자들에게 저렴하게 매각하면서 임대 주택 재고량이 크게 감소했다. 베를린은 2016년 이후 주택 가격과 임대료가 폭발적으로 상승하면서 불만이 쌓이고 있고 급기야는 민간에 매각했던 임대 주택을 시 당국이 몰수하는 방안이 투표로 통과되기도 했다. 이에 비해 빈은 지난 80년간 임대 주택 재고를 차곡차곡 축적해 왔다.

이렇게 임대 주택이 쌓여 있어도 관리되지 않으면 슬럼화되기 쉽다. 오래전부터 임대 주택을 공급해 온 빈은 이들에 대한 지속적이고 체계적인 유지·관리를 통해 임대 주택으로 계속 활용할 수 있도록 노력을 기울이고 있으며, 그래도 모자라는 주택은 신규로 건설 중이다. 여기에 투입되는 예산은 대개 오스트리아 연방 정부의 지원으로 마련된다. 2017년 기준, 연방 정부 예산 약 8,000억 원 중 3,000억 원이 기존 임대 주택 재생에 투입됐다. 이때 임대 주택의 재생은 단순한 배관 및 창호 교체 수준을 넘어 에너지 소비량 0을 의미하는 패시브 하우스 passive house 규격 충족을 목표로 한다.

## 계속 짓는 공동주택 괜찮을까

　빈은 아파트와 같은 공동주택 중심으로 만들어진 도시다. 오래 전부터 유지돼 온 9퍼센트 남짓한 단독주택을 제외하고 새로 건설되는 주택은 모두 공동주택 형태다. 도시계획상으로도 단독주택을 위한 별도의 구역은 존재하지 않는다. 빈의 공동주택은 우리처럼 초고층 아파트는 아니지만 유럽 기준으로는 꽤 높은 편이라고 할 수 있는 6~8층짜리 건물이며 기본적으로 고밀도의 블록 형태를 띤다. 우리나라의 경우, 층수는 높지만 건폐율이 낮은 반면 빈의 주택들은 반대다. 걸어서 이동하는 데 부담이 덜한 약 1.2킬로미터의 보행권역을 기본으로, 각 블록을 구성하고 이들 내부에 필요한 시설들을 입주시켜 실생활에 꽤 편리하다.

　블록별로 공동주택이 쭉 이어져 있는 모습을 떠올리면 단조롭고 삭막할 거라 예상하기 쉽지만 전혀 그렇지 않다. 우리나라에서 아파트와 같은 공동주택을 이야기하며 도시의 미와 연결시키기란 쉽지 않다. 우리나라에서 아파트란 투기의 상징이자 욕망을 노골적으로 드러내는 존재다. 동시에 개성을 상실하고, 공동체를 파괴하는 주거 형태로 인식된다. 하지만 아파트를 정말 그렇게만 바라본다면 좀 섭섭하다. 공동주택의 대표격인 아파트는 토지의 효율적 이용을 가능하게 함으로써 주택 공급과 거주 환경 개선을 동시에 달성할 수 있는 거의 유일한 주거 형태다. 1만 제곱미터의 땅에 100제곱미터 면적의 아파트 200호를 15퍼센트 건폐율로 건축하면 25층짜리 아파트 4개동(한 동당 50가구)과 8,500제곱미터의 주차 및 녹지공간이 생겨난다.

이에 비해 빌라나 연립을 지으면 동일 면적의 땅에 각각 2층짜리 건물이 들어서게 된다. 필지별로 40제곱미터의 면적이 남아 모두 합하면 4,000제곱미터를 확보할 수 있지만 실제로는 필지별로 분리, 사용되기 때문에 두 대의 주차장을 빼면 남는 게 거의 없다. 그리고 아파트도 어떻게 짓느냐에 따라 충분히 아름다울 수 있다.

유럽의 문화 수도였던 빈은 도시 외관에 굉장히 신경을 많이 쓰기 때문에 공동주택도 아무렇게나 짓지 않는다. 사회 주택을 계획한 20세기 초반부터 빈은 세계적인 건축가들을 불러 모아 공모전을 열었다. 부자를 위한 집짓기가 아니라 사회 주택 단지를 건설하기 위해 유명 건축가들을 경쟁시켰고, 이로써 보다 효율적이고 아름다우며 안전한 집을 건설할 수 있었다. 이 시기 각종 건축 자재가 표준화되고, 공장의 사전 제작 시스템이 정착된 것도 탄탄한 주택을 만드는 초석이 됐다. 이처럼 처음 지을 때부터 심혈을 기울인 까닭에 70년이 지나도 문제없을 정도의 상태를 유지하고 있으며, 노후된 주택도 적절한 재생 과정을 거쳐 쓸 만한, 아니 꽤 좋은 주거 공간이 되고 있다.

오늘날에도 빈의 임대 주택 단지 건설은 프로젝트별 공모 형태로 이루어진다. 경제성, 건축미, 생태적 고려, 소셜 믹스 등을 종합적으로 고려해 승자를 가린다. 우승을 위해서는 단순한 아름다움이 아니라 환경에 미치는 영향, 그리고 관리비를 절감할 수 있도록 하는 에너지 효율성 등을 종합적으로 고려한 설계안을 만들어야만 한다. 이 과정에서 건설비 절감을 위한 다양한 아이디어도 도출된다. 그 결과, 2019년 자료에 따르면 2018년 기준 빈의 임대 주택 건축비는 2000년대 초반에 비해 20퍼센트 이상 절감된 1제곱미터당 1,100유로(한화 약 150만 원) 수준이다. 이에 비해 우리나라의 표준 건축비는 1제곱미터당 185만 9,000원이니 인건비가 비싼 빈이 오히려 우리보다 더 저렴하게 집을 짓고 있는 셈이다.

낮은 가격에 높은 퀄리티를 갖춘 집과, 녹지가 풍부한 쾌적한 환경은 빈을 살기 좋은 도시로 만들었다. 그 덕에 빈에 사는 사람들은 굳이 집을 살 필요성을 느끼지 못한다고 말한다. 이에 따라 빈의 자가 소유율은 전체 가구의 20퍼센트에 불과하다. 어쩌면 빈의 안정적인 주거 환경은 우리와는 사뭇 다른 집에 대한 태도 때문인지도 모르겠다.

## 유럽 최악의 도시였던 빈

아름다운 빈의 시가지를 거닐다 보면 아주 오래전부터 이런 환경이 잘 유지돼 왔을 것처럼 안정적이다. 하지만 17~18세기부터 도시로 기능했던 네덜란드 암스테르담이나 파리 등에 비하면 빈은 생각보다 얼마 안 된 젊은 도시다. 더불어 불과 100년 전만 해도 유럽 최악의 주거 환경으로 악명을 떨쳤던 곳이기도 하다.

19세기 중반인 1850년 빈은 전체 인구 40만 명 정도의 작은 도시였다. 그랬던 곳이 1815년 나폴레옹 전쟁이 막을 내리고, 비슷한 시기 산업혁명을 거치며 안정기가 찾아오자 인구가 대거 유입돼 50년 만에 인구 200만 명에 이르는 대도시가 됐다.

갑작스레 인구가 늘어나면 여러모로 문제가 생기기 마련이다. 주

순환형 도로 링슈트라세

택 수요가 폭발적으로 증가하는 건 물론이고, 늘어난 인구에 맞춰 도시의 인프라도 갖춰져야 한다. 그런 까닭에 빈에서도 1848년 혁명 이후 부르주아 계급의 성장과 더불어 도시 재건축이 본격적으로 시작됐다.

가장 대표적인 것이 빈을 둘러싸고 있던 성벽을 철거하고 그 자리에 순환형 도로인 링슈트라세Ringstrasse를 조성한 것이다. 지금도 국회의사당 등 빈의 핵심 건축물들이 다 링슈트라세 주변에 있는 이유가 본래 성벽 안에 위치해 있던 것들이기 때문이다. 옛날 도시들에는 대개 성벽이 있었다. 과거에 성벽은 적을 막는 중요한 역할을 했다. 빈에 있는 성벽 역시 오스만튀르크 등 수많은 외부 침입자들로부터 도시를 지켰다. 하지만 현대 사회에서 성벽은 오히려 도시 발전을 저해하는 요소다. 성벽을 허물고 링슈트라세 주변 지역에 도시 건설 사업을 전개하면서 본격적으로 빈은 외곽으로의 확장을 시작했다.

당시 집권당이던 기독사회당 정부는 철도 건설로 대표되는 인프라 건설 사업을 전개했다. 이 과정에서 빈에 땅을 소유하고 있던 사람들이 임대 사업에 관심을 갖게 됐고, 은행으로부터 융자를 받아 주택을 짓고, 임대하기 시작했다. 당시의 주택 임대는 요즘과는 다르다. 대개 단기 임대 형태로 기간은 한 달 단위. 주택이 심각하게 부족하다 보니 집 한 채를 4~6가구에 임대해 고소득을 올렸다. 그럼에도 불구하고 민간에 의한 주택 공급은 수요를 충족하기에는 역부족이었다. 1911년 거주지가 없는 난민의 수가 빈 전체 인구의 3.28퍼센트에 이르는 것으로 집계됐을 정도다. 주택 자체도 부족했지만 주택의 수준도 매우 낮았다. 20세기 초반까지도 95퍼센트의 주택에 상수도와 화장실이 없었으며, 4~6인이 살 수 있는 집에 10인 이상 거주하는 건 일반적이었다. 그러다 보니 게스트하우스처럼 침대만 빌려 주고 돈을 받는 사람들도 생겨났다. 그렇게 빈은 20세기 초반 유럽에서 주거가 가장 열악한 지역이라는 오명을 피할 수 없는 신세가 됐다.

빈의 실질적이고 효과적인 변화는 1914년 사회민주당이 집권하면서부터였다. 사회민주당은 열악한 주거 환경을 개선하기 위해 시 정부 차원에서 세 가지 조치를 단행했다. 첫째는 공공주택 건설, 둘째는 주택 건설을 위한 재원으로 활용할 목적세 도입, 셋째는 건물을 지을 수 있는 토지 확보였다. 지금 보기엔 특별할 것 없을지 몰라도 당시로서는 쉽지 않은 과제였다. 그 시절만 해도 공공이 나서서 주택을 공급한다는 건 낯선 개념이었다.

전쟁은 많은 것을 바꿔 놓았다. 1914년 오스트리아-헝가리 제국의 대공 프란츠 페르디난트Franz Ferdinand가 암살당하면서 시작된 1차 세계대전은 유럽의 모든 제국을 붕괴시키고, 세계 질서를 대폭적으로 바꿨다. 단기전으로 끝날 거라던 예상과 달리 전쟁은 지루하게 이어졌고, 전선에 나간 군인들은 몇 년간 집으로 돌아오지 못했다. 가장이 부재한 가정들은 경제적으로 취약할 수밖에 없었고, 집주인의 횡포에 길거리로 내몰리기 일쑤였다. 이런 상황을 알게 된 전선에 있던 군인들은 동요하기 시작했다. 이를 막기 위해 오스트리아 정부는 뭐든 해야 했다. 그렇게 취해진 조치가 군인 가족에 대한 강제 퇴거 금지, 임대료 인상 금지 등이었다. 이는 전 세계 최초의 임대료 및 계약 갱신에 대한 공공의 개입 조치였다.

1918년 막을 내린 1차 세계대전에서 결국 독일과 오스트리아 제국은 패배했다. 1차 세계대전은 국가 간 다툼을 넘어 국가가 '민족' 단위로 재편되는 출발점이 됐다. 다수의 민족으로 구성돼 있던 제국들은 각 민족들의 독립이 이어지면서 해체될 수밖에 없었다. 오스트리아-헝가리 제국 역시 그 이름에서 알 수 있듯 발칸반도에 위치한 다수의 민족들을 아우르고 있었다. 이들의 독립은 곧 제국의 붕괴를 의미했다. 그리고 제국의 붕괴는 일상의 붕괴로 이어졌다. 오스트리아 정부는 헝가리 영토들을 내주고 그동안 지탱해 주던 넓은 영토에서 걷던 세금도 더 이상 걷을 수 없게 됐다. 1차 세계대전 패전과 전쟁배상금 지불은 하이퍼인플레이션을 만들었다. 이때부터는 민간도 섣불리 집을 지을 수 없었고, 정상적인 경제 활동은 거의 멈췄다고 봐도 무방할 정도가 됐다. 사상 최악의 상황을 맞이한 것이다. 하지만 이토록 절망스러운 순간에도 빈의 사회민주당 정부는 새로운 기회를 떠올렸다. 처음부터 기회로 생각했다기보다는 우연적이었다.

## 스스로를 구한 사람들

전쟁의 피란민들은 어디로 갈까. 일단 도시로 온다. 도시에 가면 여러 기회가 있기 때문이다. 그렇게 피란민들은 빈으로 모여들었다. 살 곳도 먹을 것도 없던 이들에게는 아무것도 보이지 않았다. 죽기 아니면 살기 두 가지 선택만 있을 뿐이었다. 토지소유권 무시, '귀족, 공작의 땅이니 들어오면 안 됩니다' 팻말 무시. 일단 먹고사는 문제가 코앞에 닥치자 누구의 땅이든 땅만 있으면 거기가 텃밭이고 농장이었다. 막무가내로 농사를 짓고 가축을 길렀다. 무질서하지만 분명한 목적을 가지고 진행됐던 이 과정에서 빈은 6만 개 정도의 텃밭, 즉 분구원allotment을 가진 도시가 됐다. 아름답고 웅장하고 위대한 석조 건물들 사이사이가 다 텃밭으로 변했다. 이런 텃밭은 의외로 식량난 해소에 큰 도움이 됐다. 아사자들이 속출하지 않을까 잔뜩 긴장하고 있던 정부도 이들을 보며 안도의 한숨을 내쉬었다.

분구원의 급속한 확대를 가능하게 한 의외의 결정적 요소도 있다. 다름 아닌 하루 여덟 시간 노동이다. 당시 사회 개혁의 목표 중 하나는 여덟 시간 노동이었다. 100년 전부터 여덟 시간 노동은 중요한 정치적 테마였다. 전쟁이 끝나고 모든 게 궁핍하던 시절이었음에도 빈 정부는 여덟 시간 근무 명령을 내린다. 그렇게 여덟 시간 근무

1919~1920년 겨울, 미국 식량위원회 사무실에서 구호를 받기 위해 줄을 서 있는 굶주린 빈의 시민들

1919~1920년 겨울, 빈으로 돌아오는 트램을 기다리며 장작을 모으는 시민들

후 집으로 돌아가 텃밭을 가꾸고 가족을 먹일 수 있는 시스템이 정착됐다.

일단 땅을 확보할 수 있게 되자 사람들은 임시로나마 머물 수 있는 주택을 건설하기 시작했다. 거창한 집은 아니고 주거 용도의 오두막, 농막 같은 단순한 형태였다. 간단한 집이라고는 해도 한 가족이 단독으로 짓는다는 게 보통 일은 아니었다. 그러자 비슷한 처지에 있던 사람들끼리 서로 돕기 시작했다. 각자의 재주를 활용해 제법 그럴싸한 주택의 모습이 갖춰졌고, 시간이 흐르면서 이들은 점차 조직화된 비영리 단체가 됐다. 누구의 개입도 없이 자발적으로 이런 모임들이 생겨났다.

자기 땅이 아닌 곳에 농사를 짓고, 집을 짓는데도 시 당국은 단속하거나 제지하지 않았다. 오히려 건축가에게 자문료를 주고 체계적인 자문을 구할 수 있도록 연결했고, 필요한 자재를 공급하는 등 실질적이고 확실한 도움을 주기로 했다. 지금의 상식으로 납득이 잘 되지 않을 수 있지만 모든 것이 부족했던 당시 오스트리아 빈의 사정을 감안하면 이런 식으로 합법화·양성화하는 것이 유일한 대안이었을지 모른다. 그렇게 풀뿌리 건축 활동이 시작됐다. 그때부터는 개별로 집을 짓는 게 아니라 블록 단위로 사업이 이루어졌다. 이렇게 한 채, 두 채 짓다 보니 연간 10만 호를 지을 정도로 규모가 커졌다.

제국의 붕괴와 경제난에 허덕이던 당시의 빈에는 사회주의 혁명의 열정이 넘실거렸다. 사회주의 이념은 단순히 생산 수단의 국유화로 이해되지만 사회 모든 영역에 새로운 개념들을 등장시키는 자극제이기도 했다. 개인의 삶보다 공동체의 삶을 우선시했던 그들은 내

집 한 채보다 비슷한 상황에 있는 사람들끼리 모여 사회적으로 필요한 협동주택corporative house을 짓기로 했고, 그렇게 단지형 주택들이 생겨났다. 협동주택이란 사람이 살아가는 데 있어 필요한 다양한 편의시설을 갖춘 단지 개념의 주거지를 의미한다. 공동시설 구역에는 목욕탕, 유치원, 도서관, 보건소 등이 있었다. 독일의 임대 주택이 개인 공간 극대화에 초점을 맞춰 진행됐던 것과는 대조적이다.

협동주택은 조합 형태로 건설됐다. 조합원들이 실제 삽과 망치를 들고 건설하는 형태였다. 단지 내 공공시설을 우선 건설한 다음에야 개인 주택을 건설, 입주할 자격이 주어졌고, 이를 위해서는 통상 2,000시간 이상의 봉사 시간이 필요했다. 내 집이 먼저가 아니라, 우리를 위한 공간을 만들고, 그다음 내 집을 가질 수 있는 개념이었다. 대부분의 사람들이 이에 불만을 갖지 않았다. 이런 노력이 사회를 더 바른 방향, 행복한 방향으로 만들 수 있다고 본 것이다.

유명 건축가가 와서 봐 주더라도 비전문가들을 데리고 짧은 기간에 많은 집을 짓는다는 건 쉽지 않았다. 숙련도가 높지 않아도 안전하고 쾌적한 공간을 만들 수 있는 방법에 관한 연구가 필요했다. 오스트리아 건축가 아돌프 로스Adolf Loos는 심플 테라스 하우스로 표준화하면서도 쾌적하고 깔끔한 주택 모델을 개발했다. 도면 한 장을 놓고 많은 사람들이 같은 형태의 집을 쭉 지어 나갔다. 그렇게 짧은 기간에 1만 5,000개 정도의 주택이 공급됐다.

그렇게 지어진 집이라고 해서 퀄리티가 떨어지는 것도 아니었다. 사회주의 혁명은 경제적으로 어려웠던 사람들도 한 단계 더 높은 차원에서 공동의 이익을 향유하는 데 목적이 있다. 따라서 과거에 귀족이나 부유한 사람들만 가질 수 있다고 생각했던 시설들을 갖추는 데도 모두가 최선을 다했다. 그렇게 생긴 대표적인 공간이 부엌이다. 부엌도 각자 알아서 만드는 게 아니라 빌트인 형태로 표준화된 부엌을 만들어 공급했다.

생각해 보면 정말 대단한 발전이었다. 전쟁에서 지고 폐허가 된 도시에 사람들이 아무렇게나 집을 짓고 텃밭을 만들었는데 또다시 모두가 원하는 새로운 형태의 주거 공간으로 완성시킴으로써 개인이 잘사는 동네가 아닌 모두가 잘사는 동네를 만들어 냈으니 말이다.

## 돈, 땅 그리고 협력

임대 주택 건설에 있어 핵심은 돈이다. 이념과 상관없이 뭔가 하려면 돈이 필요하다. 빈 정부는 어떻게 돈을 마련했을까? 전쟁이 끝난 후인 1919년 5월, 사회민주당이 다시 빈 정부를 장악했다. 54.2퍼센트 정도의 득표율을 얻었으니 과반수 득표로 정책을 펼칠 기반이 마련됐다. 단순히 수도의 시 정부였을 뿐 아니라 1922년 중앙 정부로부터 독립된 조세 주권을 획득했다. 국고로 나가던 세금이 빈 안에서 돌게 되니 예산이 늘었다. 이에 더해 빈 정부는 신토지세, 부가가치세, 신주택세 등 세 가지 세목을 신설했다. 이렇게 거둬들인 세수가 총 세수의 36퍼센트였고, 넉넉해진 재원으로 임대 주택 건설에 나설 수 있었다.

토지를 제외한 건축 비용의 4퍼센트가 연간 임대료로 책정됐으며, 시민들은 저렴한 임대료로 입주할 수 있게 됐다. 실제로 1925년 기준, 신축 임대 주택에 입주하기 위해서는 소득의 3.4~4.3퍼센트만 임대료로 납부하면 됐다. 이렇게 조건이 좋다 보니 임대 주택 신청자가 넘쳐났다. 이에 정부는 임대 자격에 조건을 뒀다. 집이 없는 무주택자인지, 현재 거주지가 포화상태인지, 근속 연수, 건강 상태 등등을 점수로 환산해 우선순위를 매겨 체계적으로 관리했다. 우리나라 청약제도가 떠오른다. 우리나라 아파트 입주 공고에 깨알 같은 글씨로 각종 자격과 공급 우선순위를 적어서 눈앞이 캄캄해지도록 만드는 것 역시 한정된 자원을 필요한 사람에게 먼저 공급할 수 있도록 고민한 결과다.

그렇다면 땅은 어떻게 확보했을까. 도시에서 가장 희귀한 자원은 사실 돈보다 땅이다. 도시는 작은 지역에 많은 사람이 모이기 때문에 늘 땅이 부족하고 이를 잘 활용하기 위해서는 건물들을 위로 계속 올려야 한다. 시 정부는 토지에 대한 각종 규제를 강화했다. 그렇게 토지수익률을 낮춰 토지 가격을 하락시킨 다음 시장에서 토지를 구매했다. 이럴 때 잘 쓰는 방법 중 하나가 세입자 보호를 위한 임대료 상한제다. 건물을 지어 민간 임대를 하려 해도 임대료를 높일 수 없으면 수익률은 낮아질 수밖에 없고, 개인 토지 소유주들은 시에 토지 매수를 요청하게 된다. 1918년 도시 면적의 17퍼센트가 시유지였던 데 비해 1931년에는 33퍼센트로 상향됐다. 이 과정에서 토지 확보 촉진을 위해 비이용 토지에 대해 중과세 하는 방법도 병행됐다. 세금을 통한 토지 공개념을 적용해 토지의 효율적 이용을 도모했던 것이다. 물론 이런 사회주의 정책에 반대하는 사람들도 있었다. 그런 이유로 빈이

1934년 오스트리아 빈의 전경

싫어서 떠나고 싶은 사람들에게 결국 땅은 처분 대상이 됐다. 그들이 대규모 토지를 헐값으로 내놓으면 그때마다 시 정부가 사들였다. 그렇게 땅이라는 귀중한 자원이 쏟아져 나왔다.

본래 지방자치단체는 가지고 있던 땅을 팔아 살림을 영유한다. 서울시 또한 체비지라고 해서 강남 등의 땅을 팔아 시 예산으로 활용했다. 그렇게 하지 않았다면 서울의 지하철도 없었고 공무원 월급도 제대로 지급하지 못했을 것이다. 대부분이 이렇게 가지고 있던 땅을 팔아 도시를 개발하고, 그 개발한 곳에 사람들이 들어와 입주하면 재산세 등을 통해 시 재정을 안정적으로 끌어가는 구조다. 그런데 빈은 오히려 땅을 열심히 확보했다.

돈과 땅이 있으니 도시 계획을 세워도, 교통 인프라를 확립해도,

오늘날 빈의 모습

주택을 지어도 행복했다. 1923년 한 해에만 260만 제곱미터에 달하는 토지를 매수했다. 이렇게 매수한 지역을 대상으로 지자체 주택 프로그램, 뉴타운 건설 등의 작업을 했다.

    1923년 '주택 2만 5,000가구 건립'을 5개년 계획으로 세웠는데 불과 4년 만인 1927년 목표를 달성했다. 이렇게 목표를 초과 달성하자 시 정부는 확신을 얻었다. 이번에는 목표를 6만 가구로 늘렸고, 1933년에 달성했다. 그렇게 작업하다 보니 1934년에는 빈에 사는 사람들 중 10퍼센트가 시가 만든 임대 주택에 거주할 수 있게 됐다. 나머지 사람들도 협동조합 형태의 임대 주택에 거주 중이었다.

    1923년 기준으로 지어진 빈의 임대 주택들은 실거주 면적 32제곱미터의 경우, 방 하나에 부엌, 화장실, 거실이 달려 있고, 45제곱미터의 경우, 방 2개로 구성돼 있었다. 조금 더 컸으면 좋겠다는 요구가 생기자 1925년에는 57제곱미터로 사이즈를 키웠다. 그리고 각 집에 발코니를 놓았다. 유럽에서 발코니는 중요한 의미가 있다. 수준 높은 쾌적한 주택임을 드러내는 상징적 요소다.

시 정부도 중요한 역할을 했다. 건축 자재를 모두 표준화시켰다. 예를 들어 창문을 크기별로 몇 종류 나누고, 필요할 때 8호 1,000개 하는 식으로 주문하는 시스템을 만들었다. 그러면서 대량 발주가 가능해졌고, 가장 저렴하게 공급할 수 있는 업체를 선정했다.

그렇게 계획에 따라 형성된 뉴타운을 보면 한 단지가 약 1,400가구로 우리가 딱 좋아하는 규모다. 위에서 봤을 때 건물이 차지하는 면적인 건폐율도 그전에는 85퍼센트로 상당히 답답했는데 이 시기부터는 층수를 높이고 건폐율을 50퍼센트 정도로 낮춰 단지 내 녹지를 많이 확보할 수 있게 했다. 앞서 말했듯 다양한 공동시설도 갖췄는데 목욕탕, 유치원, 도서관, 보건소는 물론 세탁소, 실내 스포츠 공간, 결핵 예방센터, 심지어 어린이 치과까지 있었다. 커뮤니티 시설을 갖춘 우리나라의 대단지 신축 아파트와 오버랩된다. 사회주의 혁명 정신으로 무장했던 사람들이 꿈꾸고 만들었던 아파트의 형태가 100년 후인 지금 서울에서 인기라는 게 참 재미있다.

그들은 왜 이런 시설들을 갖추는 데 몰두했을까? 무엇보다 여성을 가사로부터 해방시키기 위해서였다. 사회주의 정신에서 보면 인간은 평등하고 동등한 대접을 받아야 한다. 모든 인간은 자신의 능력에 맞게 일할 권리가 있다. 그런데 당시 유럽에서 여성들은 자기 능력을 마음껏 펼칠 수가 없었다. 빨래, 청소, 육아 등 전통적인 가사 업무에 매몰돼 여성이 자아를 찾고 사회 활동을 할 기회가 없다는 게 당시 빈의 사회주의자들의 판단이었다. 그런 여성들을 집과 가정의 부속물이 아닌 사회의 일원으로서 역할을 할 수 있게 하고자 각종 편의 시설을 도입한 것이었다.

1930년대에 빈은 세계적으로도 유례없을 정도의 풍부한 임대 주택을 갖췄고, 풍족한 예산과 함께 노동자들의 건강을 위하고, 자치 활동을 할 수 있는 구조가 만들어졌다. 과거의 영광스러운 제국의 수도까지는 아니더라도 사회주의 혁명의 이념을 잘 충족시킨 그런 도시로 성장하고 있었다.

## 빈에 닥친 또 다른 위기들

하지만 이런 행복한 시절은 길지 않았다. 1920년대부터 본격 시작된 빈의 주택 건설은 세계 대공항과 2차 세계대전을 거치면서 주춤할 수밖에 없었다. 세계 대공황으로 어려워진 빈 정부가 주택 건설에 투입할 수 있는 예산은 한정적이었다. 1930년까지만 해도 시 예산의 29퍼센트가 투입됐는데 1934년에는 8~10퍼센트로 줄었다. 더 큰 문제는 뒤에 터졌다. 잠잠했던 파시스트들이 독일 히틀러의 영향을 받아 대거 등장하면서 불만에 찬 사람들을 끌어들여 정권을 잡게 된 것이었다. 이후 2차 세계대전이 발발했다. 전쟁의 여파로 공들여 지었던 주택의 상당수가 폐허로 변했다.

2차 세계대전 직후 파악한 결과 임대 주택의 20퍼센트인 8만

7,000채가 파괴됐고, 주택 문제 해결을 위해 필요한 주택 수는 11만 7,000채였다. 부족한 재원은 전쟁의 참화에서 비교적 벗어나 있던 스웨덴과 미국 등에 지원 요청해 주택 재건에 돌입했다. 그런데 또 다른 문제들도 생겼다. 첫째는 1920년대 지었던 주택들의 노후화였다. 이에 대해서는 리노베이션에 착수했다. 둘째는 사람들이 많아지다 보니 점차 도심에서 외곽으로 지역이 확대됐는데 그에 따라 교통망이 필요해졌다. 1960년대는 유럽 전체가 초호황기였다. 그러다 보니 인건비가 올랐고, 일할 사람을 구하기 어려웠다. 예전 같으면 10명이 할 일을 3~4명이서 해야 하는 상황이 됐다.

이런 여러 상황을 극복하기 위해 다양한 기술적인 도전을 시작했다. 그중 가장 대표적인 것이 집을 지을 때 공장에서 다 만들어서 조립만 하면 되는 방식을 사용한 것이었다. 그러자 더 빨리 집을 지을 수 있게 됐다. 건축계에서는 그 과정에서 오히려 1920년대보다 주택의 질이 떨어졌다는 비판을 하기도 하지만, 이 시기 집들은 미국의 영향을 받아 실내는 더 넓고, 엘리베이터 등 각종 편의시설이 잘 갖춰져 거주민들의 만족도는 더 높았다고도 한다.

1960년대 들어서자 주택 건설은 어느 정도 마무리된 듯했다. 하지만 빈은 연간 1만 가구 정도를 계속 건설했다. 교통망이 확충되고 외곽으로 나가는 사람들이 늘면서 도심에 있던 오래된 임대 아파트들은 비워졌고, 그러면 또다시 리노베이션했다. 빈의 사례를 보면 임대 수요를 100으로 볼 때 임대 주택 수는 최소 110은 돼야 한다. 빈집이 있어야 고치고 또 새로운 사람을 받을 수 있기 때문이다. 그렇게 신축 1만 가구, 리노베이션 1만 가구로 새로운 주택을 2만 가구씩 공급했다. 빈 예산만으로 어려워서 연간 2억 유로(한화 약 2,000억 원) 정도의 국비를 지원받았다.

    1960~70년대 빈은 이렇듯 본격적으로 기존 임대 주택을 개보수하고 도심을 재생하는 일을 시작했다. 우리에게는 최근 5~6년 사이에야 익숙해진 도시 재생이 이때 벌써 태동했던 셈이다. 당시 빈의 도시 재생 사업을 들여다보면 정부 주도보다는 지역 사람들의 요구 사항, 그들 사이의 의사 결정을 최대한 존중하고, 시 정부는 이를 어떻게 구체화할 수 있는지에 중점을 뒀다.

    1989년 베를린 장벽이 무너지면서 단기간에 동유럽에서 10만 명 정도의 사람들이 자유와 번영을 찾아 빈으로 왔다. 그러면서 잠시 소강상태에 있던 주택 건설이 재개됐다. 1만 가구 정도의 임대 주택이 건설됐고, 부족해진 토지를 쉽게 확보하기 위한 제도, 펀드 등을 만드는 작업도 진행했다.

    21세기 현재의 빈은 연간 6,000~7,000가구 정도의 주택을 꾸준히 공급하고 있다. 그렇지만 시 정부가 직접 건설을 하지는 않고 사회 주택조합 등의 비영리 단체를 보조해 주는 형태로 임대 주택 물량을 확보한다. 외곽으로의 확산을 막기 위해 주로 도심 쪽, 시내 가까운 곳에 건설하고, 땅이 부족하니 6층으로 지어졌던 건물을 8층으로 개조하는 등 도심의 밀도를 올리는 방향으로 임대 주택을 늘리는 작업을 하고 있다.

    실제로 빈의 임대 주택 보고서를 확인해 보면 지속적인 물량 공급도 중요하고, 기후 변화에 대비해서 에너지 사용을 최소화할 수 있는 흔히 말해 제로하우스를 건설하기 위한 작업들을 진행한다. 그러다 보니 새로운 임대 주택 단지를 만드는 공모 사업에서 요구 사항이 까다롭다. 에너지 사용률은 거의 제로에 육박해야 하고, 물 소비량을 고려해 비가 내리면 몇 퍼센트는 땅속으로 들어갈 수 있는 특수 설계를 해야 한다. '임대 주택에 이런 걸 한다고?' 할 법한 것들을 요구하고 건축가들은 정해진 건축비 내에서 이를 달성할 수 있도록 머리를 쥐어짜내 맞춘다. 이렇게 최첨단 기술을 총동원해 만들어진 건축비가 우리나라보다 저렴하다니 놀라운 일이다.

## 행복한 주거 공간은 어떻게 만들어질까

오스트리아 빈의 사례를 보며 행복한 주거 공간은 과연 어떻게 만들어지는가에 대해 생각해 보게 된다. 대도시의 삶은 좁은 공간에 비싼 가격을 치르며 이루어진다. '사람은 많은데 땅이 부족하니 어쩔 수 없어.' 하고 당연하게 생각하면서 정작 '꼭 그렇기만 할까?'라는 본질적인 질문은 던지지 않는다. 주기적으로 반복되는 주택 가격 상승에 대해 '아무리 지어 봐야 어쩔 수 없어.'라고 체념하며 공급보다는 규제를 택한다. 그러나 앞서 살펴본 바와 같이 빈의 아름다움과 주거 안정성은 끊임없는 주택 건설을 통해 이루어졌다. 결국 문제를 해결하는 건 공급인데 세계의 많은 도시들은 여러 가지 이유로 공급을 주저하거나 방해하면서 문제를 키우고 있는 건 아닐까.

물론 본질적인 문제도 있다. 우리나라뿐 아니라 많은 유럽 국가들 역시 빈처럼 하고 싶어 하지만 문제는 땅이 없다. 빈은 1920년대 혼란스러운 시기에 대규모 토지를 매입해 임대 주택을 건설했고, 그간 어려움 속에서도 임대 주택을 계속해서 잘 쌓아 왔다. 운도 좋았고, 그 운을 또 잘 활용했다. 물론 빈에서도 인기가 높은 지역은 대기하기도 하고, 임대료도 조금 높지만 그래도 여러 선택지가 있는 주택 정책과 시스템을 성공적으로 만들었다.

여러 가지로 빈은 우리가 따라 할 수 없는 운과 능력이 있다. 하지만 어떤 부분에서는 '우리도 할 수 있지 않을까?' 하는 아쉬움도 있다. 기후 변화 시대에 맞춰 에너지 소비를 줄여야 한다는 과제는 우리나라에도 유효하다. 빈은 어떻게 더 낮은 건축비로 더 수준 높은 집을 건설할 수 있었는지 우리도 한번쯤 연구해 볼 필요가 있지 않을까. 빈을 통해 살기 좋은 집이란 무엇인지 다시 한번 생각하고, 우리 또한 행복한 집에서 모두 함께 잘살 수 있길 바라 본다.

# 2장

## 최저임금도 퇴직금도 없는 복지국가,
# 스웨덴

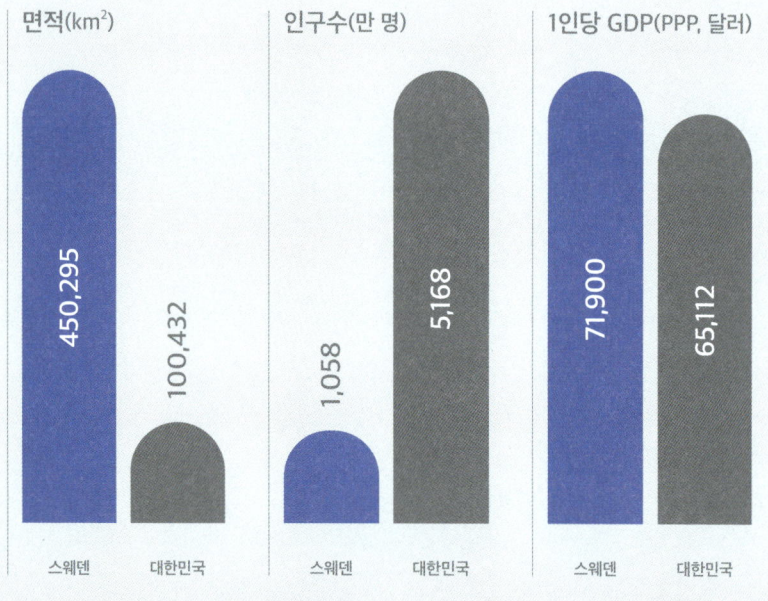

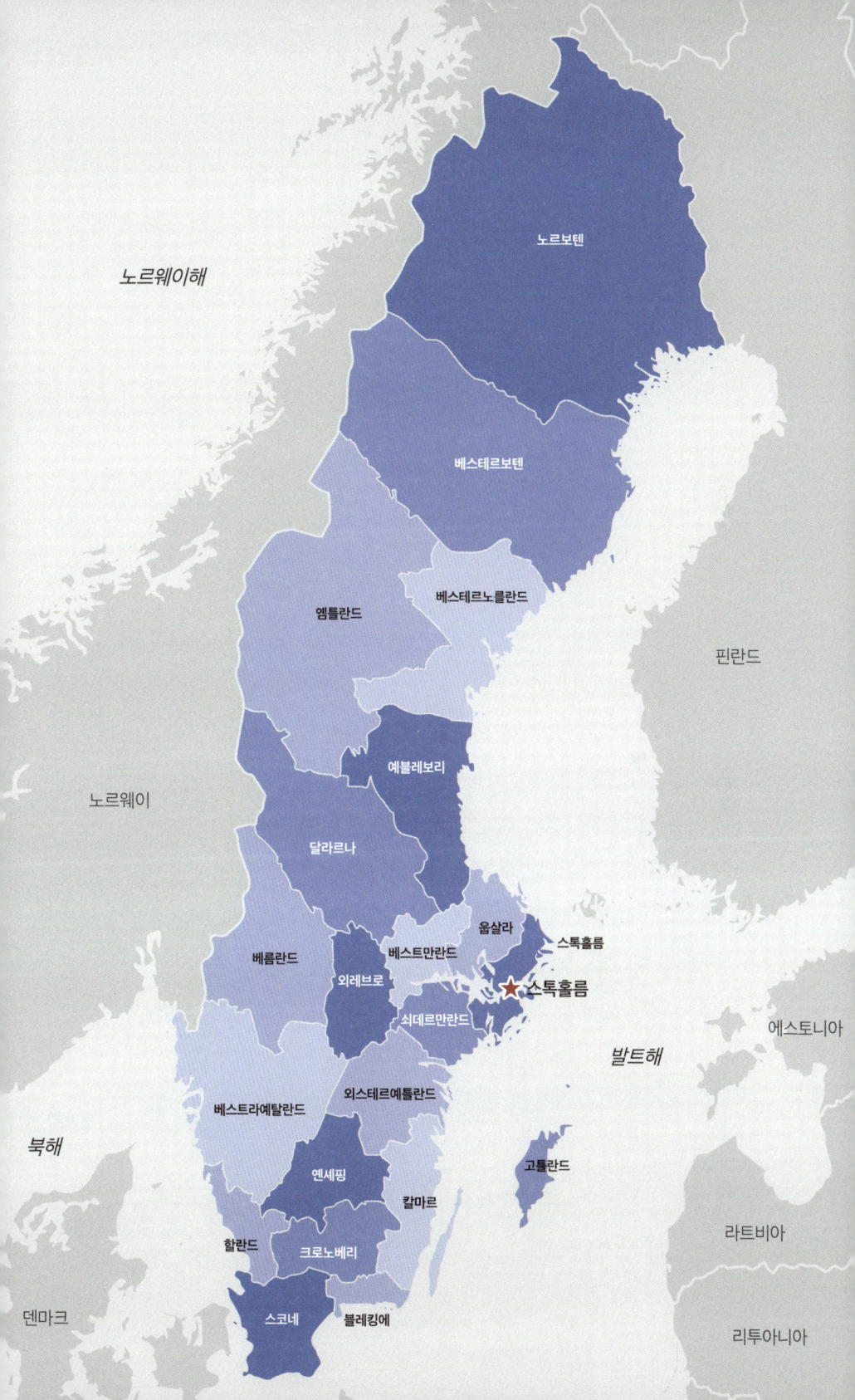

 '복지국가'라고 하면 국가의 탄탄한 지원을 바탕으로 국민이 편하게 살 수 있는 나라가 떠오른다. 자신이 좋아하고 관심 있는 분야의 자영업이나 소규모 업장을 운영하면서도 일상이 흔들리지 않는 그런 나라 말이다. 반면 우리나라는 대기업 중심의 경제 체제이기에 복지국가는 어불성설이라며 비판의 목소리를 높이는 사람들이 많다. 그런데 놀랍게도 복지국가의 대명사로 불리는 스웨덴 역시 세계 어느 나라보다 대기업 중심의 경제 체제를 갖고 있다.

 북부 유럽의 스칸디나비아 반도 중 동쪽에 위치한 스웨덴은 유럽에서 다섯 번째로 넓은 약 45만 제곱킬로미터 면적에 약 1,058만 명(스웨덴 통계청, 2025)이 사는 나라다. 우리나라에 비하면 인구가 5분의 1 수준으로 적지만 북유럽 국가 중에서는 유일하게 1,000만 명이 넘는 인구를 보유한 가장 인구가 많은 나라다.

앞서 말했듯 이런 스웨덴을 이끌어 가는 것은 소수의 대기업이다. 스웨덴에서 사업을 하려면 국가에 세금, 사회복지기여금을 내고, 직원들의 복지를 위한 비용을 지불하는 등등 필수적으로 내야 하는 돈이 상당하다. 혜택은 없고 나갈 돈은 많기 때문에 스웨덴에서 자영업을 한다는 건 웬만한 결심으로는 어렵다. 그래서 거리에 식당도 그리 많지 않다.

스웨덴 정부의 방침은 단순하다.

'한 사람이 노동 현장에서 일하는 데 있어 급여와 노동 조건을 보장해 주지 못하는 기업은 살아남을 가치가 없다.'

그래서 대기업이 아니면 살아남기 어려운 구조다.

그렇다면 스웨덴에서 실업자로 사는 건 어떨까. 복지국가인 만큼 나라에서 기본 생활을 보장해 줄 테니 놀고먹으면서 행복하게 살 수 있지 않을까?

아니다. 스웨덴에서는 일하지 않으면 그저 죽지 않을 만큼만 살 수 있다. 일을 해야 노후가 행복하고 편해진다. 스웨덴의 경제 정책을 한마디로 말하면 다음과 같다.

"일하는 자여, 복이 있나니."

## 동일 노동, 동일 임금

그만큼 스웨덴 경제에서 가장 중요한 부분은 '노동'이다. 스웨덴 노동 현장의 가장 큰 특징은 '동일 노동, 동일 임금'이다. 얼핏 들으면 당연한 말처럼 보이기도 하지만 자세히 들여다보면 우리나라에서는 상상하기 어려운 체제다.

우선 이 체제하에서는 정규직과 비정규직이 같은 임금을 받는다. 예를 들어, 자동차 조립 라인에서 왼쪽 바퀴를 조립하는 정규직이 600만 원을 받고, 반대쪽에서 오른쪽 바퀴를 조립하는 비정규직이 300만 원을 받아서는 안 된다. 여기까지는 쉽게 이해할 수 있을 것이다. 그런데 스웨덴의 '동일 노동, 동일 임금'은 범위가 훨씬 더 넓다. A 자동차 회사에서 바퀴를 조립하는 사람과 B 자동차 회사에서 바퀴를 조립하는 사람도 같은 임금을 받아야 한다. A 회사는 흑자가 나고, B 회사는 적자가 날 때도 마찬가지다. 더 크고 매출이 좋은 회사에 취업하면 더 많은 급여를 받고, 그렇지 않은 회사에서는 덜 받는 게 당연한 우리나라와는 상충된다. 즉, 거대 가구 회사 이케아의 직원과 지역의 소규모 가구 회사의 직원은 같은 임금을 받아야 하며, 그만큼의 급여를 줄 능력이 없는 회사는 문을 닫아야 한다.

이런 체제가 가능한 이유는 임금 교섭을 산별 노조가 함께 하기 때문이다. 개별 기업의 상황이 일부 감안되기도 하지만 이것이 임금 교섭에 있어서 결정적인 요소가 되지는 않는다. 산별 노조야말로 '노동조합'이라는 연대 의식의 시발점이다. 같은 일을 하는 사람들 간의 동지 의식, 여기에는 정규직, 비정규직도 나뉘지 않는다. 동일 노동, 동일 임금이기에 일하는 동안에는 동일한 급여를 받는다. 그러다 보니 스웨덴의 노조 조직률은 약 88퍼센트에 이른다. 거의 대부분이 노조에 가입했다고 봐도 무방하다.

유럽 전역에 혁명 움직임이 강하던 1920~30년대 스웨덴 노조 지도자들의 요구 사항들을 봐도 독일 등 다른 유럽 국가들과는 방향이 달랐다. 우선 근로 시간 단축에 대한 요구가 없었다. 인구가 적기 때문에 다른 국가들처럼 근로 시간을 줄이면 생산을 맞출 수가 없고, 경쟁력이 낮아질 수밖에 없다는 것을 스웨덴 사람들은 본능적으로 알았다. 그래서 당시 스웨덴 노조는 근로 여건 개선에 집중했다. 쾌적하고 안전한 환경에서 1인당 생산성을 높여야 독일 같은 나라와 경쟁할 수 있다고 판단했다.

스웨덴식의 동일 노동, 동일 임금 모델이 정상적으로 작동하기 위해서는 몇 가지 전제 조건이 필요하다. 우선, 퇴출되는 노동자들에 대한 사회적 안전망과, 이들의 이직을 돕는 재취업·재교육 시스템이 잘 구비돼야 한다. 제대로 된 노동 조건을 제공하지 못하는 회사들이 문을 닫거나, 생산성이 떨어지는 인력들이 퇴출돼 밖으로 나오면 다른 직업이나 회사를 찾을 수 있도록 사회가 도와야 한다. 그렇게 성장하고 발전하는 방향으로 이들을 이끌면서 사회는 새로운 변화를 유도할 수 있고, 회사에 남은 사람들은 생산성을 향상시켜 더 앞으로 나아갈 수 있다.

물론 조선소에서 일하던 사람이 조선소에서 나와 다른 일을 한다는 건 쉽지 않다. 이 모델이 가능한 건 제조업이 활성화돼 있기 때문이기도 하다. 오늘날에도 스웨덴은 제조업 및 제조업 관련 서비스가 전체 GDP(명목, 2021년 기준)의 약 20퍼센트를 차지할 정도로 높지만 1980년대 이전부터 조선업과 더불어 철 등 쇳덩이를 가지고 하는 제조업에 굉장히 강한 나라였다. 따라서 조선업에서 용접을 하던 사람은 다른 분야에서 용접 기술을 활용할 수 있다. 이런 식으로 제조업이라는 큰 틀에서 역할을 이리저리 찾을 수 있었던 것이다.

하지만 요즘은 그렇지 않다. 직군이 다양해지다 보니 다른 일을 찾는 게 쉽지 않다. 다만 그 빈틈을 스타트업, 벤처 등의 지식 노동이 활기를 띠며 메우고 있다. 오늘날 스웨덴은 북유럽에서 가장 스타트업이 많은 곳이기도 하다.

## 최저임금도 퇴직금도 없는 나라

스웨덴에는 최저임금이 없다. 국가가 노동자나 회사에 개입하는 걸 싫어해 임금 규정은 노사가 알아서 정한다. 따라서 스웨덴엔 노사정이 없다. 노동자와 회사는 자주적 교섭을 통해 급여를 결정한다.

이전의 고용보호법을 대처하는 새로운 고용보호법이 1982년 제정되면서 해고는 어떤 경우에 할 수 있는지, 어떤 순서를 거쳐야 하는지, 누구부터 재고용을 해야 하는지 등이 이때 정립됐다. 스웨덴에서는 능력이 부족하다는 이유만으로 직원을 해고할 수 없다. 보직을 옮겨 보거나 추가로 재교육을 시키는 등 회사 차원에서 나름의 노력을 해야 한다. 이런 노력을 통해 상당수는 다시금 회사에서 제 역할을 해낸다. 그렇게 했음에도 불구하고 달라지지 않았을 때에야 비로소 해고가 가능하다.

개인의 문제가 아니라 업황이 좋지 않아 회사가 어려워져서 고용을 유지하기 어려울 때도 있다. 경기가 좋지 않거나 매출이 줄어들면 대규모 구조조정이 가능하다.

만약 어떤 회사가 구조조정으로 100명을 해고해야 할 경우, 우리나라는 10년 이상, 15년 이상과 같이 오래 근무한 사람들, 즉 나이가 많은 사람들 중에 해고자를 고른다. 하지만 스웨덴은 반대다. 신입부터 나가는 것으로 법률에 정해져 있다. 사회적으로 기득권 보호라며 비판하는 분위기도 있지만 한편으로 보면 업황이 좋지 않을 때 회사가 버티기 위해서는 노하우를 가진 사람이 있어야 한다는 생각이다. 해고 후에 업황이 좋아져 재고용할 때도 우선순위는 동일하며, 9개월간은 재고용이 보호된다. 무조건적인 건 아니고 회사가 직원을 너무 많이 줄였고, 다시 고용할 필요가 있다고 판단할 때 그 순서에 따르는 등 유연한 노동 조치를 하고 있다.

방법은 달라도 고용 보호라는 측면에서는 우리와 유사점이 있다고 할 수 있겠지만 급여 체계에 있어서만큼은 큰 차이가 있다. 스웨덴에는 호봉제가 없다. 철저하게 직무급, 생산성을 고려한다. 대부분의 업종에서 신입부터 5~7년 차까지는 매년 급여가 올라간다. 하지만 그 이후로는 상승이 거의 없다. 스웨덴에서는 10년 차가 가장 생산성이 높다고 판단한다. 교사, 공무원 등 대부분의 업종에서 오래 일했다고 급여를 올리진 않는다. 물론 모든 업종이 그런 건 아니다. 시간이 지날수록 전문성과 노하우가 쌓인다고 인정되는 업종에 대해서는 급여 수준이 향상된다. 물론 우리나라에도 임금피크제가 있다. 하지만 이는 거의 정년에 다다랐을 때의 이야기다. 우리나라에서 이제 막 사회에 발을 들여놓는 20대라면 15년 뒤 40대가 됐을 때는 지금보다 더 높은 임금을 받는다고 기대하지 비슷한 급여에 물가상승률 정도만 적용받으리라고는 누구도 생각지 않을 것이다.

이렇게 일을 하고 퇴직할 때는 어떨까. 스웨덴에는 퇴직금이 없다. 실업급여와 연금이 있기 때문에 회사가 따로 챙겨 줄 필요가 없다.

우리나라는 회사의 복리후생 제도를 강조하지만 스웨덴은 회사 자체적으로 별도의 복리후생 제도가 거의 없다. 간혹 중식을 저렴하게 제공하는 회사가 있는 정도다. 개인의 복리후생은 기업이 아닌 국가가 할 일이라고 스웨덴은 생각한다. 기업의 책임은 직원을 고용할 때 급여의 31.6퍼센트에 해당하는 사회기여금을 납부하는 것으로 끝난다. 자녀 학자금, 어린이집 등은 물론이고 사회적 기여도 필요 없다. 사실 이는 제조업 국가의 옛날식 모델이다. 모든 국민이 일하고, 모든 국민이 세금을 내서 그걸로 서로 힘들 때 도와주자는 어찌 보면 독일의 사회주의자 카를 마르크스Karl Marx가 꿈꿨을 만한 사회주의 경제체제다.

## 복지국가는 세금을 많이 낸다?

복지국가에서 가장 중요한 건 누가 뭐래도 세금이다. 세금은 누가 징수하느냐에 따라서 국세와 지방세로 나뉘고, 납부 방법에 따라서 직접세와 간접세로 나뉜다. 납세자가 직접 납부하는 법인세·소득세 등이 직접세라면, 납세자가 사업자 등을 통해 납부하는 부가가치세·소비세 등이 간접세다. 복지국가는 무조건 세금을 많이 낸다, 직접세의 비율이 간접세 비율보다 높다, 라고들 생각하는데 정말 그

## OECD 주요국의 총 조세 대비 세원별 비중

(단위: %)

| 국가 | GDP 대비 비중 | 총 조세 대비 세원별 비중 | | | | | |
|---|---|---|---|---|---|---|---|
| | | 총 조세 | 소득과세 | 사회보장 기여금 | 재산과세 | 소비과세 | 기타 과세 |
| 스웨덴 | 42.7 | 100.0 | 45.4 | 23.3 | 2.5 | 28.4 | 0.1 |
| 오스트리아 | 43.0 | 100.0 | 36.3 | 64.3 | 1.4 | 27.3 | 0.4 |
| 덴마크 | 50.9 | 100.0 | 65.9 | 0.1 | 3.7 | 29.9 | 0.0 |
| 핀란드 | 43.9 | 100.0 | 35.0 | 28.9 | 3.0 | 32.8 | 0.1 |
| 프랑스 | 45.2 | 100.0 | 26.7 | 37.7 | 8.6 | 24.4 | 2.4 |
| 독일 | 36.1 | 100.0 | 30.5 | 38.7 | 2.4 | 27.9 | 0.0 |
| 영국 | 32.6 | 100.0 | 35.0 | 18.7 | 12.6 | 33.1 | 0.0 |
| 미국 | 26.0 | 100.0 | 48.2 | 24.0 | 10.7 | 17.1 | 0.0 |
| 한국 | 24.6 | 100.0 | 29.4 | 26.9 | 11.0 | 30.0 | 2.8 |
| 일본 | 30.3 | 100.0 | 32.5 | 40.9 | 8.8 | 17.6 | 0.1 |

자료: OECD, 2015

럴까?

스웨덴 총 조세에서 가장 높은 비율을 차지하는 건 아무래도 소득세다. 우리나라는 전체 조세의 30퍼센트가 소득세인 데 비해 스웨덴은 전체 조세에서 소득세가 차지하는 비중이 약 45퍼센트다. 이때 소득세에는 법인이 내는 것과 개인이 내는 것이 모두 포함된다.

스웨덴의 복지를 이끄는 주축은 특히 지방소득세다. 스웨덴 복지 체제는 국가-광역-기초가 완전히 다르고 겹치지 않는다. 따라서 세금도 개별로 걷으며, 걷은 돈에서 각자 알아서 쓰는 구조다. 지방소득세는 지차제별로 세율이 다른데 지역에 따라서는 5퍼센트 이상 차이가 나기도 한다.

소득이 적으면 소득세를 많이 걷지 않을 테니, 돈을 많이 안 벌

### 스웨덴의 연봉별 지방소득세율

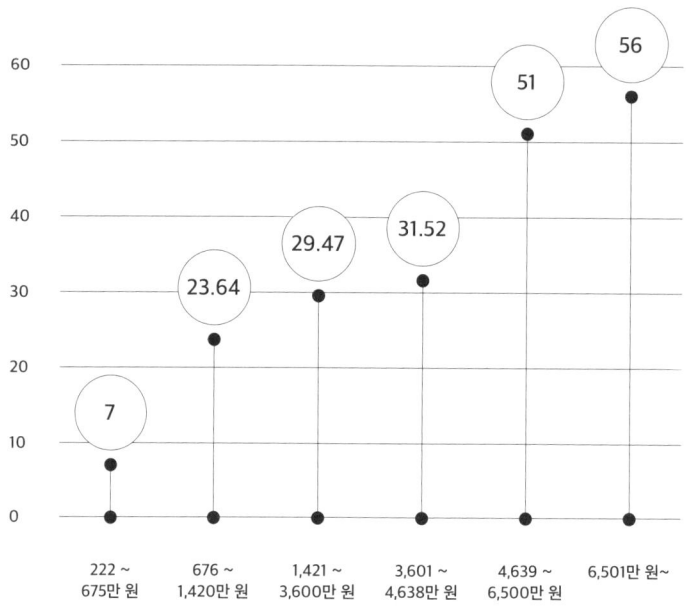

(단위: %)

※ 스웨덴 크로네 122원 환율 기준으로 원화 환산

어도 세금을 적게 내고 복지 혜택을 누릴 수 있지 않냐고 생각한다면 틀렸다. 스웨덴의 세율은 생각보다 평평하다. 한화로 연봉 1,500만 원(스웨덴 크로네 122원 환율 기준)만 넘어도 세율이 29.47퍼센트고, 5,000만 원이 넘으면 51퍼센트다. 스웨덴에서 연봉이 2억 원이라고 하면, 국가소득세까지 합해 9,780만 원 정도를 세금으로 내야 한다. 우리나라의 경우 동일한 연봉을 받는 사람이 4,600만 원 정도를 떼니 거의 2배다. 우리나라 급여 생활자 중 40~45퍼센트는 소득세를 내지 않는데, 스웨덴의 세금 체계를 적용하면 이들도 1,000만 원 이상 내야 한다. 이처럼 생각보다 무임승차자를 최소화해 가차 없이 세금을 걷는다.

국가소득세는 연봉이 4,700만 원을 넘으면 넘은 금액의 20퍼센트를, 연봉 6,600만 원을 넘으면 넘은 금액의 25퍼센트를 세금으로 걷는다. 어마어마하게 걷는 듯해도 실제로 최고 단계 세율을 부담하는 사람은 전체 급여 생활자의 5퍼센트 정도다. 흔히 복지국가가 되면 내 세금은 줄어들거나 비슷하고 고소득자들이 훨씬 더 많은 세금을 낸다고 생각하는데 꼭 그런 건 아니다.

급여 소득뿐 아니라 연금, 실업 수당은 물론 질병 수당, 육아휴직 수당에도 세금을 반영한다. 온 국민에게 정액으로 주는 아동 수당과, 경제적으로 어려운 사람들에게 주는 주택 수당 등 몇 가지 사회 부조를 제외하고 나머지는 다 과세다.

하지만 우리보다 덜 내는 것도 있다. 우리나라는 취득세 포함 재산세가 11퍼센트인 반면, 스웨덴은 2.5퍼센트 정도로 거의 없는 셈이다(2015년 기준). 이미 소득세를 많이 내기 때문에 재산세까지 낼 여력이 없다. 또한 법인세도 아주 낮다. 심지어 계속해서 낮아지고 있다. 스웨덴의 법인세율은 단일세율로 1995년부터 2005년까지 28퍼센트를 유지하다가 2010년 26.3퍼센트, 2015년 22퍼센트, 2019년 21.4퍼센트로 낮아졌고, 2021년 20.6퍼센트로 사상 최저치를 기록한 뒤 현재까지 유지되고 있다. 반면 우리나라는 2018년부터 2022년까지 27.5퍼센트를 기록하다가 2023년 이후부터 24퍼센트를 유지하고 있다.

그리고 결정적으로 상속세가 없다. 계층 간 소득 불균형 정도를

### 나라별 상속세 최고세율

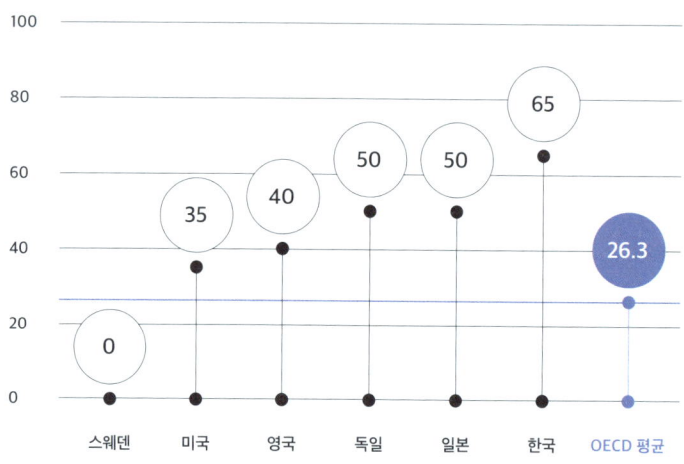

(단위: %)

※ 영국, 독일은 가업 승계 시 최대 100퍼센트 공제
※ 한국은 최고 세율에 대주주 할증 포함

자료: 한국조세재정연구원

나타내는 지니계수(0에 가까울수록 평등, 1에 가까울수록 불평등)를 보면 스웨덴은 0.27 정도로 세상에서 가장 평등한 나라 중 하나다. 그런데 여기에 자산을 넣으면 세계에서 가장 격차가 큰 나라가 된다. 상속세를 걷지 않는 건 대기업 체제를 유지시키는 전제조건 중 하나다.

다만 부가가치세는 높다. 품목에 따라 다르긴 하지만 기본 25퍼센트다. 음식 값이 샌드위치와 콜라 한 잔에 3만~3만 5,000원 정도이니 누가 밥을 사주거나 하는 일은 잘 없다. 어느 나라건 부가가치세는 국가의 주요 재원이며 스웨덴 연방 정부 세원의 대부분이 바로 이 부가가치세에서 나온다.

## 대기업중심주의

"가문의 기득권을 인정해 줄 테니 세금을 꼬박꼬박 내시오."

스웨덴에는 발렌베리 Wallenberg라는 가문이 있다. 지주회사인 인베스터 AB Investor AB를 기반으로 금융, 건설, 기계, 항공, 제약 등 19개 기업을 소유하고 있는 이 가문은 150년 이상 이어져 오며 5대에 걸쳐 경영 세습 중이다.

어떻게 이게 가능할까? 스웨덴 정부는 발렌베리 가문과 타협했다. 기득권을 인정해 주는 대신 세금만 꼬박꼬박 잘 내라는 것이었다. 앞서 이야기했듯 스웨덴은 대기업 중심, 세금 중심의 나라다. 대기업이 글로벌 시장에 나가서 이익을 벌어들이고, 그 수익으로 고용 노동자들에게 세금을 낼 수 있을 만큼의 충분한 급여를 지급하고, 그 세금으로 국가는 복지사회를 유지한다. 그렇게 세금을 걷어서 잘 쓰는 게 복지사회의 핵심이다. 큰 세금을 걷는 주체는 중앙이 아닌 지방 정부다. 지방 정부는 세금으로 의료, 교육을 다 책임진다. 약 80퍼센트 정도의 복지는 지자체가 세금 안에서 해결한다.

하지만 모든 지역에 대기업이 있을 수는 없다. 그래서 일부 지역에는 국가가 지방 정부의 사업 수행에 필요한 경비를 교부금 형태로 지원하지만 지역 간 복지에 차이가 있는 건 어쩔 수 없다. 특히 스웨덴에서는 아프면 힘들다. 스웨덴의 의사는 공무원이다. 한정된 재원으로 채용할 수 있는 의사 수는 제한돼 있고, 약재비 등도 들기 때문에 의료 비용이 타이트하게 관리된다. 스웨덴에서 아파서 병원에 전화하면 간호사가 받고 증상을 들은 뒤 심각한 상황이 아니면 어떤 조치를 해야 하는지 알려 주는 선에서 끝나는 경우가 많다. 그래도 나아지지 않아 다시 전화해서 아프다고 하면 그제서야 예약을 해 주는데 그게 일주일 정도 걸린다. 일주일 후에 가서 증상을 보고 문제가 심각하다고 하면 그때 전문의를 연결해 준다. 여기에 또 3개월이 걸린다. 단, 3개월 후에 갔을 때 만약 암 진단을 받는다면 이후 모든 진료는 다 무료다. 우리처럼 당장 아파서 병원에 가서, 최상급 진료를 받을 수 있는 환경은 아닌 대신 일정 비용 이상부터 치료비가 무료다.

## 가난한 스웨덴 서민, 돈벼락을 맞는 재벌

스웨덴은 높은 세금과 사회적 평등의 이미지가 강하다. 높은 세금은 사회를 평평하게 만들어 빈부격차를 줄일 것 같다. 하지만 현실은 다르다. 스웨덴에서는 상위 10퍼센트가 전체 자산의 74퍼센트를 보유하고, 하위 50퍼센트가 -2.4퍼센트의 자산을 보유하고 있다. 자산이 어떻게 마이너스일까? 부채가 더 많다는 의미다. 즉, 스웨덴에서 하위 50퍼센트의 사람들은 빚에 허덕이고 있다. 일반적으로 중위 소득의 60퍼센트 미만 소득을 올리는 사람들을 빈곤층으로 분류하는데 스웨덴 전체 인구의 15퍼센트가 여기에 해당한다. 월말이 되면 쓸 돈이 없다고 답하는 청년(18~29세)들의 비중이 33퍼센트에 이른다.

평범한 스웨덴 사람들의 삶은 퍽퍽하다. 공식 통계에 따르면 스웨덴의 물가는 지난 25년간 33퍼센트 상승했다. 거의 오르지 않은 것처럼 보인다. 하지만 여기에는 임대료가 포함돼 있지 않다. 임대료를 포함한 생활비만 따로 계산해 보면 1995~2022년 스웨덴의 생활비는 244퍼센트 증가했다. 유럽연합EU 평균 51퍼센트와 비교해 보면 생활비 부담이 급증한 것이다. 이런 상황에서 부동산 가격까지 급등하고 있다. 1996년 100만 크로나로 200제곱미터의 주택을 살 수 있었다면 이제는 22제곱미터로 줄었다.

쓸 돈이 부족한 스웨덴 사람들을 겨냥해 은행들은 약탈적인 고리 대출로 큰돈을 벌고 있다. 서민에 대한 무담보 대출, 즉 신용대출은 2008~18년에 10배 증가했다. 신용대출 상환액은 전체 대출 상환액의 50퍼센트를 차지한다. 하지만 이런 신용대출자의 20퍼센트는 돈을 갚지 못하고 신용불량자가 된다.

스웨덴에도 큰 부를 소유한 부자들이 있다. 그리고 이들이 가진 재산은 최근 급증하고 있다. 1996년 10억 크로나(현재 한화 약 1,244억 원) 이상을 보유한 사람들은 28명에 불과했다. 이들 대부분은 상속자였다. 하지만 2021년이 되자 이 기준을 충족시키는 사람들이 542명으로 늘었다. 이들의 소유 재산을 합하면 스웨덴 GDP의 70퍼센트에 해당하는 놀라운 수준이다. 사회 전체의 부가 특정 인물에게 집중되는 경향이 강해지고 있는 것이다.

미국과의 비교를 위해 단위를 10억 달러(한화 약 1조 4,000억 원)로 높여 보자. 미국 경제지 《포브스》 집계에 따르면 이에 해당하는 자산을 보유한 스웨덴의 억만장자는 43명이다. 생각보다 적다고 느끼겠지만 스웨덴의 인구가 약 1,000만 명 수준이라는 걸 감안하면 적지 않은 숫자다. 인구 100만 명당으로 환산해 보면 미국은 10억 달러 이상의 자산을 보유한 사람이 2명인 데 비해 스웨덴은 4명으로 미국보다 2배가 많다. 1910년 미국 최고의 재벌이었던 존 D. 록펠러 John D. Rockefeller가 보유한 자산은 미국 전체 GDP의 1.5퍼센트 수준이었다. 2024년 스웨덴에서는 이 기준보다 더 많은 부를 소유한 사람이 7명이나 됐다. 우리가 생각하는 것 이상으로 스웨덴에는 소수의 사람들에게 부가 집중되고 있다.

왜 스웨덴에는 이런 재벌들이 많을까? 스웨덴 억만장자의 70퍼센트는 상속 재산이다. 유럽에서는 새로 기업을 창업하거나 투자를 통해 큰 부를 모으는 것이 쉽지 않다. 스웨덴 억만장자가 보유한 자산의 70퍼센트는 상속이 차지하고 있는 것으로 나타나고 있는데 이런 비중은 유럽 전체에서 프랑스, 독일 다음으로 높다. 세금이 높다고 생각되던 나라들이 보여 주는 뜻밖의 모습이다.

많은 부를 보유한 것 자체는 큰 문제가 되지 않는다. 하지만 이미 많은 자산을 보유한 사람들이 더 많은 돈을 번다면 문제가 된다. 2024년 스웨덴 억만장자의 재산은 4퍼센트 증가해 전체 GDP의 31퍼센트에 달했다. 《포브스》가 집계한 20개국 가운데 가장 높은 수준으로 증가한 것이다. 1996~2021년 스웨덴 사람들의 평균 보유 자산은 770퍼센트 증가했다. 하지만 억만장자의 자산은 이보다 훨씬 많은 3,000퍼센트 증가했다. 돈이 돈을 벌고 있는 셈이다.

어떻게 이것이 가능할까? 이는 세금의 변화가 가져온 결과다. 1997년 스웨덴 의회는 상장 기업 주식의 25퍼센트 이상을 보유한 대주주에 대해 물리던 부유세를 폐지했다. 부유세를 계속 물린다면 다른 나라로 가겠다는 대기업 소유주들의 반발 때문이었다. 2003년에는 10퍼센트 이상의 주식을 보유한 대주주들에게 물리던 배당소득세를 폐지했다. 부를 가진 사람들이 주식을 팔고 해외로 빠져나가는 것을 막기 위해서였다. 2004년에는 상속세와 증여세가 폐지됐다. 이렇게 되자 껍데기만 남은 부유세도 2007년 폐지됐다. 부자들에 대해 높은 세금을 물리는 스웨덴, 부의 상속을 차단해 같은 출발점에서 시작하도록 만드는 스웨덴은 이제 없다.

스웨덴에 대한 착각 중 하나는 주택이나 부동산 등 자산에 대한 보유세가 높을 것이라는 것이다. 앞서 언급했듯 스웨덴의 경우 재산세 자체가 없다. 우리로서는 어이가 없지만 현실이 그렇다. 주택의 경우 자산부과금property charge이라는 것이 있긴 하다. 하지만 그 금액도 얼마 되지 않는다. 일단 보유한 주택의 0.75퍼센트를 원칙으로 한다. 이렇게만 보면 우리 사회 일각에서 주장하는 '주택 가격 1퍼센트 보유세 부담'과 비슷해 보인다. 그러나 실상은 다르다. 상한액이 정해져 있다. 2023년을 기준으로 9,287크로나(한화 약 133만 원)다. 아무리 크고 비싼 집을 소유하고 있어도 매년 133만 원만 부담하면 되는 셈이다. 집을 팔 때는 세금을 낸다. 소득이 발생했기 때문이다. 이때도 집을 몇 채 가지고 있든, 얼마나 비싸게 팔았든 상관없이 무조건 22퍼센트를 적용한다. 주식에 대해서도 비슷하다. 30퍼센트의 단일세율을 적용한다.

스웨덴의 높은 세율은 근로소득, 즉 내가 열심히 일해 받은 급여에 한정된다. 그러다 보니 주식 상장으로 3억 2,300만 크로나(한화 약 459억 원)를 번 사람은 이 금액의 18퍼센트에 해당하는 금액만 세금으로 내는 데 비해, 노동을 통해 한 달에 2만 1,000크로나(한화 약 300만 원)를 버는 근로소득자는 21퍼센트를 세금으로 내야 한다. 우리가 생각하는 것과 전혀 다른 원칙이 적용되는 곳이다.

## 강남 이상의 부동산 버블, 스톡홀름

주택 가격 상승은 전 세계적 현상이다. 스웨덴도 예외가 아니다. 스웨덴은 주택 가격 급등락으로 1990년대 초반에 우리나라의 IMF 외환위기와 유사한 경제 위기를 겪었지만 지금도 스웨덴 대도시의 주택 가격은 매우 높다. 2018년 미국의 유력 경제 매체 블룸버그는 전 세계에서 가장 위험한 주택 시장으로 스톡홀름을 꼽았다. 거품이 많다는 이유였다. 2008~17년 스웨덴의 전국 주택 가격을 보면 평균 81퍼센트 올랐다. 같은 북유럽 국가인 덴마크 27퍼센트, 핀란드 23퍼센트와 비교했을 때도 큰 차이다(단, 노르웨이는 79퍼센트로 스웨덴과 유사하다). 전국 단위로 봤을 때라 대도시는 이보다 더 상승폭이 컸을 것으로 추정할 수 있다.

집값이 이렇게 오른 데는 이유가 있다. 사람은 누구나 자산 축적의 욕구가 있다. 자식에게 물려주거나 개인의 여유로운 생활을 위해서다. 세금을 내고 나면 남는 돈이 많지는 않지만 재산세·상속세가 상대적으로 적거나 거의 없다 보니 스웨덴 국민들은 주택 시장에 올인한다. 오랫동안 마이너스 금리로 내려와 있었기에 주택 담보 대출 이자라는 게 거의 없었고 그조차도 중앙은행 기준 금리라 실제 대출 금리는 1퍼센트 이하였다. 거기에 만기는 100년. 한때 특판으로 나온 담보인정비율loan to value, LTV은 104퍼센트까지도 있었다고 하니 집을 사면 집값 이상도 대출을 받을 수 있었던 셈이다. 최근에는 보통 80퍼센트 정도 된다.

스웨덴 정부는 '내 집 마련'이라는 명제에 태클을 걸기가 상당히 어렵다. 많은 세금을 납부하는 것으로 국민의 의무를 다 했기에 국민이 남은 돈으로 뭔가 하겠다고 하면 막을 구실이 없다.

물론 복지국가인 스웨덴의 모든 국민은 소득과 상관없이 임대주택에 들어갈 권리가 있다. 하지만 수요와 공급의 불일치는 스웨덴에도 존재한다. 스톡홀름에도 우리나라로 치면 강남 3구(강남, 서초, 송파)와 같은 선호 지역이 있다. 그 지역에 있는 임대 주택에 들어가려면 평균 19~23년 대기해야 한다. 아이가 뱃속에 있을 때 아이 이름으로 신청하면 그 아이가 대학에 졸업할 때쯤 들어갈 수 있는 셈이다. 스톡홀름 내 비인기 지역의 경우도 10년은 기다려야 한다. 세금 많이 걷어 놓고 뭐하는 건가 싶겠지만 유치원, 학교 등등 쓸 곳이 많다. 치매 환자 등 고령 인구가 늘면서 부양 비용도 계속 증가하고 있다. 그러니 임대 주택을 짓는 것은 뒤로 밀릴 수밖에 없다. 스톡홀름뿐 아니라 290개 지자체 중 255개가 임대 주택 부족 현상을 겪고 있다.

그렇다고 임대료가 저렴한 것도 아니다. 스웨덴에서는 가처분 소득(소득에서 세금을 제하고 남은 실제 사용 가능한 소득) 중 주거비 비중이 20퍼센트가 넘는다. 스톡홀름과 같은 대도시에 사는 사람들에게 집은 하나의 스트레스다.

주택 공급이 원활하지 못한 데는 여러 가지 이유가 있다. 우선, 1960년대에 대규모 주택 공급을 시도했는데 그때 지어진 집들이 품질이 좋지 않아 일종의 트라우마가 생겼다. 그 이후로는 대규모 주택 공급을 꺼린다. 둘째로는 기존 임대 사업자들의 반대가 크다. 스웨덴 주택 통계를 볼 때 주의해야 하는 것이 사회 주택이라고 해서 우리가 생각하는 저렴한 임대 주택이 아니라는 것이다. 스웨덴의 사회 주택은 주거협동조합이라는 곳에서 공급하는 임대 주택인데 이곳은 애초에 이익 단체이기 때문에 임대료가 생각만큼 저렴하지 않다. 셋째로 주택에 대한 규제가 심하다. 아름다운 도시인 만큼 층고나 주변 지역에 미칠 영향까지 따지다 보면 공급이 쉽지 않다. 여기에 기존 주택을 개보수해서 살아가는 건설 노동자나 단체들의 조직적인 반대 로비도 만만치 않다. 집을 사려는 사람들은 단합되지 못한 개별적인 세력인데 비해 반대하는 사람들은 조직화한 세력이다 보니 이를 뚫고 나가기가 꽤 힘들다.

그래서 최근 스웨덴 사람들이 많이 활용하는 방법이 바로 스웨덴판 에어비앤비 airbnb(미국에서 시작돼 전 세계적으로 사용되는 숙박 공유 플랫폼)다. 스웨덴에 벤처나 스타트업이 늘면서 전 세계에서 많은 사람들이 모이고 있다. 주택이 없으니 한 시간 반, 두 시간씩 멀리 떨어진 곳에서 출퇴근을 하거나 방 한 칸을 80만 원에 임대해 산다. 이런 상황에서 조금이라도 여유가 있으면 은행에서 대출을 받아 집을 사겠다는 사람들이 늘어나는 건 가히 불가항력적 현상이다.

어느 나라나 주택, 특히 수도나 대도시의 주택 문제는 쉽지 않다. 스웨덴 정부와 중앙은행도 이를 잘 알아 예의주시하고는 있다. 하지만 우리처럼 행정적으로 막지는 않는다. 왜냐하면 그보다 국민들이 일상생활을 잘 영위할 수 있도록 하는 게 중요하다는 입장이다. 주택 가격 상승은 주택을 살 만한 여력이 있는 사람들만의 일이라고 여긴다. 임대료 상승에 민감하고 다양한 세입자 보호 조치들을 통해 주거 안정을 도모하는 것이 우선이다.

## 두 번의 오일쇼크

지금은 스웨덴이 안정되고 건실한 나라인 듯 보이지만 사실 경제적으로 부침이 심했다. 몇 번의 경제 위기를 경험하며 많은 게 바뀌었다. 우리나라도 1997년 IMF 외환위기 이후 신자유주의 체제로 바뀌었다는 이야기를 많이 하는데 스웨덴도 마찬가지다. 경제 위기를 겪은 뒤 정통 복지국가 사회주의라는 체제가 많이 흔들렸다. 그리고 여기에는 우리나라가 미친 영향도 있다.

스웨덴 복지 체제는 1970년대에 완성됐다. 잘 유지되리라 예상했지만 1973년과 1979년 1, 2차 오일쇼크를 겪으며 위기가 찾아왔다. 1차 오일쇼크 당시는 조선업과 철강업에 위기가 왔다. 제조업 중심의 스웨덴에는 좋은 철광석이 많이 나와 본래 조선과 제철이 강한 나라였다. 특히 30만 톤급 이상의 초대형 유조선VLCC이 강점이었다. 1960년대 후반 경기가 좋을 때 투자를 많이 해 놓았는데 1차 오일쇼크를 맞아 수요는 줄고, 물가와 인건비는 올라 국제 경쟁력이 급격히 나빠졌다. 그 빈틈을 노린 나라가 바로 우리나라와 일본이었다.

스웨덴이라는 선두주자가 휘청거리는 사이 일본이 나섰고, 그 뒤를 이어 우리나라가 따라가는 상황이었다. 스웨덴 정부에서는 조선업을 이대로 망하게 둘 수 없다고 판단, 국영화한 뒤에 국가가 직접 선박을 발주했다. 하지만 이렇게 만들어진 선박도 너무 비싸 아무도 사지 않았다. 이 위기만 넘기면 팔릴 거라고 생각했던 건 스웨덴 정부의 착각이었다. 그사이 우리나라와 일본이 더 저렴한 가격의 선박을 쏟아냈기 때문이다. 국영 공장은 폐쇄됐다. 기껏 발주해서 만든 유조선은 사용 한번 해 보지 못한 채 고철로 팔렸고, 대형 골리앗 크레인 또한 10여 년간 방치돼 있다가 1달러에 팔려 우리나라로 왔다.

조선뿐 아니라 철강에도 어려움이 찾아왔다. 국가가 나서서 통폐합과 구조조정을 진행했고, 다행히 철광석이 생산되는 나라다 보니 원가 경쟁력은 살아 있어서 1980년대 다시 민영화할 수 있었다. 스웨덴의 철강업은 특수강 위주로 변화하여 생존하게 됐다. 이런 상황에서 스웨덴 정부가 택한 건 지속적인 통화 절하였다. 인건비가 오르는 만큼 통화인 크로네 가치를 하락시키는 전략으로 8년간 40퍼센트를 평가 절하시켰다(당시 스웨덴은 고정환율제였기 때문에 국가가 내리면 되는 구조였다. 그때만 해도 대부분의 나라가 고정환율제였다). 통화 가치 하락으로 높은 인플레이션이 발생했지만 어쨌든 이로써 수출 경쟁력은 나름 회복했다. 1979년 2차 오일쇼크 이후에는 새로운 문제가 생기기 시작했다.

## 버블과의 전쟁

1980년대에 오자 스웨덴 국민들은 과거 복지 체제나 국가가 통제하는 사회주의에 대해 반감을 갖기 시작했다. 스웨덴 정부도 더 이

1960년대 스톡홀름 항구 전경

상 국민들의 욕망을 누르기만 할 수는 없다는 생각을 하게 됐고 여러 제약을 풀어주기 시작했다. 그중 하나가 금융 자유화였다. 일반 국민들도 은행에 가서 대출을 받아 집을 살 수 있도록 한 것이다. 그전까지 일반 국민이 대출을 받아 집을 살 수 있도록 소비자 금융을 열어 준 나라는 영국이나 미국 정도로, 선진국 중에서도 몇 나라 되지 않았다. 1985년부터는 금리도 국가가 아닌 은행 자율로 해서, LTV가 75퍼센트에서 95퍼센트까지 확대됐다. 경기가 좋아지니 무역 흑자로 돌아서면서 달러가 쏟아졌고, 잉여 자본들이 들어와 주식, 부동산으로 갔다. 1981~91년 전국적으로 주택 가격이 2배씩 올랐다. 상업용 건물은 10배, 주식도 10배 뛰었다. 돈만 있으면 주식에 넣겠다는 사람이 많아졌고, 주택 담보 대출을 받아 집을 샀다. 집값이 오르면 오른 만큼 또 대출을 받았고, 이를 주식에 넣으면 대출을 갚고도 남을 만큼의 돈을 벌 수 있었다. 1985년 민간 부채가 GDP 대비 100퍼센트였는데 5년 만에 150퍼센트로 증가했다.

하지만 버블의 붕괴는 한순간이었다. 1990년대 초반 금융 위기+통화 위기+재정 위기가 한꺼번에 왔고, 뱅크런(은행이 불안해지자 예금자들이 대규모로 예금을 인출하는 현상)이 발생했다. 은행이 망하자 정부와 중앙은행이 발 벗고 나서서 은행을 국유화했다. 오늘날 은행에 위기가 왔을 때 흔히 하는 프로세스인 '국유화 → 예금 무제한 지급 보증 → 공적 자금 투입해 배드뱅크와 굿뱅크 나눔 → 자산 매각'을 처음 시작한 나라가 스웨덴이다. 위기 극복 후에는 다시 본래대로 돌려 놓았다.

1989년 냉전 체제가 막을 내리면서 유럽 동부 공산주의 국가들,

소위 동구권은 붕괴했다. 스웨덴도 서방과 사회주의 국가 사이에서 중개 무역을 통해 돈을 많이 벌었던 나라라 한쪽 수요가 완전 사라져 버리자 빈사 상태에 빠졌다. 그 가운데 실업률이 1.5퍼센트에서 3년 만에 8.2퍼센트로 증가했고, 청년 실업률은 10퍼센트를 넘는 상황이 됐다. 그래도 이 문제는 어느 정도 극복 가능했다. 진짜 문제는 통화 위기였다. 1991년 버블이 무너지자 환투기꾼들은 스웨덴을 유심히 지켜보고 있었다. 그들은 크로나가 과대평가됐다고 판단했다. 당시 유럽은 ECU라는 유럽 화폐 단위를 만들어 통화마다 약간의 갭을 주고 그 안에서만 왔다 갔다 할 수 있게 해 놓았다. 파운드가 먼저 무너졌고, 다음으로 크로나가 타깃이 됐다. 스웨덴 정부는 환율을 방어하기 위해 외환보유고를 풀고 금리를 마구 올렸다. 통화 가치 방어를 위해 기준 금리를 500퍼센트까지 올리는 극약 처방을 단행했다. 그러나 통화 가치 급락을 피할 수는 없었다. 통화 가치는 44퍼센트 가까이 폭락했고, 스웨덴은 ECU 체제에서 탈퇴하고 변동환율제로 넘어갔다.

　스웨덴에는 아무래도 연금 생활자들이 많다. 그런데 이런 상황이 오자 국민들은 '연금을 받을 수 있을까?' 걱정하기 시작했다. 100퍼센트라고 믿고 있던 것에 처음으로 의문을 갖게 된 것이다. 장기 집권 중이던 사회민주당이 붕괴하고, 정권 교체가 이루어졌다. 위기라는 급한 불을 끄고 난 뒤에는 근본적인 문제 해결을 위한 개혁이 가능한 환경이 만들어지는 법이다. 스웨덴 역시 그랬다. 그런 순간에 스웨덴의 장점이 빛을 발해 모든 정치 세력이 모여 다툼 없이 합의안을 도출해 내는 데 성공했다.

그렇게 1991년 세제 개혁을 통해 소득세를 낮췄고, 1992년 복지 개혁을 통해 이전까지는 회사에 나가기 싫으면 1년에 300일까지 쓸 수 있던 병가에 제약이 가해졌다. 1993년에는 중앙은행도 인플레이션 타기팅 targeting이라는 새로운 가이던스 guidance를 제시하는 쪽으로 변화했다. 이런 과정들이 '스톡홀름 프로세스'라는 이름으로 우리나라뿐 아니라 일본, 미국 등으로 이어졌다. 1997년 재정 개혁을 통해서는 예산 계획을 1년 단위가 아닌 다년간으로 확대해 짜기 시작했고, 1999년 연금 개혁도 어렵게 성공했다. 당시 연금 개혁의 핵심은 자동조정장치 도입이었다. GDP 등 몇 개 지표가 일정 수준 이하로 낮아지면 자동으로 연금 지급 액수가 깎이는 시스템이다. 처음 도입할 때는 적용될 일이 거의 없을 것이라 호언장담 했지만 10년도 지나지 않은 2008년에 처음으로 자동조정장치가 가동됐다. 연금 개혁과 더불어 이전까지 허용되지 않던 민간 병원, 사립 학교 등이 등장했고 법인세도 인하됐다.

우리가 보기엔 여전히 꿈같은 나라이지만 스웨덴 사람들은 그때부터 완전히 달라졌다고 느낀다. 혹독한 시기를 거치면서 사회는 각박해지고 공동체 의식도 약해졌다. 무엇보다도 젊은이들이 해외로 떠나기 시작했다. 돈을 벌면 세금으로 다 내야 하는 사회가 답답하게 느껴졌기 때문이다. 그래서 많은 스웨덴 청년들이 우선 영국에 가서 자본주의에의 적응을 시도하고 자신감이 붙으면 미국으로 향한다. 이렇게 할 수 있는 이유는 스웨덴인들의 영어 구사 능력이 비영어권에서는 최고 수준이기 때문이다.

안정돼 보이는 스웨덴도 이렇듯 나름의 파란만장한 위기와 극복의 신화를 쓰며 복지 체제를 유지해 오고 있다. 세계 최초로 현금 없는 사회를 만들겠다고 나선 나라이자, 신용카드도 휴대전화도 귀찮아 전자태그radio-frequency identification, RFID 칩을 팔목에 삽입해 다니는 나라. 이제 너무 흔해서 관용구처럼 들릴지 모르지만 위기는 기회가 된다.

우리나라도 IMF 외환위기를 거치지 않았으면 좋았다고들 말하지만 한편으로는 그렇지 않았다면 정말 이만큼 올 수 있었을까 싶기도 하다. 재벌 개혁 등 사회 부조리와 불합리가 그 아픔을 극복하는 과정에서 다소 사라졌다. 그 과정이 없었다면 우리나라는 아직 말레이시아, 인도네시아, 태국과 비슷한 위치에 머물러 있었을지도 모른다. 위기를 기회로 만들기 위해서는 무엇보다 협력이 중요하다. 정부와 국민이 한마음으로 헤쳐 나가면 이겨 내지 못할 것도 없다.

# 3장

## 일상에 자극이 필요한 부자 나라, 노르웨이

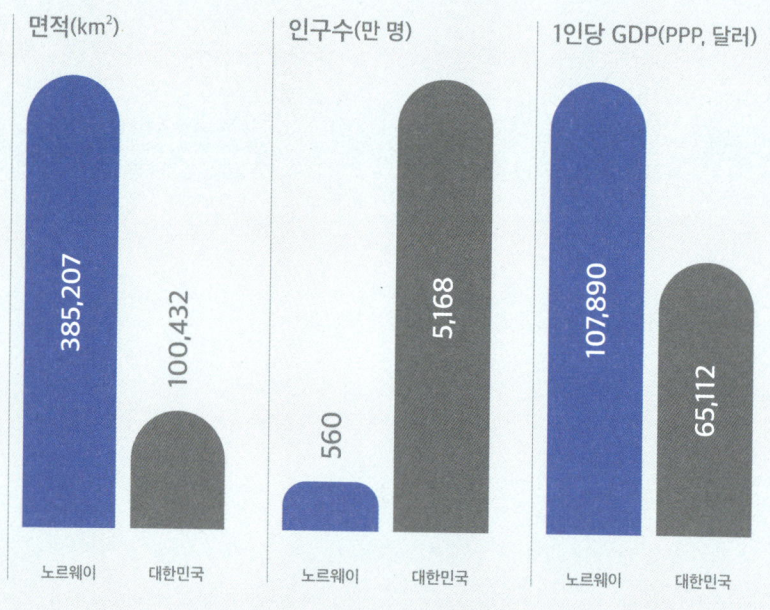

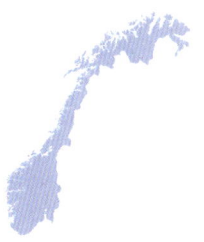

　세계에서 가장 살기 좋은 나라, 1인당 명목 GDP 세계 4위(2024), 웰빙 지표 톱, 소득불평등과 빈곤이 가장 낮은 나라 등 지상 낙원처럼 들리는 수식어를 달고 다니는 곳이 바로 노르웨이다.

　북위 70도의 북극권, 스칸디나비아 반도 서쪽에 위치한 노르웨이는 동쪽으로 스웨덴·핀란드와 접해 있다. 면적은 약 38만 제곱킬로미터로 우리나라의 3.8배인데, 이 중 본토가 약 32만 제곱킬로미터, 스발바르 제도가 약 6만 제곱킬로미터 정도 된다.

　노르웨이 국토의 72퍼센트는 피오르다. 빙하가 해안 지역에서 침식해 생긴 골짜기에 바닷물이 들어오면서 자연스레 피오르가 발달했다. 더불어 해안선도 발달했는데 해안선의 길이가 약 5만 킬로미터 정도로 캐나다에 이어 세계 2위다.

　인구는 560만 명으로 우리나라의 10분의 1 수준이나 2025년 어림값으로 1인당 명목 GDP는 8만 9,690달러로, 세계 6위를 기록했다. 우리나라의 1인당 명목 GDP는 3만 4,642달러로 세계 28위다.

## 웰빙 부자, 아픈 사람들

노르웨이는 OECD에서 회원국의 웰빙 동향을 파악하기 위해 만든 더 나은 삶 지수Better Life Index에서 2016년 1위를 차지한 바 있다(2020년엔 9위를 기록했다). 같은 해 우리나라는 31위였다(2020년 35위). 역시 세계에서 가장 살기 좋은 나라답다. 여기까지만 상위권이면 좋았을 텐데 또 다른 항목에서도 노르웨이는 상위권을 기록했다.

노르웨이는 가처분 소득 대비 부채 비율이 230퍼센트 정도로 OECD 국가 중 2위다. 1위는 노르웨이 아래쪽에 있는 덴마크로, 270퍼센트다. 이 빚으로 주식에 투자하는 사람도 있지만 상당수가 부동산, 즉 집을 사는 데 쓴다. 집을 살 때 세제 혜택들이 적용돼 주택을 구입하기 좋은 조건들이 만들어졌기 때문이다. 한때는 LTV 104퍼센트까지 대출이 됐는데 지금은 85퍼센트 수준이다. 우리나라를 포함해 대부분의 국가들이 70퍼센트 정도에서 왔다 갔다 하는 것에 비하면 높은 수준이다. LTV와 더불어 쌍둥이처럼 나오는 게 총부채상환비율debt-to-income ratio, DTI이다. 노르웨이는 DTI가 500퍼센트다. 이는 이자가 소득의 5배까지 나가도 상관없다는 의미다. 심지어 노르웨이는 대출을 받으면 이자만 낸다. 노르웨이 내부에서도 줄여야 한다는 이야기가 나오고 있긴 하다.

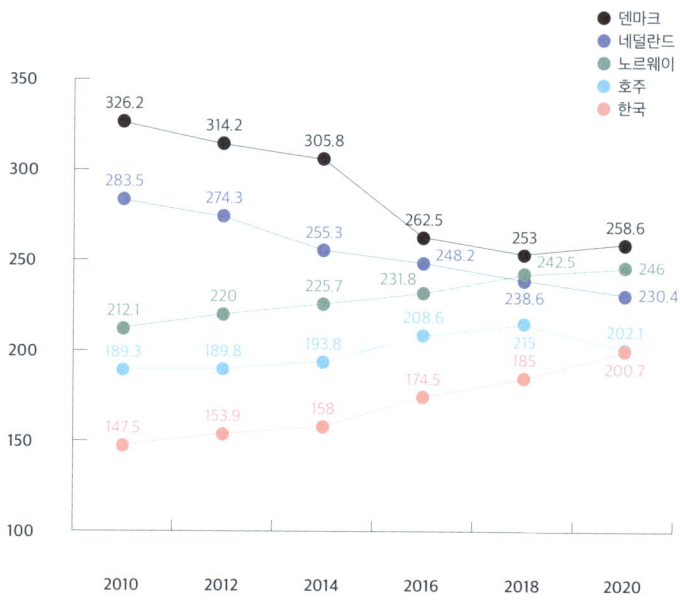

국가별 가처분 소득 대비 부채 비율 (단위: %)

복지국가인 만큼 스웨덴처럼 노르웨이도 세금이 많다. 높은 세금을 부담하고 나면 개인에게는 투자할 돈이 부족하다. 하지만 사람들은 더 많은 돈을 벌기 원하고 현금이 부족한 북유럽 사람들은 주택 구입에 몰두한다. 우리처럼 집을 사 놓으면 최소한 손해를 보지 않는다는 인식이 강하다.

맑은 공기와 풍요로운 복지사회는 사람들을 건강하게 만들 것 같지만 정작 노르웨이 사람들은 많이 아프다. 1인당 연간 병가 일수는 27.5일. OECD 국가 가운데 가장 높다. 결근율이 가장 높은 나라도 노르웨이다. 1년 내내 병가를 낼 수도 있다. 그러면 월급은 어떻게 될까? 노르웨이는 1년까지는 급여 전액을 지급한다. 그다음부터는 3분의 2를 지급한다. 풍요로움이 건강함이 아니라 아픔을 가져다 준 것일까. 최근 IMF는 노르웨이의 복지 정책에 대해 '비용은 많이 들지만 사회 및 경제 구조를 왜곡시키고 있다'고 비판한 바 있다.

## 자극이 필요해

노르웨이 하면 눈 내린 고요한 숲의 풍경이 떠오른다. 자연 속 평온 그 자체. 도파민 중독에 가까운 우리나라와는 상반된 느낌이라 한편으론 부럽기도 하다. 하지만 이런 평온함이 마냥 좋은 것도 아닌가 보다. 일부 노르웨이 사람들 중에는 자극을 갈망하며 마약류의 약물을 복용하는 경우가 있다. 유럽에서 마약류 등의 약물 과다복용으로 인한 사망률이 두 번째로 높은 나라가 노르웨이다.

북유럽 국가들이 그렇듯 노르웨이도 술에 대한 규제가 엄격하다. 도수 4.7퍼센트 이상의 술은 국영 주류점에서만 판매한다. 국가 독점이다. 도수가 4.7퍼센트 아래에 있는 맥주, 사이다 등은 일반 슈퍼마켓에서도 구매 가능하다. 1938년부터 독점 운영돼 온 국영 주류점은 현재 노르웨이 전역에 270개 정도 있으며 평일은 저녁 6시까지, 토요일은 오후 2시까지 영업하고, 일요일은 휴점한다. 레스토랑 등에서는 늦은 시각까지 판매하긴 한다. 술값도 꽤 비싸다. 작은 맥주 한 캔에 1만 원 정도로, 국민 소득을 감안해도 비싼 편에 속한다. 그래서 현지

노르웨이-스웨덴-핀란드는 나란히 위치해 있으면서도 북쪽으로 국경이 닿아 있다.

인들은 와인을 추천한다. 국가에서 국영으로 대량 구매하기 때문에 중고가 와인들의 가성비가 좋다. 상황이 이렇다 보니 술을 사기 위해서 한두 시간 운전해 이동하는 건 그들에게 일상이다. 스웨덴이나 노르웨이나 다 술값이 비싸지만 노르웨이가 조금 더 비싸다. 그래서 노르웨이 사람들이 스웨덴으로 술을 사러 가기도 한다. 이들을 타깃으로 스웨덴은 노르웨이와의 접경 지역에 대형 주류 마켓을 만들어 놓았다. 하나 재미있는 것은 스웨덴 남쪽에 사는 사람들은 더 저렴한 술을 사기 위해 덴마크 코펜하겐으로 간다.

북유럽 국가들이 술에 대해 이처럼 엄격하게 관리하는 데는 이유가 있다. 밤이 긴 북유럽의 특성상 집에 앉아서 술을 마시다 보면 알코올 중독이 되기 쉽다. 또한 알코올 중독은 공격성·폭력성을 동반하는 사례가 많으니 가정폭력으로 이어질 위험성이 크다. 가정폭력이 발생하더라도 집이 띄엄띄엄 떨어져 있는 노르웨이에서는 주변에 도움을 요청하기도 어렵기에 강력 사건으로 번질 가능성도 배제할 수 없다. 이렇듯 술을 자제하는 분위기이다 보니 술 광고나 술을 묶음으로 할인 판매하는 것도 금지돼 있다.

술뿐만 아니라 담배, 설탕 등에 대해서도 상당히 높은 세금을 물린다. 심심한 나라여서 그런지 사람들이 몰두하기 쉬운 것, 중독되기 쉬운 것들에 대해 금지하는 분위기가 있다. 그런데 또 그로 인해 더욱 심심해지는 상황이 되풀이되고 있는 건 아닐까.

### 노르웨이 사람들이 먹고사는 법

이 나라 사람들은 뭘 먹고살까? 노르웨이 부의 원천은 석유와 가스다. 세계 3대 산유국으로 미국, 러시아, 사우디아라비아를 꼽는다. 그 뒤를 캐나다, 이라크, 아랍에미리트, 노르웨이가 잇는다. 2023년 기준 노르웨이는 석유 수출량 세계 7위다. 생산량으로 보면 12위이지만 나라가 작다 보니 상대적으로 수출량이 많다. 가스는 어떨까? 가스의 수출량은 세계 4위다. EU에서 소비하는 가스의 3분의 1이 노르웨이에서 나온다. 나머지는 러시아나 다른 지역에서 들여온다. 노르웨이 전체 GDP의 17퍼센트, 국가 재정 수입의 20퍼센트, 수출액의 40퍼센트를 석유와 가스가 담당한다. 땅속에서 터져 나온 자원이 곧 로또인 셈이다.

노르웨이 석유는 대부분 바다에서 난다. 노르웨이에서 석유가 처음 발견된 건 1960년대 후반이었다. 2차 세계대전에서 벗어난 1950년대부터 유럽에는 석유 소비량이 급증했다. 이런 수요에 발맞춰 네덜란드, 미국 등에서 석유를 찾기 시작했다. 1950년대 말까지도 노르웨이 사람들은 자기 나라에서 석유와 가스가 나오리라고는 기대하지 않았다. 1958년 노르웨이의 지질자원연구소가 외교부에 보낸 공문에 따르면 '우리나라에서는 석유가 나올 가능성이 별로 없으니 다른 국가와 협상할 때 참고할 것'이라고 기록했을 정도다.

1959년 네덜란드 흐로닝언에서 유럽 최대의 가스전이 발견됐다. 북해에서부터 쭉 올라오는 지질 구조에서 가스가 나왔으니 다른 곳에서도 나올지 모른다고 판단한 많은 업체들이 근처 여기저기에 열심히 구멍을 파기 시작했다. 1962년 미국의 석유회사 필립스가 가장 먼저 노르웨이 정부에 노크했다.

"우리가 노르웨이에서 석유를 찾을 수 있도록 허락해 주면 1년에 월 6만 달러를 주겠소."

그러자 노르웨이 정부는 가스가 나오면 기업들이 다 가지고 가

북해의 로즈뱅크 필드

는 게 아닌가 싶어 불안해졌고, 부랴부랴 대륙붕까지를 노르웨이의 주권이 미치는 영해라고 선언했다.

영해의 기준에 대해서는 1960년대에 국제적으로 분쟁이 됐다. 양쪽의 거리를 잰 뒤 중앙에서 잘라 영해를 나누는 중앙선 원칙이 세워진 건 1965년 3월이었다. 이로 인해 가장 손해를 본 나라는 덴마크였다. 이 원칙 때문에 덴마크가 알짜라고 생각했던 해역이 노르웨이로 넘어갔기 때문이다. 노르웨이 입장에서는 덴마크가 요구하면 주겠다고 생각했던 영역도 이 원칙으로 자연스럽게 자신의 것이 됐다. 덴마크 사람들은 당시 협상에 나섰던 외교부 장관이 술에 취해서 그랬을 것이라고 지금도 확신한다. 술이 이렇게 무섭다.

노르웨이는 그렇게 확보한 바다를 78개 구역으로 나눴다. 해외

기업들이 이 가운데 석유나 가스가 나올 만한 곳 22개 구역을 골라 탐사를 신청했다. 노르웨이 정부는 발견되면 수익을 반반 나누기로 하고 허가를 내줬다.

1967년 처음으로 석유가 발견됐다. 하지만 양은 만족스럽지 않았다. 그러다 1969년에 에코피스크Ekofisk라는 유전이 발견됐다. 대규모 유전이었다. 당시 전 세계 여러 군데 석유 시추를 시도했던 필립스는 실패를 거듭하고 있었다. 막대한 손해를 입다 보니 직원을 1,000명 이상 해고하며 구조조정에 들어갈 수밖에 없었다. 그리고 마침내 노르웨이에서도 철수하기로 결정했다. 하지만 이미 시추선 렌트 비용도 지불한 상태였던 필립스는 속는 셈치고 마지막으로 한 번만 더 해 보자, 하고 뚫었는데 거짓말처럼 여기서 석유가 나왔다. 이때부터 노르웨이도 산유국 대열에 들어서게 됐다.

노르웨이는 1969년 이후부터 지금까지 발견된 대규모 유전이 10개 정도 된다. 1975년부터는 해양 플랜트에서 해저로 송유관을 묻어 영국으로 보내기 시작했고, 1977년부터는 가스도 생산해 해저 파이프로 보내기 시작했다. 북해가 워낙 거칠고 깊다 보니 발견해서 생산하는 데까지 빠르면 5년, 길면 10년 이상 걸린다. 플랜트를 제작하고 설치하는 데 시간이 오래 걸리기 때문이다. 그럼에도 불구하고 1990년대, 2000년대까지도 계속 유전 또는 가스전이 발견됐다.

해외 기업들에 모든 걸 맡길 수 없다는 판단에 따라 노르웨이는 1972년 국영 석유회사 스타토일Statoil을 설립했다. 스타토일이라는 회사 이름은 말 그대로 국가stat+석유oil라는 뜻이다. 실용적이다 못해 멋을 못 부리는 노르웨이다운 이름이다. 스타토일은 2018년 에퀴

노르equinor로 개명했는데 여기서 에퀴equi는 '평등한equal'이란 의미이며, 노르nor는 '노르웨이norway'를 가리킨다. 에퀴노르는 세계적인 석유 메이저 회사로 거듭났다. 하루 100만 배럴 정도를 생산하며 직원은 2만 명에 이른다. 노르웨이에서는 가장 큰 회사이며, 세계적으로는 28위 정도 규모로, 아주 알차게 관리되고 있다. 석유 회사이긴 하지만 최근엔 좀 다른 모습도 보인다. 노르웨이가 탈탄소, 기후 변화 등에 앞장서서 활동하면서 에퀴노르도 친환경 에너지 기업으로의 변신을 도모하고 있다. 이런 대표적인 회사 중 하나가 영국의 쉘 Shell PLC이다. 쉘은 2050년이 되면 석유 없이도 사업을 영위할 수 있게 하겠다고 말하며 영국 스코틀랜드 인근에 부유식 해상 풍력 발전 사업을 하고 있다. 수심이 깊어서 바닷속 땅에 파이프를 박을 수 없으니 대신 둥둥 떠 있는 상태에서 풍력 발전기를 설치한 것이다. 뿐만 아니라 해상 태양광 작업과, 과거 자신들이 구멍을 뚫었던 자리에 이산화탄소를 주입하는 CCS Carbon Capture and Storage 사업을 최근 본격적으로 전개하고 있다.

### 아낌없이 주는 바다

북해는 굉장히 거친 바다다. 하지만 노르웨이 사람들은 17세기부터 이 바다에 나가 물고기를 잡아서 영국 등에 수출했고, 19세기부터 자반고등어를 만들어 미국으로 수출했다. 노르웨이산 고등어는 좀 더 크고, 덩치가 일정한 편이다. 노르웨이는 유럽 최대 어업국으로, 고등어·연어·청어 등을 연간 110만 톤 정도 수출한다. 전체 어획량의 98퍼센트다. 우리나라 사람들 역시 노르웨이 하면 고등어를 떠올리지 않을까 싶다. 우리나라도 연간 3억 3,000만 달러어치의 연어와 고등어 등을 노르웨이에서 수입하고 있다. 한국에서 가장 많이 잡히는 생선이 고등어(멸치가 18만 톤, 고등어가 21만 톤. 예전에는 40만 톤도 잡았다고 한다)임에도 불구하고 세계에서 1인당 가장 많은 수산물을 먹는 나라가 한국이라 생선을 수입해 온다. 통계에 따르면 연간 1인당 60킬로그램을 먹는다고 한다. 반면 이웃 섬나라 일본은 1인당 52~53킬로그램 정도 먹는다.

노르웨이는 대서양과 접해 있다 보니 조선업도 꽤 강했다. 일반 조선업은 거의 없어진 상태고, 주로 특수선, 해양 플랜트와 관련된 특징이 있는 50개 조선소가 있다. 세계적으로 봤을 때도 해양 플랜트 및 기자재에서 강세를 띠고 있는 나라다. 거친 바다에 나가 물고기를 잡고, 망망대해에 해양 플랜트를 세우는 걸 보면 정말 대단하다는 생각이 든다.

또한 노르웨이의 에너지도 물에서부터 온다. 노르웨이 전체 전력의 96퍼센트가 수력 발전이다. 유럽에서 1등, 전 세계에서 6등의 수력 발전 용량을 가지고 있는 청정 국가다. 내연기관만 전기차로 바꾸면 국가 내에서 이산화탄소 등 오염물질 나올 일이 전혀 없다. 농사도 거의 짓지 않고, 배에서 나가는 배기가스를 제외하면 청정 그 자체인 나라가 될 수 있다.

## 석유로 만든 국부 펀드

자연으로부터 자원이라는 선물을 받은 노르웨이는 이 돈을 다 어떻게 하고 있을까? 카타르처럼 학생들을 퍼스트 클래스에 태워서 미국이든 영국이든 국비 유학을 보내 줄까? 그렇지 않다. 복지국가이지만 노르웨이는 굉장히 알뜰하고, 사람들도 검소하게 생활한다.

앞서 이야기했듯 유럽에서 가스와 석유가 먼저 나온 나라가 네덜란드다. 그런데 '네덜란드 병'이라는 게 있다. 석유로 인해 갑작스레 많은 돈이 들어오면서 자국 통화가 강세가 됐고, 그에 따라 제조업이 몰락했다. 그러다 보니 실업이 늘었고 사회 보장 비용도 증가했다. 이 과정을 곁에서 목도한 노르웨이는 이런 상황만큼은 막아야겠다고 생각했다. 그래서 석유 판 돈을 펀드로 만들기로 했다. 그게 바로 노르웨이의 국부 펀드다.

노르웨이 국부 펀드는 2조 달러 규모로 세계에서 가장 크다. 전 세계 주식의 1.5퍼센트 규모. 노르웨이 국부 펀드는 1.5퍼센트로 비율을 정해 놓고 지분율을 늘리지 않는다. 71개국 9,000여 개 회사에 투자하고 있으며 통상적으로 보면 주식 대 채권 비율이 7대 3 정도 된다. 과거에는 채권을 더 많이 샀는데 2000년대 들어서부터는 주식 비중을 높였다. 돈을 많이 번다기보다는 자국 통화인 노르웨이 크로나의 환율 상승을 방어하고, 인플레이션을 막는 게 주목적이다. 즉, 국내로 쏟아져 들어오는 돈을 해외로 내보내기 위해 만든 펀드다. 통화가 늘면 자산 가치가 올라가고, 그러면 해외 투자자들이 더 들어올 수 있다. 그렇게 되면 자국 통화가 강세가 되는데 펀드를 통해 이를 막고 있는 것이다. 노르웨이가 판매하는 석유와 가스 수익금은 모두 펀드로 들어간다. 국부 펀드 같은 경우 운용하는 자금의 규모도 크지만 수익률도 연간 6퍼센트 정도로 높다. 돈만 보는 게 아니라 깨끗하고 투명하게 운영하고, 무기, 알코올, 담배, 아동 노동, 석탄 쪽에는 투자하지 않는다는 원칙도 있다. 투자했던 곳도 뺐다. 단, 이곳조차 코로나19 팬데믹 상황에서는 수익률이 -3.4퍼센트로 적자를 보긴 했다.

정부가 돈이 필요할 때는 여기 요청해서 돈을 뽑아 쓸 수 있다. 직접 출자한 펀드이다 보니 코로나19 때는 한화로 약 46조 원 정도를 요청해 받았다. 세금을 올릴 수는 없으니 이를 가져다 쓴 것이다. 사실 인출 규모에도 상한선이 있다. 국부 펀드를 시가 평가해서 나온 금액의 3퍼센트만 인출할 수 있도록 정해 놓았다. 46조 원은 이를 넘는 금액이었지만 경제 위기 시에는 변경할 수 있다는 예외 조항이 있어 그에 따른 조치였다.

문제는 그다음부터 펀드에서 계속 돈을 빼 쓰고 있다는 점이다. 펀드에서 인출한 돈을 어디에 어떻게 써야 한다는 규칙이 없다 보니 비효율적인 지출이 증가하고 있다. 지하철 건설 사업은 당초 계획한 금액의 6배가 넘는 금액이 투입되고 있으며 쓸모없는 다리와 터널 건설이 계속되고 있다. 차라리 세금을 깎아 주면 좋겠는데 노르웨이 정치권은 여기에 별로 관심이 없다.

## 복지국가의 빈틈

부채가 많아도 스스로 살기 좋다고 말하는 국민이 많다는 것은 이런 든든한 경제력이 뒷받침되기 때문인지도 모르겠다. 하지만 국민 소득도 높고, 복지제도도 잘 되어 있는 이런 살기 좋은 곳에도 빈틈은 있다.

노르웨이의 만 15~64세 경제 활동 인구 중 질병이 있어서 휴직 상태에 있는 사람이 전체 경제 활동 인구의 5.5퍼센트에 달한다. 60~64세는 8퍼센트가 질병 휴직 상태다. 이들이 정말 아픈 걸까? 또한 만 15~64세 중 10퍼센트가 장애인 판정을 받아 연금을 받으며 생활하고 있다. 만 60세 이상의 고령 노동자만 봤을 때는 여성 3분의 1, 남성 4분의 1이 장애인 연금을 받는다. 이들이 모두 정말 장애인일까?

이 통계에는 사실 공공연한 비밀이 있다.

1년간 유급 병가를 낸다.

↓ 1년 뒤

그럼에도 몸이 안 좋다고 하고
최대 4년간 요양을 위한 회복 수당(급여의 80퍼센트)을 받는다.

↓ 4년 뒤

여전히 회복이 안 된다고 하고
장애인 신청을 해 장애인 연금을 받는다.

이런 절차로 질병 휴직을 받고, 장애인 연금을 받는다. 이게 실제로 가능하고, 많은 사람들이 이 방법을 택한다. 열심히 일하려는 의지는 전혀 찾아보기 어렵다. 누군가는 부럽다고 생각할지도 모르겠다. 어쩌면 많은 이들이 그럴 것이다. 하지만 앞서 말했듯 이런 무기력감은 의외로 정신 건강에 좋지 않다. 나쁘게는 약물에 손을 대게 한다. 노르웨이에는 여기서 벗어나기 위해 해외로 나가는 사람들도 많다. 노르웨이 사람들이 거친 바다에서 어업 활동을 하거나 해양 플랜트 작업을 할 수 있는 것도 어쩌면 이런 무기력감에서 벗어나기 위한 하나의 몸부림일지도 모르겠다.

### 너무 부자가 된 나라

최근 노르웨이에서는 한 권의 책이 이슈가 되고 있다. 마르틴 베크 홀테Martin Bech Holte라는 경제학자가 쓴 《Landet som ble for rikt 너무 부자가 된 나라》라는 책이다. 인구 560만 명의 나라에서 5만 6,000부 이상이 팔렸으니 엄청난 베스트셀러다.

이 책은 노르웨이가 석유와 가스로 벌어들인 돈을 흥청망청 쓰고 있음을 비판한다. 노르웨이에서는 계획된 예산대로 사업이 마무리되지 않고 초과하는 것이 일반적이 됐다. 대표적으로 지하철 건설 사업은 당초 예산의 6배가 소요된다. 또한 이용객이 거의 없는 쓸모없는 터널과 다리 건설이 너무나 많다. 기후 변화에 대응하기 위해 시도한 CCS 건설에 그동안 26억 달러(한화 약 3조 6,000억 원)를 투자했지만 성과는 거의 없다. 특히 홀테는 교육에 대해 우려하고 있다. 노르웨이는 OECD 국가 중 교육기관 예산 지출 2위에 해당하는 학생 1인당 연간 2만 달러를 부담하고 있다. OECD 평균이 1.4만 달러인 것과 비교하면 훨씬 많은 돈을 쓰고 있는 것이다. 하지만 노르웨이 학생들의 학업성취도는 2015년 이후 계속 하락해 이제는 OECD 평균 이하에 머물러 있다.

홀테는 노르웨이 사회가 열심히 일하지 않는 사회가 됐다고 비판한다. 장애 및 질병 수당 지출 규모는 GDP 8퍼센트에 해당할 정도가 됐다. OECD 평균과 비교해 보면 4배 규모다. 통계로 본 노르웨이 사람들은 많이 아프다. 1인당 병가 일수가 27.5일이나 된다. 연간 근무일수가 250일 내외인 것을 고려하면 엄청난 수준이다. 당연히 OECD 국가 중 최고 높다. 이렇게 병가를 내도 괜찮은 건 월급이 계속 나오기 때문이다. 12개월, 즉 1년 내내 연속으로 병가를 사용해도 급여는 전액 지급된다. 만약 1년이 넘었다면 급여의 3분의 2를 지급한다. 말 그대로 놀고먹어도 월급이 나오는 것이다. 오죽하면 IMF가 노르웨이의 복지는 지나치게 비용이 많이 들고 왜곡돼 있다고 비판했을까.

세계적인 컨설팅 기업인 맥킨지의 오슬로 사무소장을 역임한 홀테의 눈에 노르웨이는 이상한 나라다. 그에 따르면 1991~2013년만 해도 노르웨이는 정상이었다. 국민들의 생활 수준은 지속적으로 향상됐고 생산성도 계속 높아졌다. 정부가 추진하던 규제 완화와 더불어 석유 자원의 효율적 관리가 효과를 발휘했기 때문이다. 하지만 이후부터 노르웨이는 석유에 지나치게 의존하게 됐고 국민들은 일하지 않는 나라가 됐다는 게 홀테의 주장이다. 일하지 않는 대신 정부가 제공하는 이런저런 공공 서비스를 이용만 하려는 사람들이 증가하면서 나라가 이상해지고 있다는 것이다. 실제로 최근 10년간 노르웨이의 실질 임금 증가는 미미했다. 생산성이 감소하는데 공공 지출은 증가하고 있는 상황에 대한 경각심도 없다.

몇 년 전부터 경제학자들은 노르웨이 경제의 미스터리에 대해 논의해 왔다. 노르웨이 크로나는 지속적으로 약세를 보이고 있다. 유로 및 달러 대비 약세는 수입 물가를 끌어올리고 이렇게 올라간 물가는 인플레이션을 유발한다. 높아진 물가를 잡기 위해 중앙은행이 금리를 인상하면 제조업은 힘들어진다. 실제로 막대한 석유 판매 수입을 올리고 있지만 환율이 약세를 보이면서 노르웨이 사람들의 구매력은 저하됐다. 당장 해외여행 비용이 과거에 비해 2배 가까이 늘었다는 불만이 제기되고 있다.

홀테는 이 모든 문제의 근원을 국부펀드에서 찾는다. 2012년 이후 노르웨이 국부펀드의 가치는 급증했다. 포트폴리오를 잘 구성했기 때문이었다. 펀드의 연간 수익 중 3퍼센트만 예산에 쓸 수 있지만 전체 이익 규모가 커지면서 정부의 실제 가용 금액은 커졌다. 그러다 보니 지금은 전체 정부 예산의 20퍼센트가 펀드 수익에서 나온다. 20년 전에는 이 비중이 10퍼센트 미만이었다. 정부가 고민하지 않아도 펀드에서 계속 돈이 들어오니 언제부턴가 이 돈을 어디에 어떻게 써야 하는지 규칙도 없이 지출하게 됐다. 당연히 낭비적 요소가 많아졌고 돈은 많이 쓰지만 경제는 성장하지 않는 나라가 됐다. 실제로 노르웨이는 선진국 가운데 생산성 성장률이 가장 낮은 나라가 됐고 제조업과 첨단기술 분야 생산성에 문제가 생겼다. 엄청난 부를 소유하고 있지만 GDP 대비 R&D 투자 규모는 감소하고 있으며, 신규 벤처 투자 역대 최저 수준으로 감소하고 있다. 그렇게 피하고 싶었던 석유에만 의지하는 나라가 되고 있다는 것이 홀테의 분석이다.

그럼 어떻게 해야 할까. 홀테는 공공 지출을 대폭 줄이고 세금을 낮춰야 한다고 주장한다. 석유 판매 수입을 이용해 근로소득세율을 낮추면 사람들이 일할 맛을 느낄 수 있다는 것이다. 무조건 더 많은 돈을 퍼주기보다는 필요한 사람에게만 돈을 줘야 하고 그 방식도 노동을 전제로 해야 한다고 홀테는 말한다. 일을 함에도 불구하고 소득이 일정 기준에 미치지 못할 경우 국가가 그만큼을 채워 주면 된다는 것이다. 우리나라에서도 시행되고 있는 근로 장려 세제가 이에 해당한다. 보다 근본적으로는 돈을 어떻게 쓸지에 대한 명확한 규정이 만들어져야 한다.

이런 주장을 담은 책이 베스트셀러가 됐다는 건 결국 노르웨이 국민들도 뭔가 잘못됐음을 느끼고 있다는 방증이 아닐까. 과연 노르웨이가 이런 문제를 잘 극복해 행복한 복지국가로 계속 남을지, 아니면 결국 석유에만 의존하는 북유럽의 사우디아라비아가 될지는 지켜봐야 할 것이다.

# 4장

## 동남아에서 가장 부유했던 나라의 몰락, 미얀마

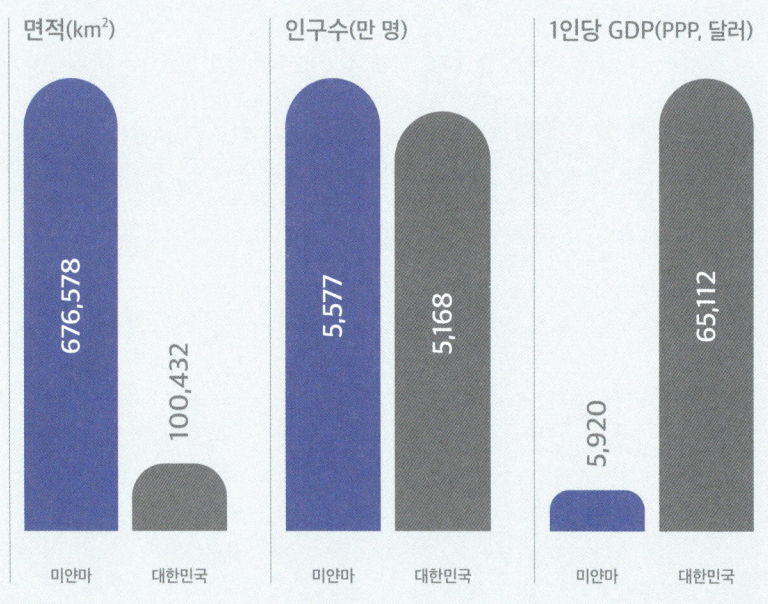

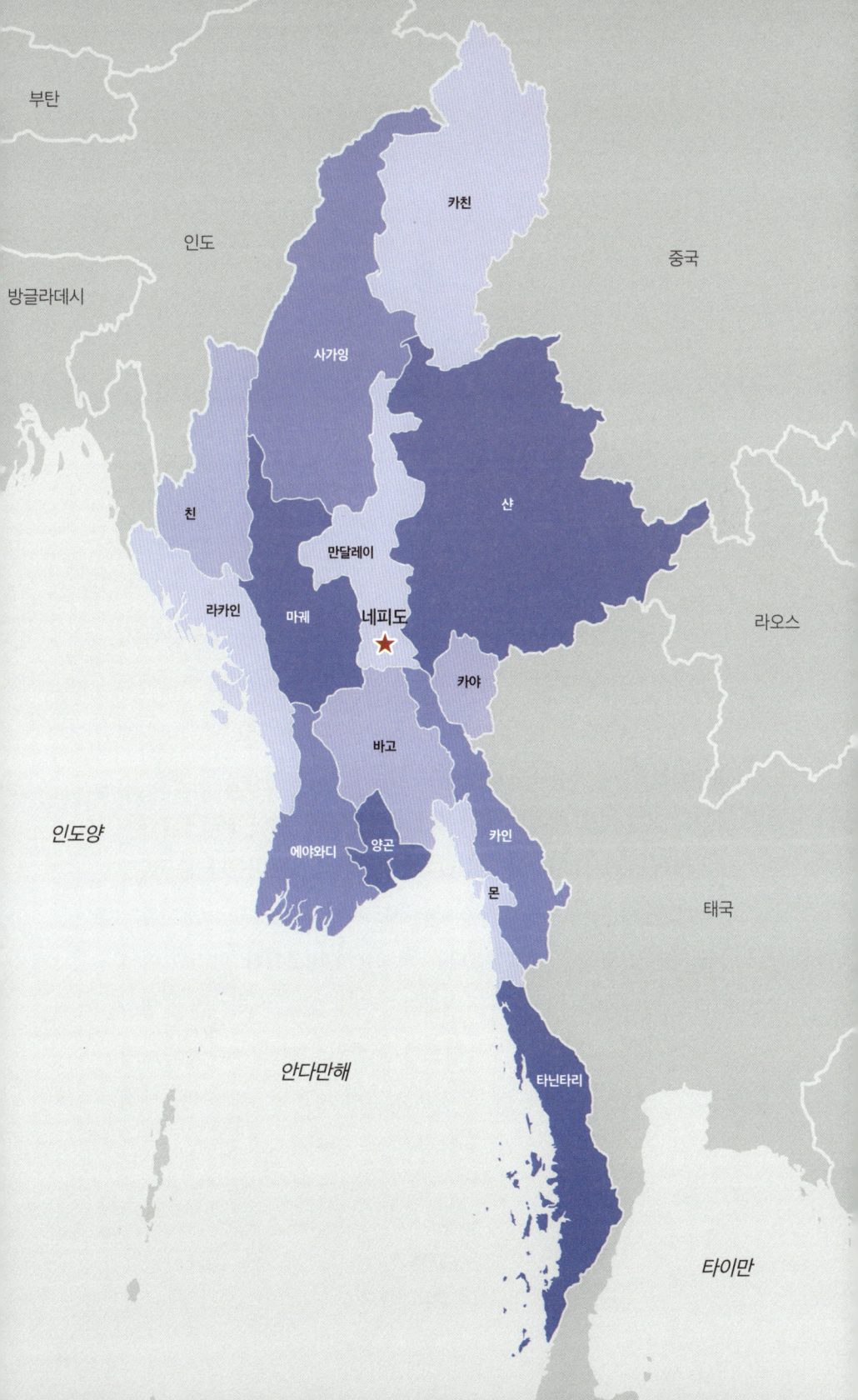

우리가 알고 있는 미얀마의 정식 명칭은 미얀마연방공화국이다. 우리에겐 조금 낯설지만 소수민족들이 자치적으로 사는 곳이 많아서 '연방'이란 표현을 사용한다. 미얀마보다 버마가 익숙한 사람도 있을지 모르겠다. 사실 버마는 미얀마 내 최다 민족인 버마족에서 따왔다. 1989년 집단 지도 체제인 준타에서 공식 명칭을 미얀마로 공표함으로써 버마는 역사 속의 이름이 됐다. 버마를 버리고 미얀마라는 이름을 갖게 된 것은 버마가 과거 영국의 제국주의 시절에 불리던 이름이기에 식민지 호칭을 거부하겠다는 의도에서 비롯됐다. 하지만 아직도 많은 나라들에서 미얀마를 버마라 부르고 있다. 우리나라는 영어로 '코리아(Korea)'이지만, 한국어로는 '대한민국'이다. 우리에게 코리아보다 대한민국이 훨씬 더 '조국'의 느낌이 들듯 미얀마 사람들에겐 버마보다는 미얀마가 훨씬 더 감정적으로 다가온다고 한다. 17세기

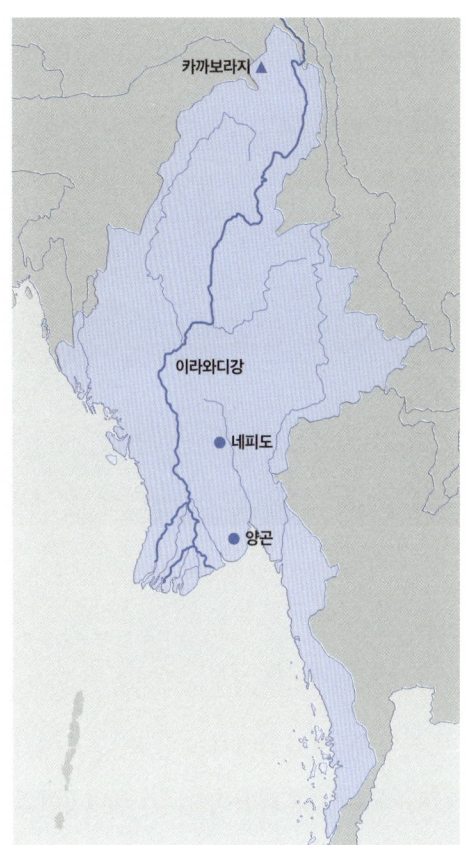

이라와디강은 미얀마 중앙을 흐르며 그 오른쪽으로 구 수도 양곤과 현 수도 네피도가 있다.

에는 '바마', 포르투갈령에서는 '버마니아', 프랑스령에서는 '버마니', 영국령 인도에 속할 때는 '버마'로 불렸지만 '미얀마'라는 단어가 처음 등장한 건 1,000년 전으로 추정된다. 미얀마에는 국토 중앙을 흐르는 이라와디강(버마어로는 에야와디강)이 있다. 1,000년 전 어느 비석에 이라와디강 주변에 사는 민족과 그들의 언어를 묘사하는 표현이 기록됐는데 거기서 처음 미얀마라는 단어가 발견됐다고 전한다.

카까보라지 남쪽 전경

'미얀마'의 뜻은 '~의'다.

　미얀마는 인도에서 보면 동남쪽, 방글라데시의 동쪽, 중국에서 보면 서쪽 끝에 위치해 있으며, 라오스·태국과 접해 있다. 미얀마의 면적은 약 67만 제곱킬로미터로, 한국의 6.7배 정도인데 육지 면적만 따지면 동남아시아에서는 가장 큰 나라이자, 아시아에서 열 번째로 큰 나라다. 남북으로 살짝 긴 형상을 띠며, 지형적으로는 가운데 이라와디강이 흘러 움푹 들어가 있다. 물줄기는 북쪽에서부터 흘러 내려오는데 강을 중심으로 근처는 평평하고, 서쪽·북쪽·동쪽이 높다. 높은 산악지대에 둘러싸여 있다 보니 외부에서 침략하기도 어려워 안에서 살기는 나름 괜찮지만 나라 밖과 교류하기는 예전부터 쉽지 않았다. 지형이 험하고 곳곳에 밀림이 존재해 지도상 거리는 가까워도

왕래하기는 어려웠다.

미얀마 북쪽에는 동남아에서 가장 높은 산 카까보라지가 있다. 고도 5,800미터인 이곳에서 얼어 있던 물이 녹으면 인도양으로 흐른다. 미얀마는 해안 쪽으로 인도양과 접해 있다. 미얀마와 붙어 있는 인도양을 버마해, 안다만 또는 안다만해라고 한다. 인도양 기준으로 보면 동쪽에 있는 안다만해는 야생의 아름다움을 고스란히 간직하고 있다.

카까보라지 등반에 처음 성공한 사람은 일본인 다카시 오자키尾崎隆로, 1996년의 일이었다. 중국과 미얀마 접경 지역인 데다 미얀마 정부가 오랫동안 외국인을 받지 않았고, 소수민족이 많이 살다 보니 접근이 쉽지 않았다. 게다가 산세도 험해서 길도 없는 정글을 4주간 헤치고 올라야 정상을 만날 수 있다. 하지만 정상에 올라 찍은 사진을 보면 만년설로 덮인 게 히말라야 못지않은 장관을 이룬다. 혹자는 이보다 더 높은 산이 있을 수 있다고 추측한다. 오늘날까지도 내셔널 지오그래픽 팀이 장비를 들고 올라가 겨우 측정할 정도로 미얀마에서 산을 오르는 일은 쉽지 않다.

미얀마는 위아래로 긴 지형이라 기후를 하나로 특정하긴 어렵지만 대체로는 열대 몬순 기후라고 할 수 있다. 5~10월 건기, 그 외는 우기이며, 연평균 기온은 27.4도로 덥다. 연간 강수량은 2,500밀리미터 정도이나 지역별로 편차가 크다. 고산지대의 경우 연간 강수량이 800밀리미터 정도로 뚝 떨어지기도 한다.

이라와디강 전경

## 150여 개 소수민족 그리고 도시

　미얀마는 굉장히 복잡한 나라다. 미얀마의 인구는 약 5,480만 명 정도로, 우리나라보다 약간 많지만 이를 구성하고 있는 민족은 굉장히 다양하다. 그중 약 70퍼센트가 버마족이며 미얀마 정부에서 공식적으로 인정하고 있는 소수민족만 150여 개가 있다. 대표적으로는 샨족(9퍼센트), 카렌족(7퍼센트), 몬족(2퍼센트), 친족 등이 있다. 중심부에 버마족이 살고 있다면, 소수민족은 주로 북쪽, 동쪽 지역에 거주한다. 민족이 다양한 만큼 사용하는 언어도 다양해 미얀마어라는 공용어 외에도 규모가 큰 소수민족의 언어는 공용어로 인정하고 있다.
　미얀마의 서쪽 지역인 라카인주에 주로 거주하는 로힝야족의 경우 인도아리아계 민족으로 인도에 가깝다. 지금으로 치면 방글라데시 쪽에 거주했던 이들로, 영국이 미얀마를 통치하던 시기에 옮겨 왔다. 이 시기에는 로힝야족뿐 아니라 많은 이들이 미얀마로 이주했는데 대체로 영국 통치에 협조했던 사람들이라 미얀마 사람들이 보기엔 눈엣가시일 수밖에 없다.

이렇게 다양한 민족들이 살다 보니 종교도 다양하다. 전체의 88퍼센트가 불교를 믿는 불교 국가이지만 기독교 6퍼센트, 이슬람교 4퍼센트 정도 되며 특히 소수민족 중에 기독교인이 많다. 제국주의 시대에 영국은 버마족은 직접 통치하면서도 소수민족은 크게 신경 쓰지 않았는데 대신 선교, 교육 등을 통해 소수민족 부족장들과 그들의 자녀들을 유학시켜 줌으로써 자연스럽게 기독교로 개종하도록 했다.

미얀마의 상징은 누가 뭐래도 중앙을 가로지르는 이라와디강이다. 이라와디는 산스크리트어로 '코끼리'다. 예부터 이 지역에는 코끼리가 많았다. 코끼리는 좋은 땅과 물이 있는 곳에 모인다. 좋은 땅과 물이 있다는 건 곧 농사짓기 좋은 땅이라는 의미도 된다. 따라서 코끼리들의 서식지는 곧 사람에게도 살기 좋은 땅이 된다. 그래서인지 미얀마 대부분의 도시들은 길이 2,200킬로미터에 달하는 이라와디강 주변으로 형성돼 있다. 특히 강 아래쪽에 양곤, 네피도 등 주요 도시가 모여 있다.

미얀마의 현재 수도는 네피도이지만 핵심 도시는 여전히 양곤이다. 2005년 네피도가 새로운 수도로 정해지기 전까지 미얀마의 수도는 양곤이었다. 양곤에는 원래 몽족이라는 부족이 살고 있었다.

그런데 18세기 들어 버마족이 몽족을 밀어내고 항구도시를 건설했다. 양곤의 원래 이름인 '랑곤'은 '완파하다', '격파하다'라는 뜻이다. 1852년 영국군은 약 3년간의 치열한 전투 끝에 양곤을 점령했다. 땅이 넓기도 했지만 강을 따라 쭉 올라가면 중국과도 연결할 수 있겠다고 판단한 영국은 양곤을 미얀마의 쌀과 목재를 수출하는 수출 항구로 구상했다.

양곤을 가리켜 흔히 동양의 '하바나'라고들 한다. 19세기 후반부터 20세기 초반 분위기가 물씬 풍기는 건물들이 여전히 자리하고 있는 풍경을 보며 오늘날까지도 1950년대 풍의 미국 차들을 길에서 흔히 볼 수 있는 쿠바의 하바나를 떠올리는 것도 무리가 아니다. 믿기 어렵겠지만 20세기 초반만 해도 양곤은 뉴욕보다 다민족·다문화였다. 전 세계적으로 많은 이민자들이 몰려들었다. 수백 만 명이 사람들이 모이면서 다양한 이야기도 남겼다. 소설 《1984》를 쓴 인도 출신 영국 소설가 조지 오웰 George Orwell도 이곳에서 경찰관 생활을 했다. 그의 산문 〈코끼리를 쏘다〉의 배경은 인도라고 하지만 실은 양곤이다. 뿐만 아니라 칠레의 민중 시인이자 정치가인 파블로 네루다 Pablo Neruda와 같은 유명 문인, 예술인 들도 양곤에 많이 살았다.

2000년대 들어 신도시 개발 사업을 추진하며 수도가 양곤에서 네피도로 이전됐다. 네피도의 뜻은 '업 오브 더 킹 up of the king', 즉 왕의 위, 높음을 상징한다. 수도이긴 하지만 네피도에는 정글과 논밭이 많다. 그럴 수밖에 없는 게 정글 한복판에 새로운 도시를 건설한 것이기 때문이다. 이렇게 한 데 대해서는 여러 설이 있다. 혹자는 점성술사가 수도를 옮기는 게 좋다고 해서 옮겼다고 하고, 혹자는 미국의 압

양곤 도시 전경

밖으로부터 숨고 싶어 내륙 지방으로 올라간 것이라고도 한다. 정확히 어떤 이유인지는 알 수 없다.

    수도를 이전하면서 공무원들도 이곳으로 이주했다. 이때 직위, 결혼 여부 등에 따라 집을 배당했는데, 부처별로 주택의 지붕 색을 다르게 했다. 허허벌판에 세워진 도시라고 하니 공무원만 살 것 같지만 의외로 중국인들도 많이 산다. 권력 실세들이 이쪽에 있다 보니 채굴권 등 특혜를 위해 옮겨 온 것이다. 중국인이 이권을 챙기기 위해 바뀐 수도로 이주해 올 만큼 미얀마는 생각보다 가진 것이 많은 나라다.

## 가진 게 많은 나라

미얀마는 세계에서 손꼽힐 정도로 풍부한 자원이 몇 가지 있다. 몇 가지라고 하기엔 아쉬울 정도로 꽤 많다. 첫째는 물이다. 미얀마는 세계 2위의 수자원을 보유한 나라다. 앞에서 여러 차례 언급한 바 있지만 돌고래도 산다는 이라와디강을 비롯해, 메콩강, 땅륀강, 시탕강 등 큰 강이 4개 있다. 땅 위를 흐르는 지표수가 8,200억 톤, 지하수가 5,000억 톤이다. 우리나라의 지표수가 330억 톤인 데 비하면 약 30배 정도이며, 거대 대륙인 중국의 11배, 인도의 15배라고 하니 얼마나 수량이 풍부한지 알 수 있다. 정작 실제로 미얀마에서 사용하는 물의 양은 보유량의 5퍼센트 남짓이라 이를 잘 활용하면 많은 걸 할 수 있다.

뿐만 아니라 석유도 있다. 영국의 석유 회사 브리티시페트롤리엄의 원조가 바로 버마페트롤리엄이다. 아시아에서 석유가 처음 개발된 곳이 미얀마였다. 석유 산업이 막 태동하던 1853년에 원유를 수출하기 시작했던 에너지 수출국이다. 우리나라도 미얀마에서 천연가스 채굴에 성공, 파이프라인을 이용해 중국으로 보내고 있다.

또한 미얀마는 최고급 목재인 티크teak 세계 생산량 1위 국가다. 전 세계 티크 공급량의 75퍼센트가 미얀마에서 나온다. 티크는 나무가 똑바로 뻗어서 자라기 때문에 크게 뽑아내기 좋다. 유분, 실리카, 고무 성분이 섞여 있어 단면을 잘라 보면 치밀하고 아름답다. 나이테 또한 균일해서 멋스럽다. 벌레들도 쉽게 좀 먹지 못하면서 너무 단단하지도 않아 가공하기에도 훌륭하다. 무엇보다 내구성이 좋기 때문에 티크로 만드는 가구는 몇 대에 걸쳐 물려 쓸 수도 있을 정도로 오래 사용할 수 있다.

그리고 보석도 많다. 루비, 사파이어, 옥, 진주 등 다양한 보석들이 많이 난다. 미얀마산 루비는 세계에서 가장 품질 좋기로 유명하다. 루비는 붉을수록 좋은 것으로 보는데 미얀마산이 아주 붉다. 미얀마의 옥은 흔히 '제이드jade'라고 하는 경옥으로, 우리나라의 옥과는 조금 다르지만 고급스럽고 아름답다. 미얀마의 진주 또한 독특하다. 흰 나비조개에서 나는 진주로 골드 진주라고 하며 노란 금빛이 나는 게 굉장히 멋지다. 천연 진주이지만 최근엔 양식도 한다. 다만 진주 채굴 여건은 열악한 편이다. 작업자의 안전이 뒷전인 경우가 많아 세계적으로 유명한 명품 주얼리 업체에서는 노동 환경이 개선되지 않는 한 더 이상 미얀마산 진주는 사용하지 않겠다고 공표하기도 했다. 최근 미국과 중국 사이에 이슈가 되고 있는 희토류, 그중에서도 강력한 자석을 만드는 데 꼭 필요한 디스프로슘을 비롯한 중희토류도 많다.

미얀마는 동남아 중에서도 라오스와 더불어 인건비가 가장 낮은 나라 중 하나다. 그러다 보니 저렴한 인건비를 활용한 의류 제조 및 봉제 산업이 활발해 의류 수출도 많이 한다. 의류 수출에 있어서 가장 중요한 두 가지가 저렴한 인건비와 느슨한 수출 규제인데 미얀마는 이 두 가지를 모두 갖췄다. 대개 잘사는 나라에서 수출을 하면 쿼터제, 관세 등이 붙지만 저개발 국가에서 수출할 때는 대부분의 수요처들이 받아 준다. 그래서 인건비 싼 곳을 찾아가는 게 봉제 산업이다. 미얀마에 본격적으로 의류 수출이 늘기 시작한 건 2000년대부터다. 당시 전체 수출액의 20퍼센트가 의류 수출이었는데 2018년에는 더 늘어서 천연가스 수출액을 뛰어넘었다. 미얀마에서 수출하는 의류는 주로 유럽으로 간다. 우리나라의 경우 코로나19 팬데믹 시기에 부족한 방호복을 미얀마에서 가지고 왔다. 당시 미얀마에는 아직 코로나19 환자가 발생하기 전이라 국경이 봉쇄된 상태였지만 공군기를 통해 어렵게 구해 왔다. 10만 명 이상이 봉제 산업에 종사하다 보니 농업 쪽에는 노동자 부족 현상이 벌어지고 있다는데 농업 인구가 공업 인구로 바뀌는 것은 산업화 단계로 접어드는 자연스러운 현상이다.

사실 1960년대 초중반, 쇄국 정책을 시작하기 전만 해도 미얀마는 세계 최대의 쌀 수출국이었다. '인디카'라는 길쭉한 종의 쌀을 연간 170만 톤 수출했다. 상당한 양이다. 하지만 2000년대 초반이 되자 쌀 수출량이 17만 톤으로 감소했다. 여기에는 재배 기술이 뒤떨어지기 시작한 영향도 있다. 쌀을 수출해 돈을 벌어야겠다고 하면 좋은 품종을 들여오고, 관개, 배수, 비료, 농약 등을 개선하려는 노력을 해야 하는데 쇄국 정책으로 돌아서며 분위기가 180도 달라졌다. 쌀농사에 자본을 투자하게 되면 쌀값은 상승할 수밖에 없고, 미얀마 군사정권은 쌀값의 상승은 곧 폭동이 일어나기 좋은 환경이 되는 것이라고 판단했다. 그렇게 쌀 수출량은 급락했다. 하지만 2010년 이후 미얀마 정부가 쌀 수출을 재개하기로 하면서 2018년에는 다시 170만 톤까지 수출량을 회복했다.

미얀마가 이토록 빠르게 수출량을 회복할 수 있었던 건 농사짓기 더할 나위 없이 좋은 기후 덕분이다. 미얀마에서는 쌀 3기작도 가능하다. 다른 작물을 돌려지으면 모작, 한 작물을 연속해서 지으면 기작이다. 밀, 보리, 쌀, 귀리 중 단위 면적당 가장 많은 사람들을 먹여 살릴 수 있는 게 쌀이다. 쌀은 많은 인구를 부양할 수 있지만 일단 쌀에 의존하게 되면 다른 작물로 전환하는 것은 어렵다.

전체 GDP의 60퍼센트, 전체 고용의 65퍼센트가 쌀이라고 할 정도로 누가 뭐래도 미얀마는 쌀의 나라이며 실제로 세계 5~6위 정도의 쌀 수출국이다. 조금만 더 노력하면 쌀 생산량을 보다 높일 수도 있을 것 같은데 그렇게 하지는 못하고 있다. 쌀농사에서 무엇보다 중요한 게 물이다. 단, 너무 적어도, 너무 많아도 안 된다. 따라서 이라와디강 주변 평야에 적절한 제방과 수로 등을 갖춰 잘 관리해야 한다. 그런데 인프라가 약하다 보니 비가 많이 오면 잠기고, 사이클론이 한번 불면 초토화된다. 이를 극복하기 위해서는 여러 방면에 투자를 많이 해 기술과 시설의 수준을 단계적으로 올리는 작업을 해야 한다.

이렇듯 자원이 풍부한 미얀마의 주요 수출품에는 보석, 가스, 의류, 쌀 등이 있다. 전체적으로 150억 달러 정도를 수출하고 있다. 다만 180억 달러 정도를 수입해 무역 적자가 30억 달러 정도 난다. 워낙 밀무역이 많다 보니 이 통계를 온전히 믿기는 어렵다. 실제로는 이보다 규모가 더 클 것으로 보인다.

미얀마는 주변을 둘러싼 높은 산지 탓에 지형적으로는 고립돼 있으면서도, 그 안에 넘쳐나는 자원을 가진 동남아의 강대국이었다. 그랬던 미얀마가 어떻게 지금과 같이 어려운 상황에 처하게 됐을까.

## 나라를 망친 고립의 역사

가진 게 많은 나라, 미얀마에 어둠이 드리워지기 시작한 것은 1947년 7월 19일 아웅 산Aung San 장군이 암살당하면서부터였다. 아웅 산은 미얀마의 국부라고 불릴 만큼 국민적인 존경을 받는 지도자이자 독립운동가였다. 비록 그는 없지만 그의 정신만큼은 잃고 싶지 않았던 미얀마는 1947년 9월 헌법을 공포하고, 1948년 1월 4일 영국으로부터 독립을 선언했다. 당시 영국 식민지였던 나라들 대부분이 영연방에 가입했지만 미얀마는 이를 거부했다. 처음부터 외세로부터의 엄정 중립을 선언한 것이다.

하지만 독립 선언의 후폭풍은 상당했다. 1948년부터 공산주의자들, 소수민족들이 들고 일어나며 치열한 내전이 벌어졌다. 구심점이 될 지도자가 없던 미얀마로서는 이대로 나라가 분열되는 게 아닌가 하는 두려움이 컸다. 그만큼 치열한 전투가 이어졌다.

이런 와중에 밖으로는 중국과도 문제가 생겼다. 1945년 이후 중국에서도 마오쩌둥毛澤東이 이끄는 중국 공산당과, 미국 CIA로부터 전폭적인 지원을 받는 국민당이 전투를 벌였다. 승리는 공산당에게 돌아갔고, 국민당이 대만으로 가며 전투는 종결되는 듯 보였다. 하지만 상황은 그리 녹록지 않았다. 남쪽에 있던 국민당이 대만으로 가는 동안 서쪽에 있던 국민당 잔존 세력은 미얀마로 넘어와 중국과의 접경 지역인 북동쪽에 자리를 잡았다. 비록 패잔병이었지만 규모가 컸고 무엇보다 그들의 뒤에는 미국 CIA가 있었다. CIA는 국민당 패잔병들이 공산당과 싸울 수 있도록 대만과 미얀마를 오가며 작전을 짰

아웅 산, 우 누, 네 윈(왼쪽부터)은 미얀마 독립 운동의 주요 멤버였다.

고, 비행기와 활주로를 제공하는 등 물심양면으로 도왔다. 중국 내전에 휘말릴 수도 있음을 느낀 미얀마는 이들을 공격해 북쪽으로 밀어냈다. 중국으로서는 미얀마가 고마울 수밖에 없었다.

정부 수립 직후부터 많은 전투를 치르면서 군대는 신생 국가 미얀마의 주축이 됐다. 독립 직후 미얀마의 초대 총리는 우 누<sup>U Nu</sup>였다. 아웅 산, 네 윈<sup>Ne Win</sup> 등과 함께 미얀마 독립 운동의 주요 멤버 30인에 속해 있던 그는 총리가 된 뒤 미얀마에 민주주의를 정착시키기 위해 애썼으나 앞서 이야기한 각종 게릴라전으로 인해 1950년대 초까지 힘든 시간을 보냈다. 1956년 잠시 휴식기를 가졌다가 1957년 총리직으로 복귀했으나 인민자유동맹의 파벌 싸움으로 어려움에 처했고, 1958년 한때 동지였던 네 윈에게 내각의 총리를 맡겼다. 독립국가로 온전히 서기 위한 성장통을 겪던 미얀마는 1960년 비로소 선거를 치렀고, 여기서 승리한 우 누가 다시 권력을 쥐게 됐다.

하지만 이것도 오래가지 못했다. 1962년 네 윈이 군사 쿠데타를 일으켰다. 쿠데타에는 두 종류가 있다. 민간 정부를 붕괴시켜 군부가 권력을 장악하는 쿠데타와, 군부의 기득권을 유지시키기 위한 쿠데타다. 네 윈은 후자였다. 1949년 미얀마 군대의 최고 사령관이었던 네 윈은 힘들게 싸운 건 군인인데 선거로 애먼 사람이 정권을 잡게 할 수 없다며 1962년 3월 2일 쿠데타를 일으켰다. 1947년 만든 헌법에 있던 '10년 후에는 소수민족이 독립할 권리를 보장해 준다'는 내용에 대한 반발도 하나의 이유였다. 그렇게 정권을 잡은 네 윈은 헌법에서 보장했던 소수민족의 연방 탈퇴 권리를 없앴고, 미얀마 사람들 주도로 세력을 확장시켰다.

네 윈은 미얀마식 사회주의를 추구했다. 미얀마식 사회주의는 마르크시즘에 기반해 불교적 가치가 투영된 형태였다. 마르크스의 이론은 물적 토대를 중요시하는데 여기에 불교적 가치를 넣으니 사회가 부를 쌓기 위해 노력하기보다는 정신적 가치를 추구해야 한다고 보았다. 그렇게 미얀마는 '가난하지만 행복하게'를 모토로 한 고립주의를 택하게 됐다.

이에 따라 대외무역 중단하고, 산업을 국유화했다. 지금 보면 터무니없이 잘못된 결정 같지만 시야를 넓혀 미얀마의 주변 지역을 보면 이해되는 측면도 있다. 1950~60년대 인도차이나반도에 베트남을 중심으로 한 독립 운동, 프랑스와의 교전이 있었고, 여기에 미국이 개입하는 등 여러 장면들을 목도하며 네 윈은 여기서 자칫하다가는 또

휘둘리고 나라가 불바다가 될 수 있다고 판단했을 것이다. 이를 막기 위해 영국 연방 가입도 안 했던 것인데 의도치 않은 상황에 휩쓸릴지 모른다는 위기감에 문을 걸어 잠그기로 했다. 발전을 하려면 외국으로부터 문화와 기술을 받아들여야 한다, 하지만 그러다 또다시 제국주의를 겪게 될 수도 있다는 여러 가지 걱정들이 미얀마 지도자들의 머릿속을 채우고 있었다.

## 독재와 민주화 운동의 데자뷔

네 윈은 1964년 미얀마식 사회주의를 근간으로 하는 헌법을 만들고, 미얀마사회주의계획당을 유일한 합법 정당으로 한 1당 독재 체제를 운영하며, 국가명을 미얀마연방주의사회공화국으로 바꿨다.

네 윈의 고립 정책은 내부로부터의 반발을 낳았다. 하지만 네 윈은 내부 불만이 발생할 때마다 만만한 곳으로 화살을 돌림으로써 무마하려 했다. 1967년 양곤(당시 랑군) 폭동 사태도 그중 하나였다. 미얀마에는 오랫동안 자리 잡고 살아오던 중국계 미얀마인들이 있었다. 이들 대부분은 중국 공산당과 나름대로의 네트워크가 있었는데 당시 중국에서 진행되던 문화혁명은 이들에게 큰 자극이 됐고 미얀마 사회의 변화를 요구했다. 이를 두고 볼 네 윈이 아니었다. 네 윈은 뒤에서 반중국 폭동을 부추겼고, 미얀마 내 수천 명의 중국인들이 살해당하거나 쫓겨났다. 이때 빠져나온 사람들 중 상당수가 미국 샌프란시스코로 이주했다. 뿐만 아니라 1978년 지금의 방글라데시인 동

파키스탄으로부터 수십만 명의 난민들이 내려와 미얀마 로힝야 지역에 자리를 잡자, 불법 이민 소탕 작전을 개시, 20만 명을 추방했다. 로힝야 지역 사람들은 분리 독립을 원했지만 뜻대로 되지 않았다. 1980년대까지 내전도 계속됐고, 산악 지역에서는 소수민족의 반란도 있었다.

1950~60년대까지만 해도 미얀마의 경제력은 태국 수준 정도로, 우리나라보다 잘사는 나라였다. 당시 수도였던 양곤은 싱가포르보다 근대적이었다. 네 윈의 미얀마식 사회주의와 쇄국 정책이 한순간에 나라를 몰락시켰다. 네 윈은 지금의 미얀마를 만든 원흉이다. 국민을 탄압했고, 무자비하게 지배했다. 국민들에게는 모든 오락을 폐지하고 경건한 삶을 강요하면서, 자신은 유럽을 수시로 오가며 호화 쇼핑을 즐겼다. 그의 과오를 지적하자면 한도 끝도 없지만 가장 잘못한 건 교육 체계를 붕괴시킨 것이었다.

영국이 미얀마를 지배하는 동안에는 나름대로 엘리트 양성에 신경을 썼다. 인도를 제외하면 동남아에서 가장 훌륭한 국제 학교인 양곤 대학교 등을 설치했고, 영국 사람들이 직접 와서 가르치기도 하는 등 영국식 교육 체계가 잘 잡혀 있었다. 하지만 '반제국주의 세력의 일소'를 캐치프레이즈로 내걸며 모든 시스템을 붕괴시켰고, 교육 예산을 0으로 만들었다. 양곤 대학교에 있던 외국인 교사를 추방했고, 고등학교까지 영어 사용을 금지시켰다. 그렇게 젊은이들이 학교에서 배우고 익히던 체계를 잊게 했다. 많이 배우고, 높이 올라가면 욕심이 생긴다, 마음의 평정을 찾아야 하는데 번뇌와 집착이 있으면 안 된다는 것이 네 윈의 생각이었다. 1981년까지 대통령 지위를 유지하던 네 윈은 부하들 중 한 명을 대통령으로 올리고 뒤로 물러났다. 하지만 대통령 직위만 내려놨을 뿐 정치적 영향력은 여전했다.

　1988년 3월 12일 양곤 대학교의 학생들은 나라를 어떻게 끌고 갈 것인가 하는 토론을 열었다. 이 모임이 반정부 투쟁으로 번지지 않을까 염려한 정부는 경찰을 동원해 진압하려 했는데 이 과정에서 사망 사고가 발생했다. 이 사건은 본격적인 시위의 도화선이 됐다. 우리나라의 1987년 6월 항쟁이 떠오른다. 당시 미얀마는 치솟는 물가로 인해 국민들의 불만이 팽배해 있었는데 엘리트층이라 할 수 있는 학생들이 앞장서면서 본격적으로 민중 봉기가 시작됐다. 시위대의 구호는 '네윈은 사퇴하라'였다. 1988년 8월 8일, 일명 8888항쟁이 시작됐다. 이때부터 미얀마에서 '8'은 민주화의 상징적인 숫자가 됐다. 하지만 이런 국민적 요구를 미얀마 집권 세력은 무력으로 진압했다. 그리고 4~5일 만에 1,000~5,000명이 사망했다. 미얀마의 국부라 불리는 아웅 산의 딸 아웅 산 수치Aung San Suu Kyi가 지도자로 주목받고 상징적인 존재가 된 게 바로 이때다. 일본 교토 대학교에서 연구 중이던 그는 1988년 어머니가 아프다는 소식에 미얀마로 귀국했고, 8888항쟁에 참여하며 이름을 알렸다.

　미얀마의 군부 지도자였던 소 마웅Saw Maung이 네 윈을 내치기 위한 쿠데타를 일으키면서 군부에도 세대교체가 이뤄졌다. 소 마웅은 국가법질서회복위원회를 만들어 초법적으로 미얀마를 다스렸다. 1989년 미얀마 연방을 만들었고 수도 이전 등도 계획했다. 전 세계적으로 냉전도 해체됐고, 도움 받을 곳도 더 이상 없었던 미얀마는 1990년 5월 총선을 통해 아웅 산 수 치가 이끄는 국민민주연맹이

82퍼센트의 지지를 얻으며 압승을 거뒀다. 하지만 군은 물러서지 않았고 선거 무효를 선언했다. 아웅 산 수 치는 그때 이미 가택연금 상태였다.

## 새로운 돈벌이에 눈뜬 군부

국민들의 강력한 민주화 요구에도 불구하고 미얀마 군부가 이처럼 강경 노선으로 갈 수 있었던 데는 사실 그만 한 배경이 있다. 1988년 민주화 운동을 대탄압하며 국제적으로 완전 고립돼 있던 미얀마는 톈안문 사태(중국의 민주화 운동)로 동병상련이었던 중국과의 교역을 확대하면서 생존할 수 있었고, 그렇게 벌어들인 돈 대부분은 군부로 들어갔다.

미얀마에서 소수민족의 게릴라전은 흔한 일이었지만 그중에서 가장 골칫거리는 중국 접경 지역에서 미얀마반군공산조직을 결성한 공산주의 골수분자들이었다. 처음엔 중국에서 공산 반군을 도왔지만 덩샤오핑鄧小平이 집권한 뒤로는 쓸데없는 데 돈을 쓰지 말라며 지원을 차단했다. 먹고살기 힘들어진 공산 반군은 강제로 세금을 징수해야만 했다. 젊은 반군들은 서로 다 아는 사이에 주민들에게 총구를 들이밀며 세금을 거둬야 한다는 데 회의감을 느꼈고 급기야 사령부를 급습하면서 반군이 붕괴됐다. 미얀마 정부 입장에서는 앓던 이가 하나 빠진 셈이었다. 결국 쿠데타를 일으킨 이들은 4개 종족으로 찢어졌고, 미얀마 정부는 오히려 이제 중국과 직접 일을 해 볼 수 있겠다

동남아시아의 마약 지대인 미얀마-태국-라오스의 골든트라이앵글

고 생각했다.

 이 계획의 중심에는 로 싱 한Lo Hsing Han이라는 브로커가 있었다. 그는 명나라 때 내려온 중국계 미얀마인, 즉 코캉족이었는데 이들은 중국어가 가능하다는 장점이 있었다. 로 싱 한은 1960~70년대 흔히 골든트라이앵글이라고 하는 미얀마-태국-라오스 접경 지역에서 게릴라전에 쓸 돈을 벌기 위해 재배하던 아편을 운반하며 돈을 벌었다. 단, 불법적 거래였기에 규모가 그리 크지는 않았다. 그러던 차에 미얀마 군부는 돈이 필요하고, 중국 정부는 새로운 사업을 구상 중이라는 걸 캐치한 로 싱 한은 이들 사이에서 브로커 역할을 하면 큰돈

을 벌 수 있겠다고 판단했다. 이를 위해 먼저 군부의 실세였던 킨 눈 Khin Nyunt에게 접근했다. 그는 정식으로 휴전 조약을 체결하고, 중국과 미얀마의 접경 지역에서 무역을 할 수 있도록 중간 역할을 하겠다고 제안했다. 그렇게만 되면 실적이 되니 미얀마군 입장에서는 안 할 이유가 없었다. 중국 역시 톈안문 사태 이후로 고립된 상태였고, 만든 물건들을 본격적으로 팔아야 하는 상황이었다. 그렇게 중국과의 거래가 성사됐다. 접경 지역에는 티크, 옥 등 고급 자원이 가득했다. 군사령관이라는 권한이 있어도 돈 벌 방법은 찾지 못했는데 미얀마 군부는 로 싱 한을 통해 큰돈을 쉽게 버는 법을 학습했다. 다른 소수민족인 카친족 역시 싸움을 멈추고 돈을 벌어야겠다는 생각으로 돌아섰다. 그렇게 1994년 미얀마 군부와의 휴전에 동의했다.

생각지도 못했던 일들이 이어졌다. 돈을 벌기 시작하니 돈을 써야 했다. 중국산 물건들이 들어왔고 마음껏 소비했다. 생활이 풍족해지면 사람들의 불만은 줄어들기 마련이다. 미얀마 정부는 이를 이용했다. 그래서 중국산 물건의 무관세 수입을 허용했고, 경기는 호황을 누렸다. 국민들은 갑자기 잘살게 됐다는 느낌을 받았다. 하지만 이것은 독이었다. 중국산 물건이 쏟아져 들어오면서 미약했던 미얀마 제조업은 붕괴했다.

## 미얀마에 있는 것과 없는 것

미얀마의 대표적인 랜드마크를 하나 꼽으라고 하면 누구든 양곤

슈웨다곤

에 위치한 거대한 금탑 슈웨다곤 Shwedagon 을 떠올릴 것이다. 석가모니 생존 당시 누군가 얻어 온 그의 머리카락 여덟 가닥을 바닥에 깔고 그 위에 탑을 지었다고 전해지는 이 탑은 도금이 아닌 실제 금을 사용해 만든 것으로 11세기 전후에 지어졌다고 추정한다. 메인 탑과 더불어 주변에는 72개의 작은 탑들이 둘러싸고 있으며 규모 면에서도 높이 약 100미터, 둘레 430미터로 압도적이다. 시간이 흐를수록 사람들이 기부한 금을 계속 덧씌우고 있어 오히려 점점 더 커지고 있으며, 무게는 총 67~70톤 정도로 추정한다. 뿐만 아니라 꼭대기에 있는 첨탑은 73캐럿짜리 다이아몬드 등 온갖 금은보화로 장식됐다. 근처에 어떤 건물도 이보다 높게는 지을 수 없도록 해 더욱 한눈에 들어오는, 한마디로 미얀마의 정신을 상징하는 존재다. 1889년에 소설

《정글 북》의 작가 러디어드 키플링 Rudyard Kipling도 여기 방문한 적이 있는데 이 탑을 본 그는 '태양 속에 타오르는 황홀하고 경이로운 윙크'라고 표현했다. 뿐만 아니라 19세기 많은 유럽인들이 보고 놀라서 스케치한 그림들이 남아 있다.

세계에서 가장 큰 종, 마하 간다 Maha Gandha도 미얀마에 있다. 무게 23톤, 높이 2.2미터, 직경 1.95미터인 이 종은 1825년 영국군이 종을 약탈해 가지고 가다가 무게를 견디지 못하고 강에 빠뜨렸다고 한다. 종을 꺼내지 못하고 있는데 미얀마의 한 스님이 나타나 이걸 꺼내 줄 테니 원래 있던 자리에 가져다 놓으라고 했고, 스님의 말을 믿지 않았던 영국군들은 한번 해 보라고 했다. 스님은 대나무를 얇게 쪼개 끈을 만들고 잠수부를 통해 종 주변에 감도록 했다. 물에 불어난 대나무의 부력으로 종이 서서히 뜨기 시작했고, 어느 정도 올라왔을 때 끈을 당겨 건져 올릴 수 있었다는 이야기가 전해져 내려온다.

미얀마에는 호랑이도 있다. 시베리아 호랑이와는 달리 슬림하고 작은 사이즈의 호랑이인데 과거에는 수천 마리가 살았지만 지금은 밀렵으로 감소해 많게는 200마리, 적게는 30~40마리가 살고 있는 것으로 파악하고 있다.

이런 미얀마에 없는 것도 있다. 미얀마 사람들 대부분이 성이 없다. 이름만 사용한다. 이름도 아이가 태어난 요일 등에서 따오기에 비슷한 이름이 참 많다. 예를 들어, 금요일에 태어나면 [th] 발음을 많이 넣는다. 남자는 '우', 여자는 '다우'로 시작한다. 소수민족의 경우 부족 명을 따는 경우가 있는데 미얀마인들은 그렇지 않다. 이름을 여러 개 가진 경우도 있다. 내가 불리고 싶은 이름을 사용한다.

이처럼 미얀마는 많은 것을 가졌지만 또한 어려운 시기를 지나오며 많은 것을 잃었다. 내가 불리고 싶은 이름을 사용하는 미얀마에 가장 없는 것은 무엇보다 자유다. 2024년 기준 언론자유지수가 171위로, 21세기까지도 언론 탄압으로부터 자유롭지 않고, 정부가 존재하나 군부의 막대한 의석수로 여전히 군부의 영향력 아래에 있다. 거대한 금탑을 세울 만큼 막강한 부를 가졌던 미얀마가 하루 빨리 자유를 되찾고 그들이 가진 자원으로 세계 무대에서 제 기량을 펼칠 수 있길 바라본다.

# 5장

## 치솟는 물가에 반비례하는 성장, **캐나다**

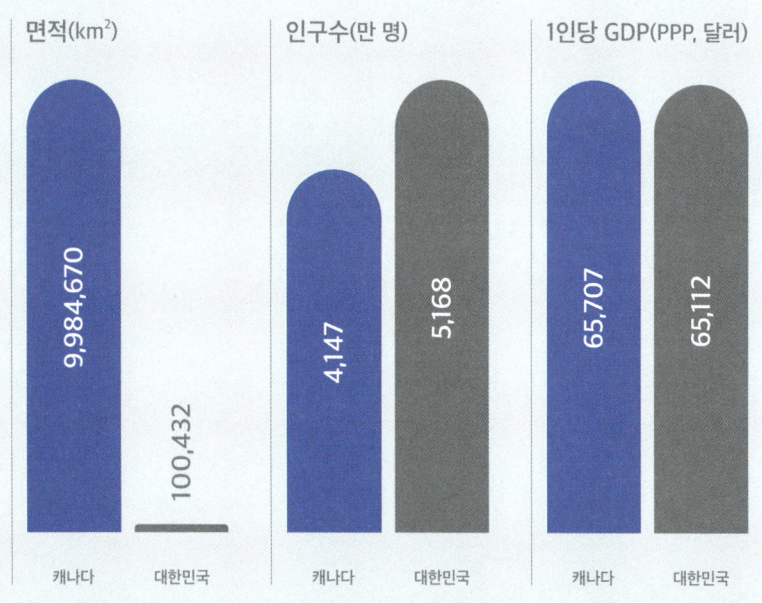

　북아메리카 북쪽에 위치한 캐나다의 면적은 무려 약 998만 제곱킬로미터로 러시아에 이어 세계 2위다. 이는 전 세계 육지 면적의 6.7퍼센트에 달하는 크기로, 우리나라의 약 100배다. 어디 그뿐일까. 해안선 길이는 세계 1등이다. 앞에서 노르웨이가 피오르 해안으로 해안선이 길다고 했지만, 캐나다 해안선은 35만 6,000킬로미터로 세계에서 압도적으로 길다.

　석유 매장량은 세계 3~4위, 천연가스 매장량은 세계 5~6위, 그 외에도 80종 이상의 광물 자원을 보유한 캐나다는 자원 강국이다. 다만 캐나다 석유는 오일 샌드라고 해서 점토나 모래, 물 등에 중질 원유가 10퍼센트 이상 함유돼 까다로운 분리 과정이 필요하긴 하다. 이렇게 대단한 나라인데도 왜 캐나다는 경제 대국의 느낌이 없을까?

　캐나다의 명목 GDP는 세계 9위이지만 PPP GDP를 보면 2025년 기준 24위로, 대만이나 호주보다 뒤에 있다. 1980년대 캐나다의 1인당 GDP는 미국과 비슷한 수준이었다. 그런데 20년이 지나 2000년이 됐을 땐 보통의 선진국 수준으로 내려왔고, 2022년에는 보통의 선진국 이하로 떨어졌다. 그동안 캐나다에 무슨 일이 있었던 걸까.

## 미국과 어깨를 나란히 했던 나라

20세기 초반만 해도 캐나다는 엄청난 호황을 누리고 있었다. 산업화가 본격적으로 시작되면서 미국과 영국으로부터 대규모 자금이 유입되고 인프라가 깔렸다. 1904년 당시 캐나다 총리였던 윌프리드 로리에Wilfrid Laurier는 "20세기는 캐나다의 시대다."라고 말했을 정도로 자신감이 넘쳤다. 1차 세계대전, 2차 세계대전 동안 캐나다는 꽤 많은 병력을 파견해 영국을 도왔을 만큼 여력이 있던 나라였다. 그랬던 캐나다는 왜 더 성장하지 못한 걸까.

가장 큰 문제는 캐나다에 규제가 너무 많다는 데 있다. 규제 때문에 캐나다가 겪는 어려움은 '내부적으로 7퍼센트의 관세를 부과하고 시작하는 것과 다름없다'고들 말한다. 특히 주 간 무역에 제한이 많은 게 문제다. 주류만 해도 그렇다. 캐나다는 10개 주와 3개 준주(유콘·노스웨스트·누나부트)로 이루어져 있는데 주 간 높은 무역 장벽이 있다. 일례로 주류 운송이 무제한으로 가능한 건 그중 5개 주뿐이다. 해당 5개 주끼리만 주류를 무제한으로 받거나 또는 내보낼 수 있다. 트럭의 통행에 관한 규정이 주별로 다른 것도 문제다. 예를 들어, 브리

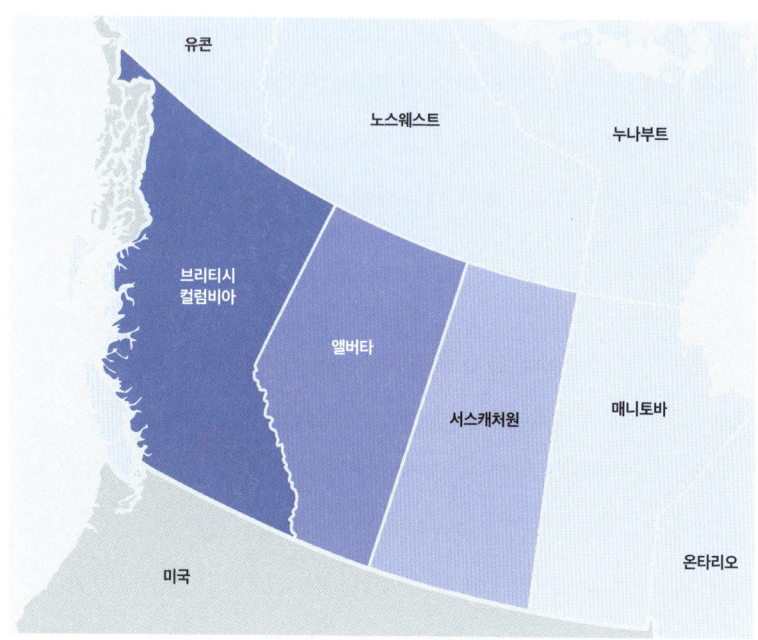

브리티시컬럼비아와 앨버타는 바로 옆에 붙어 있다.

티시컬럼비아의 경우 낮에는 통행하는 사람들이 많아 자칫 다칠 수 있으니 대형 트럭은 밤에만 다닐 수 있도록 하고 있다. 반면 바로 옆에 있는 앨버타는 대형 트럭이 밤에 다니면 사고가 날 수 있으니 낮에만 다니라고 한다. 물건을 실은 대형 트럭이 브리티시컬럼비아에서 앨버타를 가려면 낮인지 밤인지까지 고려해야 하는 것이다. 또한 사회복지사, 간호사, 변호사 등의 전문 자격증도 모든 주에서 통용되는 것이 아니라 인정해 주는 곳도 있고, 아닌 곳도 있다. 물론 이건 미국도 마찬가지다. 하지만 캐나다는 땅만 넓지 정작 인구는 4,100만 명 정도로 우리나라보다도 적다. 그런데 규정이 이렇게 제각각이니 효율적일 수가 없다.

　캐나다 저성장의 원인으로 항상 대두되는 또 하나의 문제가 바로 생산성 저하다. 단위 시간 동안 노동자 한 명의 산출물을 평가하면 캐나다는 미국의 70퍼센트 정도 수준이다. 같은 시간 일을 해도 70퍼센트밖에 생산하지 못한다는 의미다. 이는 근로시간이 짧기로 유명한 유럽 국가들보다도 낮은 수치다. 물론 기계, 장비, 지적재산권에 투자하지 않는 분위기도 생산성 저하의 원인으로 꼽을 수 있다. 지난 20년간 캐나다는 R&D 투자가 눈에 띄게 줄었다.

　반면 캐나다와 가장 가까이에 있는 나라 미국은 1980년대 초반부터 내부 규제 완화를 위해 애썼다. 누구보다 이를 가까이서 지켜본 게 캐나다였기에 문제의식이 없던 건 아니었다. 다만, 실행 의지가 없었을 뿐이다. 1980년대에 위원회에서 나온 보고서에 따르면 여러 제안들이 있었지만 그중 실행한 건 딱 하나였다. 미국이라는 거대한 시장이 움직이고 있으니 접근성을 높여야 하고 이를 위해 미국과 자유무역협정을 체결해야 한다는 것이었다. 그렇게 만들어진 게 1992년 체결된 북미자유무역협정, 즉 NAFTA다. 원래 NAFTA는 캐나다와 미국 두 나라 간 협정이었으나 뒤에 멕시코가 추가됐다. 실제로 NAFTA 체결 후 캐나다 경기는 조금 좋아지는 듯했다. 하지만 착각이었다. 캐나다달러가 평가 절하되자 물건 값이 저렴해졌고, 이에 따라 체감 경기가 좋아진 것뿐이었다. 즉, 환율에 변동에 따른 효과였다.

　그러는 사이 2000년대로 접어들었고 중국이 성장하면서 원자재 슈퍼사이클이 왔다. 캐나다 원자재에 대한 수요가 폭증하자 캐나다

달러는 강세 통화로 바뀌었다. 경제 기초 체력이 약한 상태에서 강세 통화가 되니 문제가 생길 수밖에 없었다.

캐나다의 1인당 GDP를 분기별로 나눠 살펴보면 꾸준히 감소하고 있다. 2024년까지 감소 추세이고, 다른 G7 회원국(세계를 대표하는 7개 선진국으로, 미국·독일·영국·프랑스·일본·이탈리아·캐나다가 속해 있다)에 비해서도 뒤처진다는 우려가 있다. 전망도 그리 밝지 않다. 현 시점에서는 2060년까지 캐나다 1인당 GDP가 OECD 국가 중 하위권으로 내려갈 것이란 전망이 우세하다.

2024년 영국 경제지 〈파이낸셜 타임스〉에는 'A Warning from the Breakdown Nations 붕괴하는 국가들의 경고'라는 제목의 칼럼이 게재됐다. 이 칼럼에서 언급된 나라는 칠레, 독일, 남아공, 태국 그리고 캐나다였다. 원자재에만 급급했던 캐나다는 테크 주도의 성장 기회를 놓쳤다. 신규 투자나 일자리 증가도 정부 주도일 뿐 민간 주도가 없다. 그러고 보면 캐나다, 하면 생각나는 대기업이 없다. 우리나라나 중국, 독일 등 나라 이름을 들었을 때 대기업 한두 개는 떠오르기 마련인데 캐나다는 도통 떠오르지 않는다. 중소기업이 차지하는 비중이 선진국들 가운데서도 높은 편이다. 중소기업이 많은 게 나쁘다고 할 수는 없지만 이런 경제 구조에서는 외부 경쟁이 격화했을 때 투자 여력이 없다는 약점이 있다. 대기업은 그런 상황에서 어마어마한 투자를 강행하다 보니 중소 업체들이 밀릴 수밖에 없다. 수출 시장에서도 마찬가지다. 캐나다 법률은 경제 섹터를 나눠서 세분화하고, 서로 넘어갈 수 없도록 규정하고 있다. 신규 진입이 어려워 기득권 기업 입장에서는 좋을 수 있지만 경쟁 압력이 낮고, 위기감이 없어 성장하기 쉽지 않은 구조다. 이런 안정성이 결국 국가의 성장도 저해하고 있다.

## 치솟는 물가, 잡을 수 있을까

캐나다 역사상 두 번째로 젊은 총리(취임 당시 만 43세)였던 쥐스탱 트뤼도 Justin Trudeau는 2015년 11월부터 2025년 3월까지 10년 가까이 총리직을 역임하며 G7 국가 지도자 중 가장 오래 재임한 것으로 잘 알려져 있다. 그의 아버지 피에르 트뤼도 Pierre Trudeau 또한 1968~79년, 1980~84년 두 번에 걸쳐 총리를 역임했으니 총리 부자父子라고 할 수 있다. 하지만 2024년 9월 새로운 선거를 앞두고 쥐스탱 트뤼도에 대한 신망은 그리 좋지 않았다. 당시 그의 지지율은 19퍼센트 정도로 굉장히 미미했고, 국민의 50퍼센트 이상이 새로운 정부를 희망했다. 물론 결과적으로는 이번에도 자유당에서 총리가 탄생했다. 다만 전국 선거를 치러 본 적 없는 원외 인사, 마크 카니 Mark Carney가 2025년 3월 캐나다의 24대 총리로 취임했다.

캐나다는 내각제 국가다. 트뤼도 총리가 있는 자유당은 중도 좌파라고 할 수 있는 신민당 new democratic과 연정을 맺었다. 신민당은 저소득층 의료보험 확대, 저렴한 주택 공급 확대를 조건으로 2025년까지 지지를 합의한 바 있다.

트뤼도의 지지율이 떨어진 이유는 하나였다. 국민들이 먹고살기 어려워졌기 때문이다. 당시 캐나다의 인플레이션은 심각한 수준이었다. 2022년 8.1퍼센트를 기록했고, 2024년에는 3퍼센트 미만(2023년

6월 기준)으로 하락했다. 숫자적으로는 감소한 듯하지만 올랐다는 면에서는 동일하다. 야권의 보수당은 무분별한 경기부양책과 탄소세 인상 등이 인플레이션을 촉발했다며 정부 정책을 비판했다. 특히 코로나19 팬데믹 시기인 2020년 캐나다 정부는 GDP의 19퍼센트 규모로 정부 재정 지출을 확대해 소득의 10퍼센트가 증가하는 효과를 보았다. 2021년에도 GDP의 약 4퍼센트, 즉 1,000억 캐나다달러(한화 약 100조 원)를 경기부양책으로 풀고, 중앙은행도 거의 제로금리에 가까운 저금리를 유지했다. 그러다 보니 물가는 많이 오를 수밖에 없었다.

당연히 주택 가격도 올랐다. 캐나다는 G7 국가 중 최근 가장 높은 주택 가격 상승률을 기록하고 있다. 2018년 기준 전국 주택 가격 평균이 50만 캐나다달러(한화 약 5억 원)였는데 2022년에는 70만 캐나다달러로, 1.4배 올랐다. 10년 전과 비교하면 전국 평균이 2배 오른 셈이다. 임대 주택 공실률도 1.9퍼센트로 2001년 이후 최저 수준을 기록했다. 이게 전국 기준이니 대도시인 밴쿠버만 놓고 보면 2019년 평균 90만 캐나다달러였는데 2023년에는 120만 캐나다달러를 기록했다. 단독주택은 평균 235만 달러(2022년 8월 대비 18퍼센트 상승), 아파트는 평균 80만 달러(2022년 대비 1.5퍼센트 상승)로 나타났다.

2022년 금리 인상으로 잠시 하락했던 주택 가격은 2023년 캐나다 중앙은행이 가장 먼저 금리 인상을 중단하면서 다시 상승하기 시작했다. 현재 전체 GDP에서 주택 가격이 차지하는 비중은 10퍼센트를 넘어서고 있다. 미국 역시 집값이 많이 올랐지만 GDP 대비 주택 가격 비중은 4.6퍼센트 내외이니, 캐나다의 주택 가격이 얼마나 높은지 짐작해 볼 수 있다. 대개 GDP 대비 주택 가격 비중이 6퍼센트가 넘으면 버블이라고 한다.

넓은 땅을 가진 캐나다의 집값이 비싼 이유에 대해 의문이 들 수밖에 없다. 인구도 4,000만 명으로 적고, 합계출산율도 1.4~1.5명이라 이민자를 받지 않으면 인구가 감소하는 구조다. 대도시인 밴쿠버의 인구 밀도를 봐도 1제곱킬로미터당 918명으로, 서울이 1만 6,181명인 데 비하면 서울의 5퍼센트 정도로 매우 적다. 넓은 땅에 인구는 적은 캐나다에서 주택 가격을 잡는 방법은 간단하다. 주택을 공급하면 된다. 추계에 따르면 2030년까지 350만 채의 추가 공급이 필요한 상황이다.

집을 지으면 되는데 왜 짓지 않는 걸까? 그 이유를 파악하려면 또 규제 이야기가 나올 수밖에 없다. 밴쿠버는 대도시임에도 불구하고 토지 이용 및 규제가 상당히 까다로운 편이다. 그러다 보니 밴쿠버의 주택 가격은 비싸다. 밴쿠버를 100으로 봤을 때 토론토 95, 몬트리올 80 정도다. 주택이 가장 절실한 지역에서 가장 엄격하게 규제하고 있다 보니 공급이 원활할 수가 없다. 국가 정책상 공급되는 주택들은 대부분 공공 임대 주택이라 정작 통근하기 좋은 곳에서 내 돈 내고 가족과 함께 살길 원하는 중산층에게는 그리 도움이 되지 않는다.

주택 가격의 상승은 결국 정치 쟁점화될 수밖에 없다. 집권당인 자유당에서는 140만 채 공급 및 수리 계획을 발표했다. 이 중 10만 채는 중산층을 위한 주택으로 짓겠다고도 했다. 반면 보수당은 3년 안에 주택 100만 채를 짓기 시작하겠다며 연방 정부 보유 건물과 토지 15퍼센트를 주거로 전환하겠다고 발표했다. 캐나다 연방 정부는 부동산 재벌이다. 보유하고 있는 공공 건물만 3만 7,000채다. 반면 중도 보수인 신민당은 주택 가격 상승은 결국 투기 자본이 몰려서라고 이야기하며 헤지펀드가 주택에 투자하는 걸 막고, 2010년에 보수당이 폐기했던 '30년 모기지'를 재도입, 10년 안에 50만 가구를 공급하겠다고 약속했다. 또한 외국인이 집을 살 때 부과하는 세금을 늘리겠다고도 말했다. 이는 이전에 밴쿠버에서 한번 했던 정책으로, 그땐 외국인이 집을 살 때는 15퍼센트 정도의 추가금을 물렸다. 또한 실거주 의사가 없는 외국인에 대해서는 2년간 부동산 매수 금지, 블라인드 입찰 금지 등 다양한 방안 검토하고 있다. 블라인드 입찰은 상대가 얼마를 썼는지 알려 주지 않고 경매에 부치는 방식인데, 실제로는 주택 가격이 상승하는 효과가 있었다고 전한다.

결과적으로 다시 한번 자유당에게 기회가 주어졌으니 변화를 지켜볼 일이다.

## 그 많은 인구는 어디서 왔을까

G7 국가 가운데 가장 빠른 인구 증가율을 기록 중인 캐나다에는 올 한 해에만 40만 명의 이민자가 유입될 예정이다. 캐나다의 증가하는 인구 가운데 이민자가 차지하는 비율은 80퍼센트를 웃돈다. 미국도 캐나다만큼 이민자 증가세가 가파르지는 않다. 미국의 경우 인구 증가에 있어서 이민자 비율이 40퍼센트 정도로, 출생으로 인한 증가와 이민자로 인한 증가가 비슷한 실정이라 할 수 있다.

반면 캐나다 인구에는 이민자가 절대적인 비중을 차지한다. 그동안 캐나다는 인구 성장을 통해 수요를 창출했다. 사회가 고도화하려면 전문직이 필요한데 이들이 미국으로 가다 보니 고도화된 사회 유지를 위해 이민자를 많이 받는 수밖에 없었다.

캐나다의 이민은 포인트 제도로 이루어진다. 어학 점수, 자격증 점수, 경력 점수, 그리고 사회에 필요한 인재인가 하는 점수 등을 합산, 판단해 허가가 나온다. 예를 들어, 관광객이 늘고 산불도 많이 나는 상황인데 자연 환경을 관리할 사람이 없다면, 이와 관련된 국립공원공단에서 근무했던 사람의 경우 직업 점수에 있어서 만점을 받게 된다. 이런 식으로 당시 사회 상황과 정책에 따라 포인트가 깎이거나 더해진다.

그러다 보니 캐나다는 어차피 이민자가 많이 들어올 수밖에 없다면 제대로 받기로 했다. 최근에는 의사와 간호사 등 의료 인력뿐 아니라 제조, 건설, 소프트웨어 개발자 등을 환영하는 추세다. 인재를 유입하는 데 방점이 찍혀 있는 만큼 인재들이 와서 집값을 올리는 건 상관없지만 그렇지 않은 사람들 때문에 오르는 건 반대라는 게 캐나다의 입장이었다.

그러자 외국인들이 학생 비자를 이용하기 시작했다. 이민에는 쿼터가 있지만 학생 비자는 상한선이 없다. 캐나다에 있는 대학교로부터 입학 허가만 받으면 누구든 학생 비자를 받아 캐나다에서 살 수 있다. 그러다 보니 트뤼도 총리 이후로 학생 비자로 들어오는 이민자 비율이 2배 이상 증가했다. 2015년 35만 명이었던 데 비해 2022년 80만 명으로 늘었다. 전체 대학 정원의 30퍼센트가 유학생일 정도다. 당연히 대도시에 있는 대학일수록 유학생이 더 많다. 학생비자로 들어왔다가 남아 있는 사람들도 있으니 실제 체류자는 100만 명 이상으로 예상된다. 8개월 재학 후에는 1년짜리 취업 허가도 가능하다. 상황이 이렇게 되자 캐나다 이민부 장관은 유학생에게도 쿼터제를 만들겠다고 발표했다.

하지만 이번에는 대학들이 반발하고 나섰다. 우선 대학 내 유학생 비율이 생각보다 높고, 시민권자에 비해 유학생들은 훨씬 더 높은 등록금을 지불한다. 또한 쿼터제로 제한을 두게 될 경우 미국·호주·영국 등에 비해 우수 학생을 유치하기가 어려워질 수 있다고 판단했기 때문이다.

그럼에도 불구하고 캐나다 정부는 2024~25년 유학생 비율을 35퍼센트 감축하기로 결정했다. 유학생을 유치해 돈을 벌려는 대학들이 많아지면서 2015년 당시 21만 9,000명이던 유학생이 2023년 57만 9,000명으로 2배 이상 늘어난 상황이었다. 이들 중 대부분은 어느 정도의 자금력이 있는 학생들이었고, 그들은 자신들도 모르는 사이 주택 가격 급등에 기여하고 있었다.

2022년 한 해에만 110만 명의 이민자가 캐나다로 유입됐다. 그리고 이들 중 대다수가 숙련된 기술자가 아닌 학생이었다. 주택 재고는 그대로인 상태에서 이렇게 인구가 증가하면 주택 가격은 오를 수밖에 없다. 2013년 평균 주택 임대료는 39만 캐나다달러(한화 약 3억 9,000만 원)에서 2023년 말 65만 캐나다달러(한화 약 6억 5,000만 원)로 상승고, 대도시인 토론토와 밴쿠버에서는 100만 캐나다달러(한화 약 10억 원) 이상으로 급등했다. 토론토의 1베드룸의 월 임대료도 최근 10년 사이 1,000캐나다달러(한화 약 100만 원) 상승해 2,633캐나다

달러(한화 약 269만 원)를 기록했다.

어려운 경제 상황 속에서 고등 교육에 대한 예산이 삭감됐고, 대학들의 재정 상황은 악화됐다. 이를 타개하기 위해 대학들은 유학생을 많이 받았고, 그러자 이번에는 교육의 질이 악화됐다. 또한 그 유학생들이 주택 가격 상승에 일조하게 되면서 캐나다 내에서는 이민자·유학생에 대한 반감이 싹텄고, 정부는 유학생 제한 조치를 내렸다. 캐나다 수도인 오타와의 경우, 2023년부터 2027년까지 외국인의 주택 구입을 금지하는 조치를 취하기로 결정했다.

## 벌어지는 사회경제적 격차

치솟는 물가, 주택 가격 상승만큼이나 심각한 문제가 하나 더 있다. 캐나다 내 사회경제적 격차의 증가다. 상위 20퍼센트가 순자산의 약 66퍼센트를 차지하고 있는 반면, 하위 20퍼센트는 2.7퍼센트를 소유하고 있다. 상위 20퍼센트의 순처분가능소득은 40.3퍼센트, 하위 20퍼센트는 6.1퍼센트다. 소득분위별 균등화 순처분가능소득 5분위 배율을 보면 상위 20퍼센트와 하위 20퍼센트의 격차가 우리나라는 5.6~6인 데 비해 캐나다는 4.2~4.5로 우리나라보다 낮지만 생각보다는 높다.

2023년 3분기 기준, 캐나다 최저 소득 가구의 순 저축은 전년 동기 대비 9.8퍼센트 감소했으며, G7 국가 중 가장 높은 가처분 소득 대비 부채를 보유하고 있다고 한다. 이들은 가처분 소득 1달러

**우리나라의 소득분위별 균등화 처분가능소득 5분위 배율** (단위: %)

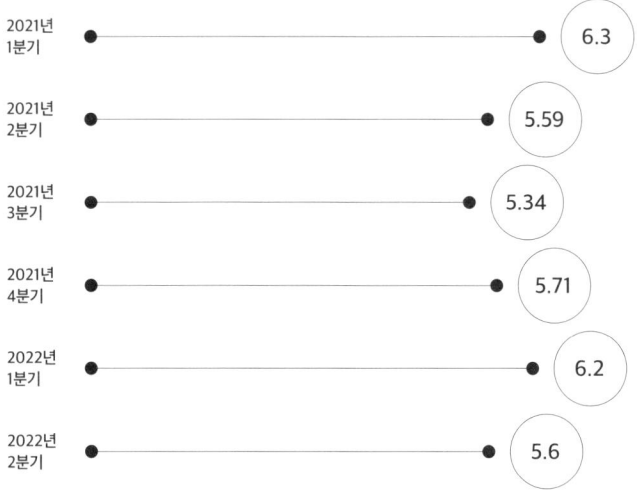

당 1.85달러의 빚을 갖고 있고, 이 부채의 4분의 3이 주택담보대출에서 비롯됐다. GDP 대비 가계 부채는 2008년 80퍼센트, 2010년 95퍼센트, 2021년 107퍼센트로 증가 추세를 보이고 있다. 연령대별 DTI는 65세 이상 70~80퍼센트, 55~64세 170~185퍼센트, 45~54세 240~260퍼센트, 35~44세 260~275퍼센트, 35세 이하 190~210퍼센트로, 35~44세의 부채 비율이 가장 높았다. 금리 인상은 격차를 더욱 부추긴다. 금리가 인상되면 부채 비율이 높은 하위층에게는 부담이지만 상위층은 오히려 빠르게 자산을 증식할 수 있기 때문이다.

## 미래가 불안한 사람들

　조사 결과 캐나다 국민들은 미래에 대한 부정적 인식이 높아진 것으로 나타났다. 조사 대상자들 중 84퍼센트가 경기 침체에 빠졌다고 인식하고 있었으며, 73퍼센트가 내년 안에 실질적인 경기 침체가 올 것이라 생각한다고 답했다. 상황이 어렵다 보니 자신감도 없어지고, 정신 건강에도 문제가 생겼다. 2015년 같은 조사에서 72.4퍼센트였던 좋음 또는 매우 좋음의 비중이 2021년에는 59퍼센트로 훨씬 줄었고, 만성질환 비율과 분노를 느끼는 비중도 뚜렷하게 상승하고 있다. 이 모든 게 미래에 대한 불안과 스트레스가 쌓이면서 생기는 문제로, 특히 1990년대 중반 이후에 태어난 Z세대라고 하는 청년층에서 불안, 분노, 적개심, 그리고 미래에 대한 두려움이 큰 것으로 나타났다.

　Z세대의 75퍼센트는 자신이 부모 세대에 비해 잘살 수 없을 것이라고 전망한다. 또한 이렇게 된 원인으로 베이비붐 세대를 지목한다. 베이비붐 세대가 캐나다의 격차와 분열의 근원이라고 간주하고 있는 것이다. 20~40대의 25퍼센트 정도가 베이비붐 세대에 대해 부정적인 반면 베이비붐 세대는 자신들을 긍정적으로 본다.

　그런 가운데에서도 재미있는 건 한 여론조사에서 발표한 캐나다 국민들의 연령별 걱정 순위다. 경제적인 어려움 속에서도 전 연령층에서 공통적으로 가장 큰 걱정거리로 기후 변화를 꼽았다. 천혜의 자연을 품은 나라답다고 해야 할까. 또한 젊은층에서는 집값을, 고령층에서는 예산 적자를 걱정하고 있다는 점도 세대 간 차이를 극명하게

**캐나다 국민들의 연령별 걱정 순위**

|  | 18~29세 | 30~40세 | 41~54세 | 55~64세 | 65세 이상 |
|---|---|---|---|---|---|
| 1위 | 기후 변화 | 기후 변화 | 기후 변화 | 기후 변화 | 기후 변화 |
| 2위 | 집값 | 조화 | 조화 | 예산 적자 | 예산 적자 |
| 3위 | 조화 | 경제 불평등 | 경제 성장 | 경제 성장 | 경제 성장 |
| 4위 | 경제 불평등 | 집값 | 경제 불평등 | 경제 불평등 | 조화 |
| 5위 | 경제 성장 | 경제 성장 | 예산 적자 | 빈곤 | 빈곤 |

보여 준 예라고 할 수 있다.

## 솟아날 구멍은 있다

그렇다고 해서 좌절하고만 있을 필요는 없다. 캐나다에는 무엇보다 풍부한 자원이 있다. 캐나다가 가장 잘하는 일이 광업이다. 기후 변화에 대응하기 위해서는 니켈, 구리 등 엄청난 자원이 필요한데 이에 대한 가장 믿을 만한 공급처가 바로 캐나다다. 캐나다가 보유한 자원에 대한 수요는 앞으로도 계속 증가할 것으로 보인다. 불모의 땅으로 남아 있던 북극권의 경우, 빙하가 녹으면서 예전엔 잠깐 배가 다닐 수 있었던 반면 지금은 연중 언제든 다닐 수 있게 됐다. 해안 접근이 용이해진 만큼 캐나다 북부가 미래 항로의 중심 역할을 하는 새로운 가능성도 열려 있다. 다만 이런 자원을 캐나다가 과연 잘 꺼내 쓸 수 있을지는 여전히 의문이다.

건강, 교육, 삶의 만족도에 있어서 캐나다는 여전히 세계 상위권이다. 밴쿠버, 캘거리, 토론토 등은 세계에서 가장 살기 좋은 도시 10위 안에 드는 곳들이다. 현재 경제 성장 속도는 비록 늦지만 부정적으로만 볼 필요는 없다. 새롭게 터져 나오는 불만들을 그냥 흘려보내지 않고, 방법을 모색해 나간다면 가진 것을 보다 효율적이고 효과적으로 활용할 수 있는 방법이 분명 있을 것이다.

# 2부

# 에너지

# 6장

# 백색수소의 시대, 말리

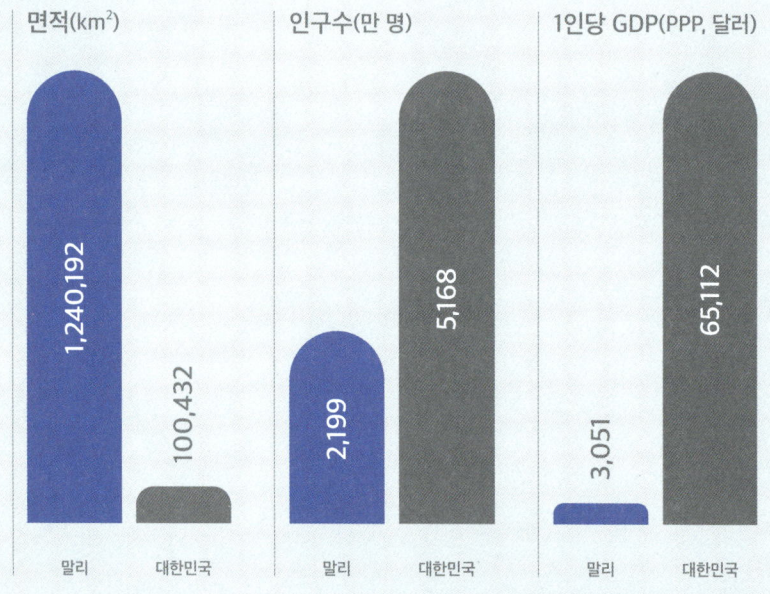

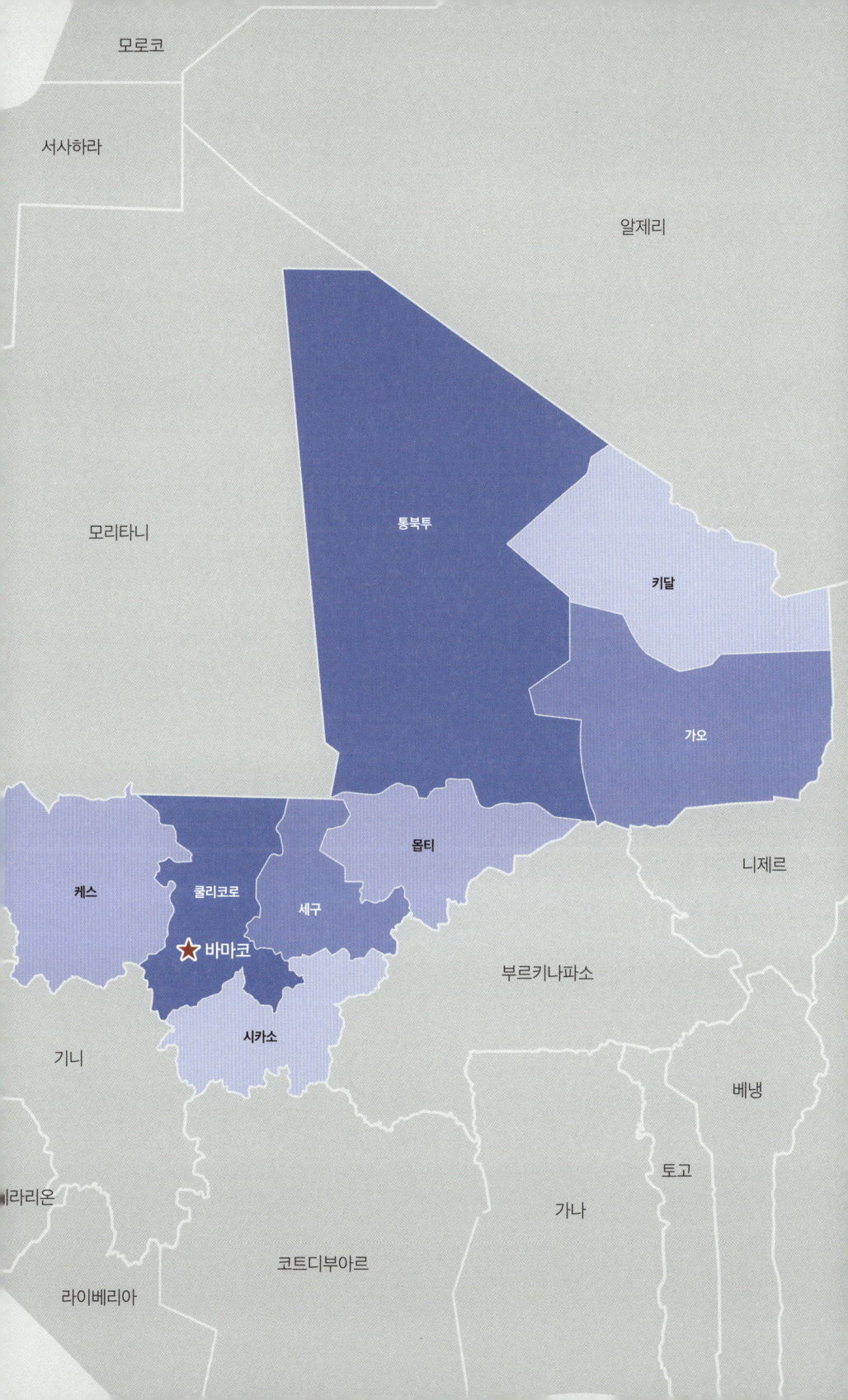

1987년 아프리카 말리의 수도 바마코로부터 100킬로미터 정도 떨어진 부라케부구에서는 우물을 파는 작업이 한창이었다. 108미터쯤 파냈을까. 뜨거운 태양 아래서 장시간 노동에 지친 한 인부가 우물 옆에서 잠시 휴식을 취하며 담배를 꺼내 물었다. 그리고 담배에 불을 붙이는 순간, 거대한 화염이 그를 집어삼켰다. 지근거리에서 유난히 투명한 그 불길을 본 사람들은 우물에서 수소 가스가 나오는 게 아닐까 추측했지만 일단은 위험한 상황을 피하기 위해 땅을 덮기로 했다. 그렇게 20년이 흘렀다.

말리의 정치가이자 사업가인 알리우 디알로Aliou Diallo는 말리 정부로부터 부라케부구 근방의 석유탐사권을 획득했다. 탐사를 하던 중 동네 사람들로부터 20년 전 우물에서 가스가 나왔다는 이야기를 듣고는 혹시나 하는 마음에 우물 뚜껑을 열어 조사를 시작했다. 가스

말리의 수도 바마코 전경

였다. 2012년 성분을 분석해 보니 이 가스는 98퍼센트 순수한 수소였다.

본격적으로 2,000미터, 2,400미터 2개소를 굴착해 연구를 시행했다. 그리고 총 면적 1,264제곱킬로미터(싱가포르의 2배) 규모의 수소 개발 허가를 신청, 취득했다. 본격적으로 시추를 시작하고 연간 5톤 정도의 수소를 생산하며 30킬로와트 발전기에 연결해 전력도 생산했다. 에너지가 줄어들지 않고 계속 유지됐다. 수소에 꽂힌 디알로는 회사 이름도 하이드로마Hydroma로 바꿨다. 그는 단순히 수소를 추출해 태우는 것뿐 아니라 수소 기반의 연료전지, 수소 자동차 등으로 말리를 부강한 나라로 만들겠다는 의지를 불태웠다. 2018년 한 학술지에는 말리에 500만 톤의 수소가 매장돼 있을 것으로 추정된다는 글이 실렸다.

## 백색수소의 시작

아프리카의 서북부에 위치한 말리는 '왕이 사는 곳'이라는 의미를 담고 있다. 면적은 약 124제곱킬로미터, 인구는 약 2,200만 명이며, 프랑스어를 사용한다. 북쪽은 사하라 사막이 있는 사막 기후이고, 수도가 있는 남쪽은 사바나 지대가 있는 열대 사바나 기후인데 최근 기후 변화로 인해 많은 지역이 사막화하고 있어 걱정이 크다.

아프리카 안에서도 말리는 정치적으로 안정돼 있는 자유로운 나라 중 하나였다. 하지만 2012년 소수민족의 독립을 둘러싸고 투아그레족, 이슬람 근본주의자, 말리 정부군 사이에 벌어진 전쟁, 즉 말리 내전을 겪으며 민주주의 지수가 급격히 떨어졌고, 급기야 2021년 5월에는 쿠데타가 발생해 대통령이 사임하고 의회도 해산된 상태다. 그런 말리에서 수소가 나리라고 누가 상상했을까.

주기율표를 만든 러시아의 화학자 드미트리 멘델레예프Dmitri Mendeleev가 1888년 우크라이나 탄광에서 수소가 나온다는 기록을 남긴 바 있다. 그럼에도 불구하고 천연수소가 비교적 최근에 와서야 발견된 건 오로지 선입견 때문이었다. 말리에서 수소를 찾아내기 전까지만 해도 수소처럼 가벼운 기체가 땅속에 매장돼 있을 수 없다는 게 정설이었다. 그러나 조금만 더 깊이 생각했다면 다른 결과를 도출할 수 있었을 것이다. MRI 등 초저온 냉각에 사용하는 기체인 헬륨은 가벼운 기체 중 하나이지만 땅속에서 캐서 쓰고 있다. 주로 미국, 러시아에서 많이 난다. 원자 자체가 분자인 헬륨$^{He}$은 자연 상태에서 결합 없이 있는 그대로 존재한다. 반면 수소$^{H_2}$는 자연 상태에서 원자

2개가 결합해 존재하는데 헬륨 하나의 무게와 비슷하다. 즉, 헬륨이 땅속에 저장될 수 있다는 건 수소도 가능하다는 의미가 된다.

## 말리를 넘어 세계로

2012년 말리에서 천연수소를 발견한 뒤로 수소는 아프리카의 전유물로 여겨졌다. 2023년 프랑스 로렌 지역에서 초대형 수소 매장지를 발견한 건 순전히 우연이었다. 기후 변화와 관련해 여러 연구를 하고 있던 로렌 대학교와 프랑스 국립과학연구센터는 석탄이 많이 묻혀 있는 로렌 지역의 토양에 메탄가스가 있을지 모른다고 의심했다. 온실가스의 주범인 메탄가스가 대기 중으로 올라오는 걸 막아야 한다고 판단한 연구팀은 연구비를 지원받아 이 지역의 메탄가스를 조사하기 시작했다.

연구팀은 우선 이 지역의 2억 9,900만~3억 5,900만 년 전에 만들어진 석탄기 암석층부터 확인해 보기로 했다. 이를 위해 지하 1,200미터까지 구멍을 뚫고 가스 성분을 탐사, 분석할 수 있도록 개발한 장치를 굴착기에 달아 내려 보냈다. 그런데 예상과 다른 일이 벌어졌다. 장치가 깊이 들어갈수록 메탄가스가 아닌 순도 높은 수소들이 추출되는 게 아닌가. 구멍 끝에 도달했을 때는 순도 20퍼센트의 수소를 확인할 수 있었다. 이 결과를 토대로 지질 구조 등을 고려해 시뮬레이션해 보니 3,000미터까지 내려가면 순도 90퍼센트 이상의 수소가 나올 것으로 예측됐다. 뿐만 아니라 주변 지역과 지질도를 따

프랑스 건지 섬의 페어리 서클

졌을 때 4,600만 톤의 수소가 매장돼 있을 것으로 추정했다. 이는 전 세계에서 1년간 쓰는 수소의 절반 정도 되는 양이었다.

하지만 이 발견이 가져다 준 가장 중요한 시사점은, 땅속 수소가 아프리카뿐 아니라 프랑스에서도 나올 수 있다는 것이었다. 다시 말하면 다른 나라에서도 나올 가능성이 있다는 의미였다.

지질학적으로 보면 수소가 나올 만한 곳은 전 세계 여기저기 있다. 초원 한가운데에 마치 원형 탈모처럼 나무도, 풀도 자라지 않는 '페어리 서클Fairy Circle', 요정의 원이라 불리는 곳들이 주로 수소가 매장돼 있을 것으로 추정되는 지역들이다. 실제로 이런 곳을 몇 군데 뚫어 보았는데 수소가 발견됐다. '페어리 서클' 현상의 원인이 수소였던 모양이다. 이 지역들에는 수소를 먹고 자라는 미생물이 분포하고 있다.

지질도를 펼쳐 놓고 프랑스 로렌 지역과 유사한 지질 구조를 가진 곳들을 찾아봤다. 굉장히 많았다. 프랑스만 해도 알프스 인근 지역, 스페인과의 접경 지역인 피레네 산맥 근처, 뿐만 아니라 태평양 뉴칼레도니아도 유사한 지질 구조를 보였다. 연간 300만 톤은 생산 가능할 것으로 추산됐다.

이 소식이 퍼져 나가자 여기저기서 관심이 폭발했다. 몇몇 과학자들은 미국, 호주, 스페인, 독일, 핀란드, 스웨덴, 폴란드, 세르비아, 우크라이나, 러시아 등도 가능성이 있다고 판단했다. 기록을 뒤져 보니 정말 그랬다. 1921년 호주 남부 시추공에서 70~80퍼센트 수소 생산 기록이 있었고, 최근 호주에서도 수소 생산을 시작했다.

이렇게 수소가 세계적으로 떠오르기 시작하자 전 세계 자산가들의 관심이 집중됐다. 대표적인 사람이 마이크로소프트의 창업자 빌 게이츠Bill Gates였다. 그는 자신이 소유하고 있는 에너지 회사 브레이크스루 에너지Breakthrough Energy를 통해 미국 소재 수소 개발 탐사 업체인 콜로마Koloma라는 회사에 약 9,000만 달러(한화 약 1,200억 원)를 투자하기도 했다.

미국 네브래스카주에는 약 1,930킬로미터 규모의 단층대가 있다. 2019년 미국의 내추럴 하이드로겐 에너지Natural Hydrogen Energy는 여기에 수소가 있다고 판단, 미국 최초로 천연 수소 시추를 시도했다. 시추는 성공적이었다. 정확한 매장량은 언급하지 않고 있지만 상업용, 최소한 파일럿 프로젝트 정도는 가능할 것으로 보인다. 2022년에는 호주의 천연수소 개발 업체 하이테라HyTerra가 내추럴 하이드로

겐 에너지의 지분을 매입하기도 했다.

그렇다면 우리나라는 어떨까? 지질학자에게 문의해 보니 감람석·사문석이 나오는 백령도 쪽 일부 지역에서 수소가 나올 가능성이 있다고 한다. 우라늄이 매장돼 있는 곳으로는 대전, 옥천 등도 가능성은 있지만 대량으로 나오긴 어려울 것 같다. 더 찾아보면 동해 쪽도 고려해 볼 만하다. 몇몇 연구자들이 연구를 시작했으나 아직 확인이 필요한 부분들이 많다.

## 수소는 땅속에서 어떻게 만들어질까

수소는 물론 'H$_2$' 하나이지만, 어떤 방식으로 생산하느냐에 따라 부르는 이름이 다르다. 재생 에너지를 활용해 물을 전기 분해해서 생산하는 그린수소, 천연가스를 활용해 생산하는 블루수소, 천연가스나 석탄을 사용하되 스팀 메탄 개질 방식으로 생산하는 그레이수소, 석탄이나 갈탄을 고온·고압에서 가스화해 생산하는 브라운수소, 자연 상태에서 매장돼 있는 수소를 추출하는 백색수소(화이트수소) 등이다.

그렇다면 땅속에서는 어떻게 수소가 생성되는 걸까. 이에 관해서는 여러 가설이 있다. 미국의 과학 학술지 《사이언스》에 따르면 고대, 지구 탄생기에 묻혀 있던 돌들에는 여전히 방사선, 우라늄이 나오는 것들이 있는데 이것이 물 분자를 분해시켜 땅속에서 수소를 만들어 내고 있는 것이라고 한다. 다만 이런 방식으로 나오는 수소의 양은 전체로 봤을 때 그리 많지 않다.

다음 가설은 맨틀에 분포하는 광물 중 철분이 풍부한 광물인 감람석에 물이 닿으면 고온 반응을 하는데 이 과정에서 철은 산화되고 수소가 방출된다. 사문석화라고 부르는 반응이다. 맨틀에서 수소가 올라오는 것이다.

대서양 한복판 해령에서는 지금도 수소가 발생하고 있고 수소 생성 흐름도 관찰할 수 있다. 즉, 수소 자체 생성은 충분히 논리적으로 설명이 된다. 지구 안에서 수소가 만들어진다는 건 이론적으로 맞다. 다만 이를 사람이 사용하려면 가벼운 수소를 나가지 못하게 막아야 한다. 석유나 가스도 마찬가지다. 덮개암이 있어야 그 아래 수소가 고이고, 거기 파이프를 꽂아 수소를 추출할 수 있다.

여기서 아이디어를 더 내 보자. 지표 아래 철이 풍부한 암석 중 물이 없어서 수소가 잘 생성되지 못하는 지역들에 인위적으로 물을 주입하면 거기에 반응해서 수소가 만들어질 수도 있지 않을까. 수소는 이제 막 발견되고, 또 활용되고 있는 자원이기에 앞으로의 발전이 그야말로 무궁무진하다.

## 백색수소의 가능성

2022년 미국 지질조사국 USGS 모델에 따르면 전 세계 백색수소 매장량은 수백억 톤에 달하며 이는 수천 년간 사용할 수 있는 규모다. 다만 석유 매장량 중 우리가 경제성 있게 사용할 수 있는 게 매장량의 10퍼센트 남짓이듯 수소 역시 매장량을 온전히 다 회수하기는 어렵다. 다만 현재 생산량은 1억 톤 정도, 지금 추세면 2050년까지 최소 5억 톤은 생산할 수 있을 것으로 보인다. 이처럼 백색수소의 생산이 늘어나면 전체 수소 가격이 낮아지는 등 에너지 비용 부담을 줄일 수 있다. 게다가 미국의 그린수소는 1킬로그램이 약 6달러인 데 비해 프랑스에서 나오는 백색수소는 1킬로그램에 1달러 정도로, 그린수소의 6분의 1 가격이다. 그만큼 가격경쟁력 면에서 좋다. 또한 캐서 사용하면 사라지고, 다시 생성되기까지 시간이 걸리는 석유와 달리 수소는 계속 빠르게 생성돼 공간을 채운다.

    이를 잘 활용하려면 이미 발굴된 수소 매장지를 제대로 살필 필요가 있다. 우선 프랑스 로렌 지역의 경우 490제곱킬로미터 지역에 수소 매장지가 골고루 분포돼 있는지 확인해 보는 것이 급선무다. 확실히 하기 위해서는 직접 시추를 해 봐야 하는데 문제는 3,000미터까지 파고 들어가야 한다는 데 있다. 프랑스는 아직 여기까지 파 본 적이 없다. 수천 미터까지 파고 들어가는 게 쉬운 일은 아니다. 셰일층과 지질 구조가 어떻게 다른지도 살펴야 한다. 이 부분은 셰일 업체의 노하우를 조금 바꾸면 되지 않을까 싶다.

    USGS는 미국 내 유망 수소 지역 파악 연구 시작했다. 또한 미국 석유지질학회에서도 천연수소위원회를 구성해 연구를 시작했다. 공공과 민간이 모두 뛰어든 것이다. 뿐만 아니라 스페인, 호주 등에서는 여러 업체들이 등장, 채광 신청을 하고 있다. 스페인에서는 2024년 탐사를 시작했지만 규제가 강하다.

    수소를 손쉽게 채굴, 활용할 수만 있다면 전 세계 에너지에 대변혁이 생길 수 있다. 말리의 알리우 디알로 덕에 불도 들어오지 않던 지역이 수소 에너지를 활용해 불을 켤 수 있게 됐고, 수소를 이용한 다양한 사업 모델도 구상이 가능해졌다. 어떤 나라에서는 새로운 변화의 기반이 되기도 했다. 미래는 어찌 보면 걱정하고 망했어, 라고 비관하는 사람에 의해서 움직이는 게 아니라 새로운 가능성을 찾고, 가능성에 주목하는 사람들이 바꿔 가는 게 아닌가 하는 생각이 든다. 30년 후에는 모두가 수소 차를 타고 다닐는지도 모를 일이다.

# 7장

# 셰일의 부활, 미국

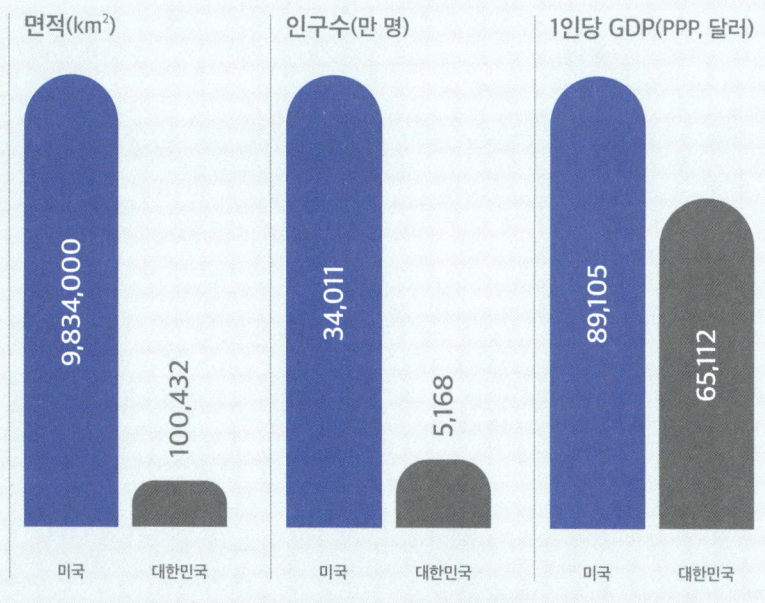

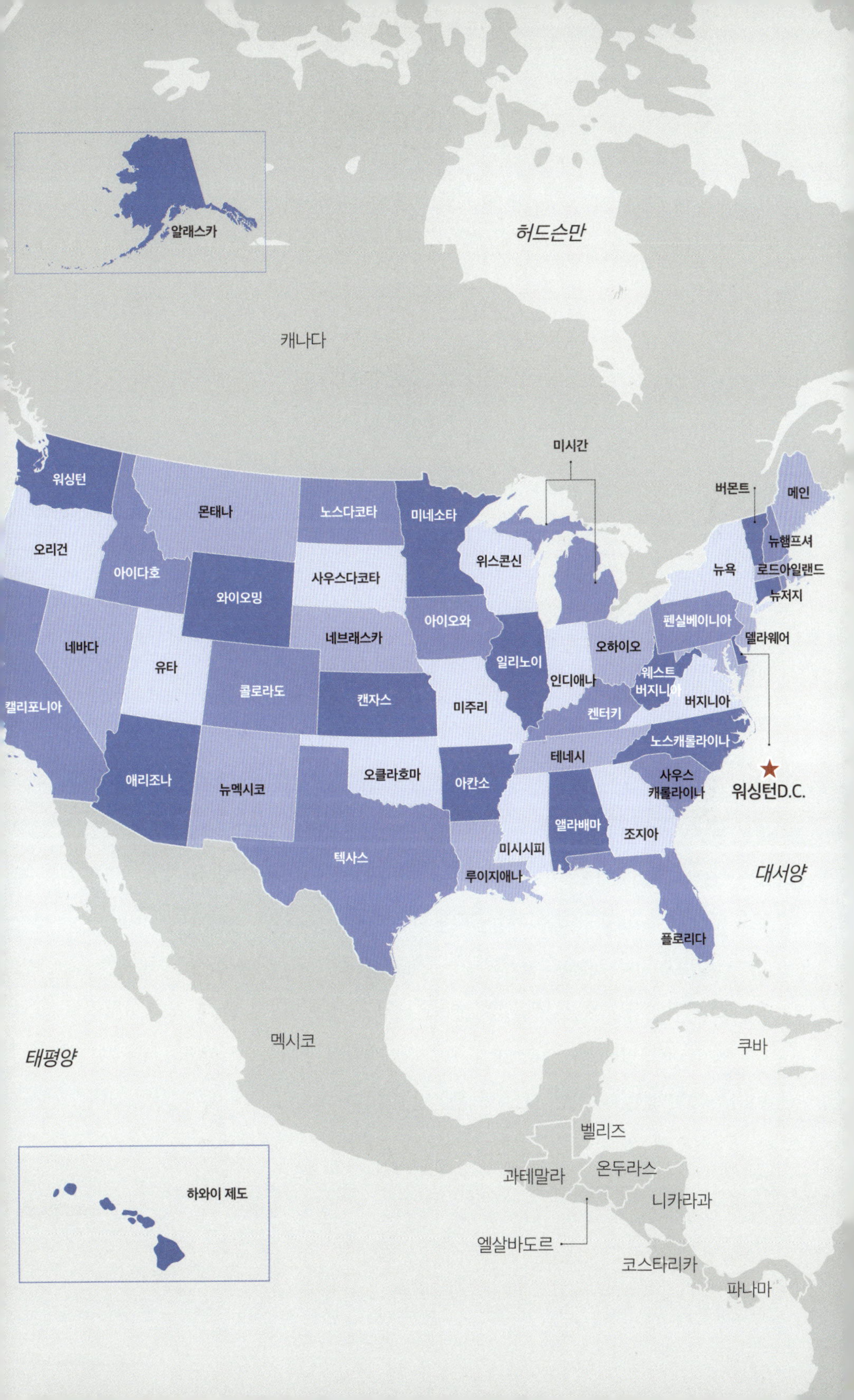

허드슨만
알래스카
캐나다
미시간
워싱턴
몬태나
노스다코타
미네소타
버몬트
메인
오리건
위스콘신
뉴햄프셔
아이다호
사우스다코타
뉴욕
로드아일랜드
와이오밍
뉴저지
아이오와
펜실베이니아
네브래스카
델라웨어
네바다
유타
일리노이
오하이오
콜로라도
인디애나
웨스트
버지니아
캘리포니아
캔자스
미주리
버지니아
켄터키
노스캐롤라이나
테네시
오클라호마
아칸소
사우스
캐롤라이나
애리조나
뉴멕시코
워싱턴D.C.
앨라배마
조지아
미시시피
텍사스
루이지애나
대서양
플로리다
태평양
멕시코
쿠바
벨리즈
과테말라
온두라스
니카라과
하와이 제도
엘살바도르
코스타리카
파나마

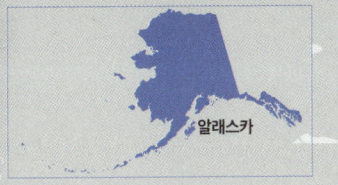

아무래도 신은 미국을 좋아하는 게 아닐까 싶다. 2023년 12월 석유 가격은 전체적으로 하락하고 안정적인 양상을 보였다. 이란을 등에 업고 홍해에서 이스라엘로 향하는 선박들을 무차별적으로 공격하고 있는 후티 반군 탓에 중동 시장의 원유 가격은 상당히 불안정해졌다. 그럼에도 불구하고 2023년 12월 원유 가격은 약 5퍼센트, 가스 가격은 약 23퍼센트 하락했다. 가스의 경우 대개 겨울철이 가장 성수기라 평소 같았다면 오르는 게 당연한데 대폭 하락한 것이었다. 이렇게 된 원인은 다양한 측면에서 분석할 수 있지만, 원유만 놓고 보자면 미국이 기록적인 원유 생산량을 보였기 때문이라고 할 수 있다. 미국은 2023년 10월 기준, 하루 1,324만 배럴의 원유를 생산했다. 이는 2022년에 비해 90만 배럴 더 증산한 수치다.

오랫동안 석유 관련 전문가들은 미국이 하루에 얼마나 많은 원유를 뽑아낼 수 있을 것인가를 두고 토론해 왔다. 이들의 결론은 하루 1,300만 배럴을 넘기 쉽지 않다는 것이었다. 그런데 이를 가뿐히 뛰어넘어 1,324만 배럴이 됐다. 이후 1,350만 배럴까지 올랐다가 최근 다시 하락해 2025년 1월 기준 1,315만 배럴을 기록했으나 이 또한 적지 않은 양이다. 땅에서 원유가 계속 나오고, 셰일이 끊이지 않으니 그야말로 신의 축복을 받은 나라가 아닌가. 2023년 미국과 캐나다가 뽑아 올린 석유와 가스를 합하면 중동 전체의 석유와 가스의 양보다 많았다.

세계 최강대국이라는 데 누구도 이의를 제기할 수 없는 미국은 약 983만 제곱킬로미터 면적에 3억 명이 넘는 인구가 산다. 북아메리카 대륙에 위치하며 50개 주와 1개 특별구로 구성됐는데 50번째 주 하와이만 태평양 한가운데에 있다. 미국의 명목 GDP는 약 30조 5,000억 달러로 세계 최대 규모이며 그러다 보니 미국 경제 또는 산업의 변동성은 전 세계에 영향을 미친다. 그런 곳에 자원까지 풍부하니 불공평하다는 생각이 자꾸 드는 것도 당연하지 않을까.

### 셰일의 시대는 끝났다?

한때는 생산성 좋은 셰일은 이미 쓸 만큼 썼다며 부정적으로 보는 입장이 팽배해 있었다. 새롭게 채굴하는 셰일들은 기존보다 생산성이 떨어졌고, 셰일 개발 이래 처음으로 2020년 1,545배럴 생산되던 가스가 2022년 1,049배럴로 감소했다. 뿐만 아니라 생산 비용 또한 100피트(약 30미터)당 7만 5,000달러였던 데서 10만 달러로 상승해 생산성은 떨어지고 비용만 올라 셰일의 시대는 여기까지가 아닌가 하는 분석들이 쏟아졌다.

하지만 미국의 셰일이 끝났다는 분석은 완전히 잘못됐다. 2023년 초만 해도 석유수출국기구 OPEC(1960년 9월 14일 석유 정책을 조정하기 위해 결성된 범국가 단체. 첫 회원국은 이란, 이라크, 쿠웨이트, 사우디아라비아와 베네수엘라였다. 2018년 기준 OPEC 국가들이 세계 원유 생산의 약 44퍼센트, 매장량의 81.5퍼센트를 차지하고 있다)와 러시아 등 몇몇 나라들이 합쳐진 OPEC+의 영향력이 커질 거라는 전망이 나왔는데 지금은 오히려 OPEC+가 무력화되는 듯한 상황이다.

사우디아라비아를 중심으로 한 중동 산유국과 미국은 사이가 상당히 좋지 않다. 그전에는 OPEC 국가들이 자유롭게까지는 아니더라도 시장에서 일정 정도 영향력을 행사했는데 미국에서 셰일이 나오기 시작하면서 산유국의 최대 수출 시장이었던 미국이 사라져 버린 것이다. 이에 2014년 사우디아라비아를 필두로 한 OPEC 국가들이 셰일을 그대로 두면 안 되겠다고 의견을 모았고, 대대적으로 석유를 증산하면서 가격을 폭락시켰다(그때 원유 가격이 한 해 65퍼센트 하락했다). 당시 많은 셰일 업체들이 부도가 났고, 생산량도 급감했지만 셰일 업체들은 죽지 않고 살아남아 지금 오히려 더 많은 셰일을 생산하고 있는 상황이다.

2023년 11월에는 OPEC+가 감산을 결정했다. 사우디아라비아와 러시아가 감산을 주도하며 원유 가격 유지를 위한 가격 떠받치기를 시도했으나 지금은 전혀 무의미해진 상황이 됐다. OPEC이 감산한 양만큼을 미국, 브라질, 가이아나 등에서 더 많이 생산하면서 OPEC+의 감산 조치를 전면 무효화하는 데 성공했기 때문이다. 그러다 보니 시장의 주도권이 다시 셰일 업체, 비OPEC 국가로 넘어가는 게 아닌가 하는 이야기까지 나오고 있다.

## 셰일이 부활했다

몇 년 사이에 무슨 일이 벌어졌기에 셰일 업계의 판도가 전혀 달라진 걸까? 우선 첫째는 기술적인 요인이다. 코로나19 이전까지만 해도 더 많은 셰일을 뽑아내려면 시추 설비인 리그$^{rig}$를 더 많이 설치해야 했다. 다시 말하면 리그가 늘어나는 만큼 셰일이 증산됐다. 그런데 2023년 말에는 2022년에 비해 리그 수가 20퍼센트 이상 감소했음에도 불구하고 원유 생산이 늘었다. 즉, 리그 하나로 뽑아낼 수 있는 셰일의 양이 증가한 것이다. 셰일 오일을 생산할 때는 리그에서 수직으로 내려오다가 일정 깊이에서 옆으로 파고들며 수평 굴착을 하는데 기술의 발달로 옆으로 뻗는 길이가 이전보다 훨씬 더 길어졌다. 2012년부터 계속 조금씩 늘어나더니 2023년에는 2배 이상도 가능해졌다. 수평 굴착의 경우 2010년 전후로 약 1.2킬로미터가 한계였다가 2022년 말에는 3킬로미터가 됐다. 최근에는 3.6킬로미터까지 가능해진 기업들도 많다. 이렇듯 리그를 많이 설치할 필요가 사라지면서 시간과 비용이 절약됐다.

둘째는 너무 커서 효율성이 다소 떨어졌던 석유 생산 펌프가 작

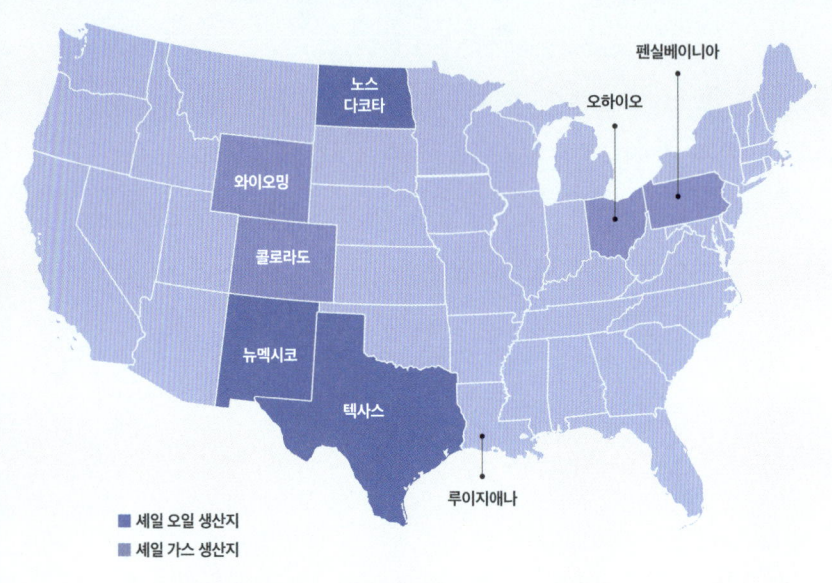

미국의 세일 오일과 가스 생산지

아진 것이다. 이로써 지상이 아닌 지하에 설치하는 게 가능해졌고, 그러면서도 힘은 강력했다. 그러다 보니 더 많은 원유를 알뜰하게 뽑을 수 있게 됐다.

그 외에도 이전까지는 굴착 시 하루 정해진 속도를 달성하는 데 급급했다면 지금은 파고 들어가는 과정에서 발생할 수 있는 여러 변화 요인들을 조절하는 기술들이 개발됐다. 땅을 파내는 드릴 피트는 공업용 다이아몬드로 돼 있는데 그냥 단단하기만 한 것이 아니고 해당 지질 구조에 맞는 여러 조합으로 만들어 내는 기술을 통해 더 빠르게 굴착할 수 있는 장비가 개발됐다.

또한 2020~23년 세일 업계는 시추부터 석유를 뽑아내는 데까지 걸리는 시간을 40퍼센트 이상 단축했다. 그전까지도 세일의 강점 중 하나가 빠르게 석유를 추출할 수 있다는 것이었다. 그런데 이를 절반 가까이 줄이면서 생산량 증가에 성공했다. 2019년에는 유전 하나를 개발하는 데 평균 19.5일이 걸렸는데 2023년 말에는 11.5일로 줄었다. 리그 수는 줄었는데 생산량은 향상되면서 전문가들의 예상을 뒤집었다.

기술 발전에 눈을 뜬 미국의 석유 메이저 회사들은 앞다투어 셰일 투자를 강화했다. 미국 원유 및 천연가스 등 종합 에너지 회사이자 세계 최대 정유 업체인 엑손 모빌이 파이오니어 내추럴 리소스라는 셰일 전문 업체를 645억 달러(한화 약 70조 원)에 인수했고, 미국 내 최대 셰일 산지인 퍼미안 분지에서 생산량을 2배로 늘릴 것을 계획하고 있다. 이곳은 현재 하루 약 130만 배럴 정도 생산하고 있는데 이를 2027년엔 200만 배럴로 늘리겠다는 계획이다. 이 속도라면 5년 뒤에는 하루 평균 1,500만 배럴도 넘을 수 있을 것으로 보인다. 하지만 미국의 셰일 업계에서는 상한선을 따지는 건 무의미하다고 보고, 생산 비용 감소를 위한 기술들을 지속적으로 개발 중이다. 현재는 단순히 새로 굴착하는 것을 넘어 기존에 환경적·기술적 상황들 때문에 굴착이 어려웠던 곳들을 80퍼센트 이상 회수가 가능하도록 하는 기술 개발을 완료했다고 한다.

미국 셰일 업체들의 손익분기점은 배럴당 약 45달러다. 국제 시장에서 거래되는 원유 가격이 45달러 이하면 셰일 업체들은 적자를 보거나 구조조정에 나서야 한다. 그런데 앞에서 언급한 기술들이 본격적으로 적용되면 손익분기점이 약 25~30달러로 하향될 것으로 기대하고 있다. 국제 유가가 약 70~80달러이니 이 정도 수준이면 국제

유가가 지금의 절반으로 내려가도 끄떡없이 버틸 수 있다.

AI·빅데이터도 중요한 기술 중 하나다. 이를 활용해 어떤 경로로 암석층을 공략해서 최소의 노력으로 최대의 원유를 뽑아낼 수 있는지 등 알고리즘을 통한 굴착도 현재 실용화 단계에 있다. 안 그래도 가진 게 많은 나라인데 원유까지 사우디아라비아를 앞지르는 국가로 성장했으니 천하무적이 된 것 같다.

그렇다고 미국 셰일 업계가 긍정적이기만 한 건 아니다. 가장 큰 문제는 사람이다. 셰일을 굴착하려면 기본적으로 필요한 게 용접, 각종 중장비 운전 등이다. 그런데 최근 인력 수급이 원활하지 않다. 돈을 아무리 많이 준다고 해도 미래를 중장기적으로 봐야 하는 젊은 Z세대들은 화석 연료 산업에 부정적인 이야기를 많이 들어서인지 상대적으로 관심이 적다. 돈은 많지만 사람이 없는 게 셰일 업체들의 최근 가장 큰 고민이다.

과거 호황기에는 셰일 업체들이 흥청망청하는 모습도 있었지만 요즘은 전혀 그렇지 않다. 2014년 사우디아라비아의 대폭 증산과 코로나19 등으로 어려움을 겪은 데 따른 변화라 할 수 있다. 셰일 업계가 1년간 지출하는 비용은 2024년 기준 1,150억 달러 정도였다. 각종 채굴에 들어가는 여러 비용들과 인건비, 개발 비용을 다 합한 것임에도 2023년 대비 2퍼센트밖에 늘지 않았다. 2010~15년은 지금보다 생산량이 적었지만 1,500억 달러씩 지출했던 것에 비하면 거의 3분의 2 수준으로 내려간 상황이다. 그사이 기술도 개발하고 내실도 다지면서 장기적으로 긍정적인 기반을 구축한 결과다.

## 속 타는 OPEC

지금 가장 속이 타는 것은 OPEC+다. 2023년 11월, 220만 배럴을 감산했는데도 원유 가격은 오히려 하락하고 있다. 이에 다급해진 OPEC+, 특히 사우디아라비아는 본격적인 가격 경쟁에 나서며 가격 인하로 대응하기 시작했다. 가격을 계속 높이는 상태에서 국제 원유 가격이 내려가면 저렴한 업체를 찾을 수밖에 없고, 그러면 시장 점유율마저 잃을 수 있기 때문이다. 사우디아라비아는 아시아에 공급되는 원유 인도분 가격을 2024년 2월 2달러 인하했다.

OPEC 입장에서 봤을 때는 내우외환內憂外患을 겪는 중이다. 외부에서는 셰일 업계들의 보다 강력해진 경쟁력으로 위협받고, 안으로는 OPEC 회원국들이 탈퇴가 줄을 잇고 있다. 2023년 12월에는 앙골라가 탈퇴를 선언했다. OPEC이 말하는 국제 시장 가격 등의 흐름에 동참하는 게 더 이상 앙골라의 이익에 도움이 되지 않는다는 이유였다. 2007년 뒤늦게 OPEC에 가입했던 앙골라는 하루 110만 배럴 정도로 꽤 많은 양의 석유를 생산하던 국가였다. 앙골라가 탈퇴하면서 OPEC은 12개국으로 감소했고, 전체 생산량도 2,800만 배럴 정도 수준으로 줄었다.

OPEC 탈퇴는 꾸준히 있었다. 2016년에 인도네시아가, 2019년에는 카타르가 탈퇴했다. 카타르는 당시 원유가 아닌 가스에 전념하겠다고 발표하며 탈퇴를 선언했다. 2020년에는 에콰도르가 탈퇴했다.

상황이 이렇다 보니 OPEC의 세계 시장 점유율은 2010년 34퍼센트에서 최근 27퍼센트 수준으로 낮아졌다. 전 세계에서 필요로 하는 원유의 양은 계속 늘어서 1억 200만 배럴 정도 되는데 OPEC 국가의 점유율은 오히려 낮아지는 상황이니 속이 탈 만하다.

에너지 시장은 쏠림 현상도 강하지만 이를 상쇄할 만큼의 새로운 흐름도 지속적으로 등장한다. 하지만 당분간은 원유 가격이 급격히 상승하기는 어렵지 않을까 싶다. 베네수엘라도 생산량 자체는 많지 않지만 제재가 일부 해제되면서 국제 시장에 조금씩 복귀하고 있고, 여기에 더해 이란이 만약 시장에 복귀하게 되면 석유 가격은 바닥으로 내려가는 일이 벌어질 수도 있다.

화석 연료를 둘러싸고는 여러 이야기들이 많다. 석유 수요가 대폭 감소할 거란 추측이나 환경을 생각하는 ESG 같은 새로운 투자 경향 등을 고려할 때 화석 채굴에 대한 수요가 줄어들 것이라는 예상도 있고, 화석 연료 수요는 생각보다 견고해 쉽게 줄지 않을 것이라는 견해도 있다. 가격 변동에 따라 생각보다 훨씬 탄력성 있게 신규 진입해 가격 인상분을 따먹기 위한 공급 확대가 이뤄지고 있다. 그러다 보니 원유 가격에 대해 전망하는 게 점점 더 쉽지 않다.

## 아시아 최대 원유 생산국, 중국의 상황

중국의 원유 자급률은 28.5퍼센트다. 필요한 양의 4분의 1은 스스로 충당한다고 볼 수 있다. 1993년 석유 수출국에서 석유 수입국으로 바뀌었다는 기사가 난 적이 있다. 중국이 하루에 얼마나 많은 석유를 생산했는지 보여 주는 그래프를 보면 2015년 잠시 주춤했다가 다시 올라가는 양상을 띠고 있다. 앞서 미국이 하루 원유 생산량 1,350만 배럴을 달성했다고 이야기했는데 중국도 그에 3분의 1 정도, 즉 2022년 409만 배럴, 2023년 416만 배럴 정도 생산했다. 중국의 원유 생산량은 전 세계 5~6위이지만 그만큼 또 많이 쓰기 때문에 수입할 수밖에 없는 상황이다.

중국 유전은 신장웨이우얼(신장위구르) 유전, 만주 다칭 유전 등 몇 곳으로 나뉘어 있다. 1960년대 유전 개발은 중국이 힘든 시기를 버티는 데 큰 힘이 됐다. 다칭 유전 때문에 지역 이름이 다칭으로 바뀌었을 정도다. 이곳에는 대규모 생산 플랜트, 생산 시설, 정유 시설 등이 있고, 우리나라와 가까운 발해만에는 해상 유전들도 존재한다.

그렇다면 가스는 어떨까. 가스도 2023년 230bcm(bcm은 10억 세제곱미터)을 생산했다. 이는 2022년보다 5.6퍼센트 증가한 수치다. 얼마나 많은 양인지에 대해 좀 더 와 닿게 설명하자면 한국의 연간 가스 수요량은 62bcm이다. 즉, 중국이 매년 자체적으로 생산하는 가스가 우리나라가 4년간 쓸 수 있는 가스량 정도 되는 셈이다. 중국의 연간 전체 가스 소비량은 364bcm이다. 그중 230bcm은 자체적으로 생산하고 나머지는 해외에서 수입하고 있다. 가스 소비량만 놓고 보면 미국 881bcm, 러시아 408bcm 다음으로 중국이 천연가스를 많이 소비하는 나라다. 중국 정부의 목표는 천연가스의 절반을 자체적으로 수급하는 것인데 현재 절반 이상 수급하고 있으며 그 양은 꾸준히 증가하고 있다.

중국이 수입하는 가스는 주로 중앙아시아나 러시아 파이프라인을 통해 들어온다. 그러다 보니 파이프라인을 많이 건설하고 있다. 파이프라인을 통해 외부에서 들어오는 가스량은 62bcm인데, 2022년까지는 이 중 러시아에서 들여오는 게 16bcm이었다. 즉, 중국으로 들어오는 가스 중 상당수는 러시아가 아닌 중앙아시아에서 들어온다는 걸 알 수 있다. 그런데 최근 러시아와의 관계 강화를 위해 노력하면서 러시아로부터 들어오는 가스량이 점차 늘고 있다.

러시아를 통해 중국으로 들어오는 파이프라인은 크게 두 가지다. 동쪽에 있는 파워 오브 시베리아 라인에서 16~38bcm, 즉 대부분이 들어오고 있지만 야말 반도에서 몽골을 지나 중국까지 들어오는 파워 오브 시베리아 2 라인도 현재 공사 중이다. 러시아 입장에서는 우크라이나 침공으로 인해 유럽 시장에서의 가스관 사업이 제한됨에 따라 중국으로 눈을 돌린 것이다. 이게 완성된다면 중국은 훨씬 더 많은 가스를 러시아로부터 공급받게 될 것이다. 하지만 최근 이란-이스라엘 전쟁 등 중동 지역의 불안정성으로 인해 중국 입장에서는 더 안정적인 루트가 필요하게 됐다.

중국은 우리나라처럼 천연 에너지가 없는 나라는 아니다. 원유, 천연가스를 일정 부분 자급자족하는 기반이 있는 나라다. 중국에는 셰일도 있다. 중국의 셰일 잠재력은 매우 크다. 전 세계 셰일 오일과 가스에 대한 잠재력을 평가한 표를 보면 중국이 꽤 많은 양을 차지하고 있다.

특히 셰일 가스에 있어서는 중국이 1위다. 2위가 아르헨티나, 3위가 알제리, 4위가 미국이다. 전체 매장량의 8.2퍼센트를 차지하고 있는 미국이 셰일을 캐내 에너지 독립, 에너지 혁명을 만들어 왔는데

**나라별 셰일 오일 매장률** (단위: %)

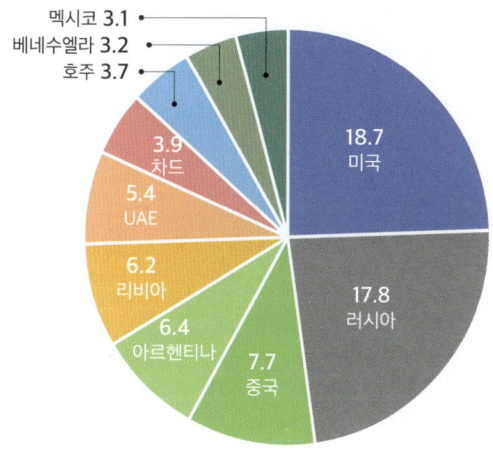

**나라별 셰일 가스 매장률** (단위: %)

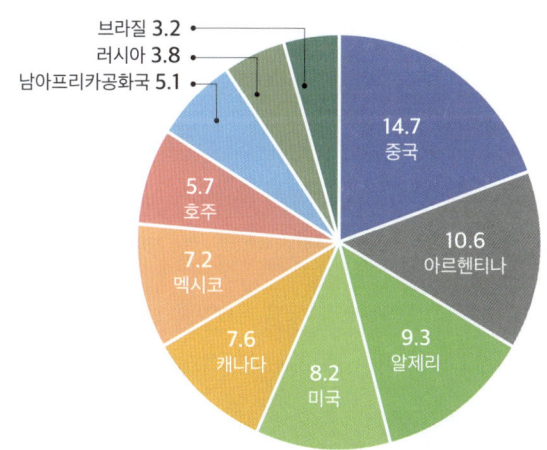

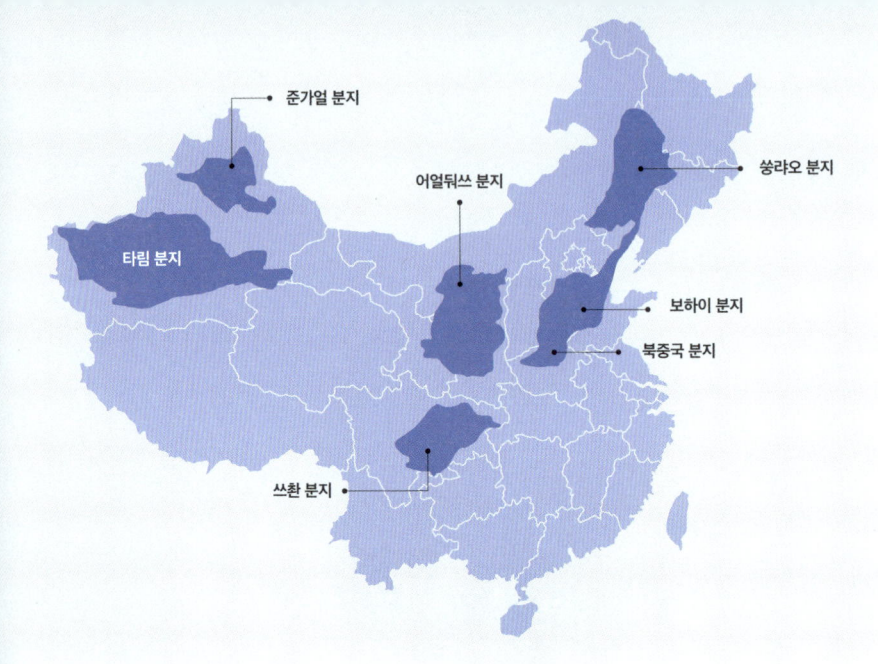

중국의 셰일 가스 생산지

중국은 무려 14.7퍼센트라니 잠재력이 얼마나 큰지 미루어 짐작 가능하다.

    셰일 오일은 물론 미국이 1위다. 전 세계 매장량의 18.7퍼센트를 미국이 가지고 있고, 그 뒤를 17.8퍼센트의 러시아가 잇는다. 중국은 3위로 7.7퍼센트 갖고 있다. 중국의 매장량도 거대한 규모고 bcm 단위로 환산하면 1만 8,000bcm 정도 된다. 중국이 1년에 소비하는 양이 360bcm 정도다.

    2012년부터 중국은 쓰촨성에서 셰일 가스를 생산하고 있다. 압도적으로 많이 생산하는 건 미국이지만 중국도 전 세계의 10퍼센트 정도로 꽤 많은 양을 생산 중이다. 중국의 전체 천연가스 생산량과 셰일 가스 생산량은 점차 늘어나고 있다.

중국에는 시노펙, 페트로차이나 등 석유, 가스와 관련 있는 국영 기업들이 있다. 2019년 시노펙은 쓰촨성에서 중국 셰일 가스의 3분의 1에 달하는 대규모의 셰일 가스층을 발견했다. 그에 앞선 2015년에는 이미 충칭의 푸링에서 셰일 가스층을 발견한 바 있다. 시노펙이 이 두 지역에 생산하고 있는 셰일 가스의 양은 13bcm으로 매장량에 비해 생산량이 그리 많지 않다. 페트로차이나는 2022년 기준 14bcm 생산하고 있으니 둘이 합해 27bcm 정도다. 셰일 가스 생산에 공을 들이고 있는 이들 기업은 2025년까지 35bcm, 2035년까지 55bcm 생산을 목표로 기술력 제고 등 상당한 노력을 기울이는 중이다. 중국 정부도 세금 감면 등의 혜택을 제공하며 적극적으로 지원하고 있다.

중국 정부의 목표는 사실 이보다 더 크다. 최근 들어 기존 셰일 가스층 말고도 초거대 규모의 가스층들이 많이 발견되고 있다. 시노펙이 충칭에서 100bcm짜리, 쓰촨 분지에서 388bcm짜리 거대 가스층을 발견했고, 얼마 전에는 캄브리아 시대인 5억 6,000만 년 전 지층에서도 대규모 가스층을 개발했다. 중국 정부 입장에서는 에너지 독립까지 아니더라도 최소 에너지 안보를 강화할 수 있을 정도의 유의미한 수준으로 자국 내 생산을 늘릴 계획이다.

## 중국이 가진 한계

하지만 미국의 셰일 가스 전문가들은 몇 가지 문제로 인해 중국의 바람이 그리 쉽게 이뤄지지는 못할 거라고 이야기한다.

첫째, 중국의 개발 속도는 너무 느리다. 미국은 셰일 가스를 발견한 뒤 10년 만에 1만 6,000개의 시추공을 뚫어서 개발했다. 그에 비해 중국은 한참 미치지 못하는 상황이다. 5년 동안 300여 개 정도의 시추공을 뚫은 게 전부였다. 미국 엔지니어에 따르면 셰일 가스는 속도가 중요하다. 파쇄층에서 나오는 것이기 때문에 여러 곳에 뚫어야 안정적으로 확보할 수 있다. 이 과정에서 무엇보다 중요한 건 경험이다. 많이 뚫어 봐야 지층을 더 잘 이해하고 개발할 수 있다. 그런데 중국의 시도는 턱없이 부족하다는 것이다.

둘째는 생산성이 낮다. 미국과 비교했을 때 같은 양에 대해서 미국은 중국보다 절반의 장비로 생산한다. 중국이 잠재력이 있는 건 분명하지만 최적 효율은 아직 달성하지 못하고 있다. 미국은 이미 수평 굴착에 필요한 장비를 개발하고, 지속적으로 업그레이드해 나가고 있는 데 비해 중국은 여전히 과거 전통적 방식의 수직 굴착형으로 셰일을 캐고 있다.

셋째는 지형 문제다. 어쩌면 이게 가장 핵심이라고 할 수 있다. 미국의 셰일 개발지는 평지인 반면, 중국은 경사지에 있다. 그러다 보니 장비 등의 접근이 쉽지 않고 개발 과정에 있어서도 어려움이 있어 불리한 환경이다. 지층 아래 지질 구조 같은 경우도 미국은 단순하고 균일한 반면, 중국 쓰촨성은 오랜 시간 습곡 작용 등을 통해 어떤 지역은 얇고, 두껍고 하는 등 차이가 있다. 그래서 매번 새로운 노하우와 도전에 직면하게 된다. 미국 셰일 가스층의 깊이는 대부분 1,200~1,300미터에 몰려 있는 반면, 중국은 대부분 깊이 3,500~4,000미터에 위치해 있다 보니 뚫고 들어가는 데 소요되는 시간과 돈이 상당하다. 이에 따라 경제성에 의문이 제기되고 있는 상황이다.

　물론 이런 것들은 기술적인 혁신으로 돌파해 나갈 수 있는 부분이기도 하다. 미국도 처음부터 경제성이 담보됐던 건 아니다 처음 셰일 가스를 생산할 당시 배럴당 80달러 이상은 해야 생산성이 있다고 판단했는데 지금은 40달러만 돼도 경쟁력이 있다고들 말한다. 중국의 에너지 안보는 기술적 도약을 얼마나 빨리 제대로 해내느냐에 달려 있다.

# 8장

## 설탕, 시가, 그리고 니켈의 나라, 쿠바

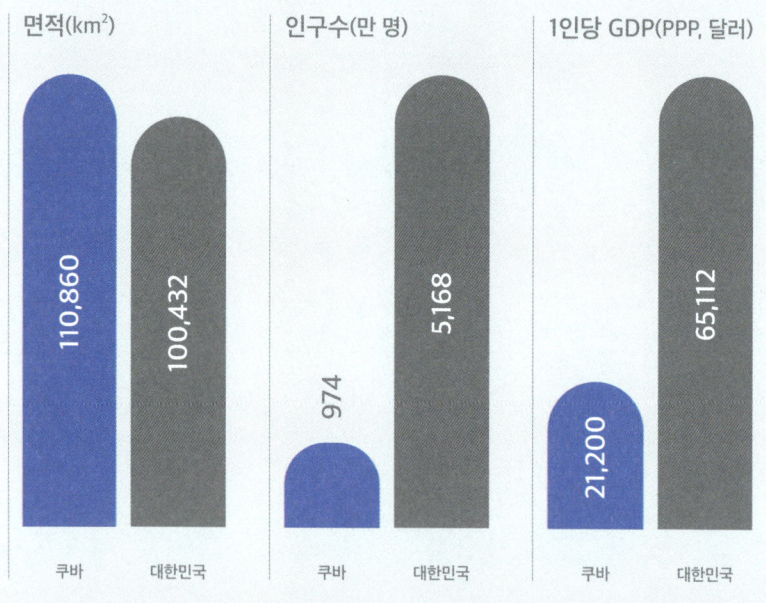

| 면적(km²) | 인구수(만 명) | 1인당 GDP(PPP, 달러) |
|---|---|---|
| 쿠바 110,860 / 대한민국 100,432 | 쿠바 974 / 대한민국 5,168 | 쿠바 21,200 / 대한민국 65,112 |

바하마
이바나
아르테미사
마야베케
마탄사스
피나르델리오
비야클라라
시엔푸에고스
시에고데아빌라
상크티스피리투스
후벤투드
대서양
카마궤이
라스투나스
카리브해
올긴
그란마
산티아고데쿠바
관타나모
케이맨제도
아이티
자메이카

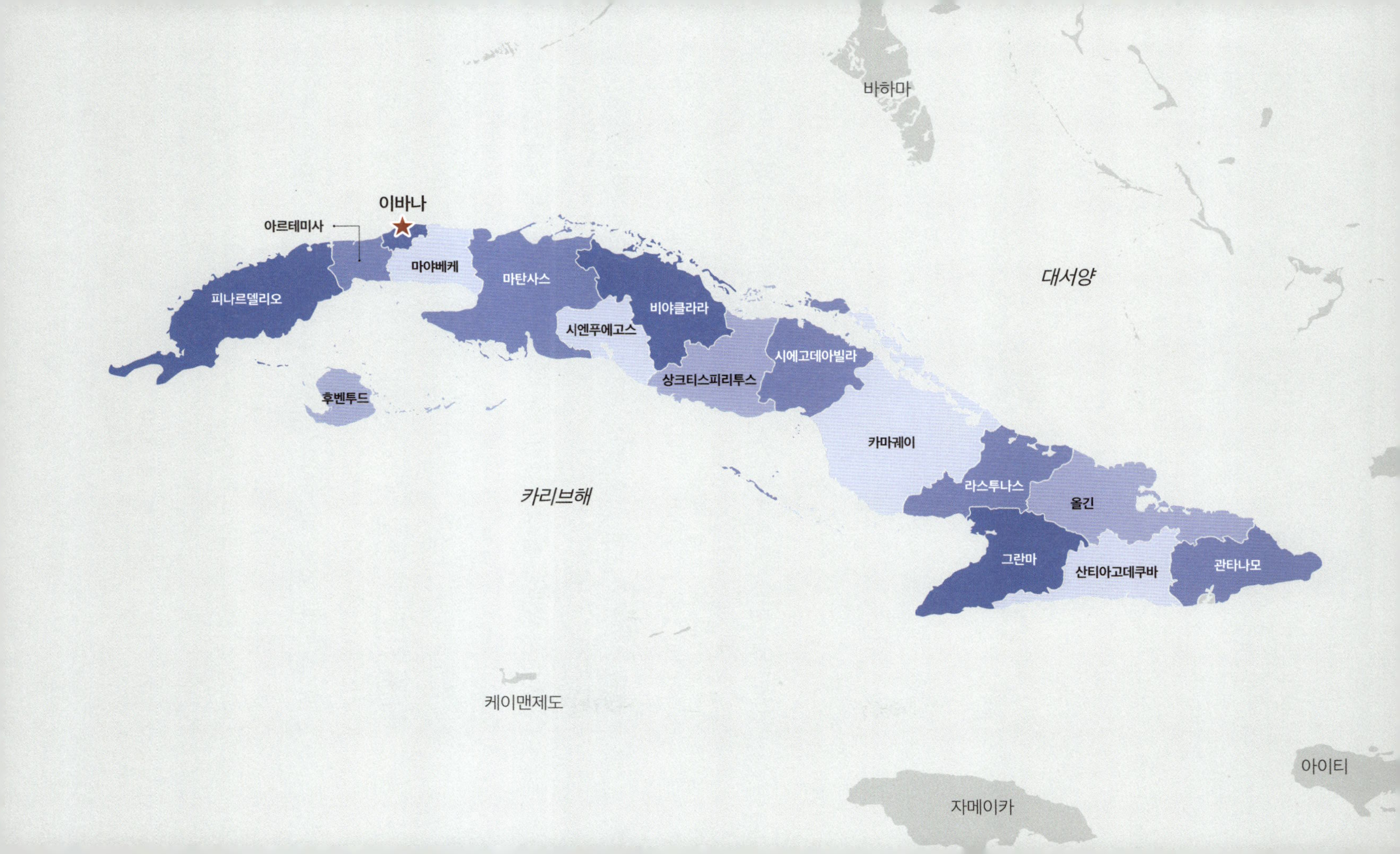

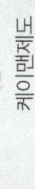

쿠바는 아메리카 대륙에 있는 유일한 공산주의 국가다. 면적은 약 11만 제곱킬로미터로 우리나라와 비슷하나 인구는 974만 명 정도로 우리의 5분의 1 수준이다. 카리브해에 자리한 섬나라 쿠바는 북쪽으로는 미국 플로리다, 동쪽으로는 아이티, 서쪽으로는 멕시코, 남쪽으로는 자메이카를 두고 있다.

쿠바의 화폐는 페소다. 전 세계에 페소라는 단위를 쓰는 나라는 칠레, 아르헨티나, 콜롬비아 등 몇 군데 있는데 그중 한 곳이 쿠바이며, 쿠바페소라고 부른다. 쿠바의 1인당 GDP(PPP)는 약 21,200달러 정도로 중남미에서도 하위권이다. 과거부터 현재까지의 GDP를 쭉 살펴보면 대공황 시기에 어려웠고, 사회주의 혁명기인 1959~60년에는 잘 넘어갔다가, 소련(소비에트사회주의공화국연방의 약칭, 1922~91년 러시아 제국의 뒤를 이어 수립된 다민족 국가. 1991년 냉전 종식으로 각기 다른 독립국가로 분리됐다)이 약해지던 1980~90년에는 급격히 떨어졌다. 이후 2018년까지 다시 가파른 성장세를 보이다가 그 뒤로는 또 하락하는 양상을 보였다. 늘 어렵고 못살았다기보다는 부침이 심한 나라였다고 보는 편이 맞겠다.

상황이 그렇다 보니 '국가가 합리적으로 배분한다'고 하는 사회주의는 쿠바 사람들을 매료시켰다. 실제로 1959~60년 사회주의 혁명은 쿠바 내 부의 편중을 상당 부분 해소했다. 하지만 비효율성·관료주의가 나타나면서 말도 안 되는 일들이 벌어졌다. 슈퍼마켓에 갔는데 어떨 때는 휴지가 떨어지고, 어떨 때는 휴지는 많은데 칫솔이 하나도 없고 하는 식으로 정작 필요할 때 물건이 없다 보니 사람들은 생필품을 웃돈을 주고 사야 했다. 이는 자연스레 물가 상승으로 이어졌다. 쿠바 경제를 이야기할 때 흔히 '혼합 계획 경제'라고 한다. 요즘은 낯선 단어다. 쉽게 말하면 중요한 건 국가가 결정하는데 민간도 약간의 자율성을 갖는 경제 체제라고 할 수 있다. 하지만 결과적으로 돈이 있는 사람은 사고, 그렇지 않으면 살 수 없어서 체감상으로도 박탈감을 느낄 만큼 어려운 게 현재 쿠바의 상황이다.

## 아메리카 대륙의 유일한 공산주의 국가

19세기 중반인 1870년대만 해도 쿠바는 라틴아메리카 중에서 고소득 국가였다. 브라질·아르헨티나 같은 중남미 국가를 통틀어 봐도 평균 이상은 되는 나라였다. 20세기 중반, 사회주의 혁명 직전인

1958년에는 1인당 GDP가 2,368달러 정도였으니 당시 1인당 GDP 세 자리 숫자를 기록하고 있던 우리보다도 훨씬 잘사는 나라였다고 할 수 있다.

카지노·관광·설탕·시가 등으로 경제적으로 제법 여유로웠던 쿠바에 거대한 변화가 찾아온 건 1959년 사회주의 혁명이 일어나면서부터였다. 혁명이 일어나고 가장 먼저, 확실하게 바뀐 건 경제 체제였다. 혁명으로 권력을 쥐게 된 피델 카스트로Fidel Castro는 오늘날의 공산주의 쿠바를 만든 인물이다. 그가 처음 한 일은 통신의 국유화였다. 여기까지는 삶이 크게 달라지지 않은 듯했다. 문제는 1960년부터였다. 쿠바는 미국 바로 아래에 있다. 하지만 필요한 석유를 미국이 아닌 베네수엘라에서 가지고 와 정유해서 사용했다. 쉘, 텍사코 등의 석유 기업들이 이곳에 정유소를 갖고 있었다. 그런데 혁명을 하고 나니 같은 사회주의 국가였던 소련이 원유를 무상으로 제공하겠다고 나섰다. 쿠바 입장에서는 당연히 잘된 일이었지만 정유 업체는 이를 거부했다. 그에 따라 쿠바 정부는 정유 산업도 국유화시켜 버렸다. 통신을 국유화할 때만 해도 미국은 크게 신경 쓰지 않는 듯 보였다. 하지만 석유는 문제가 달랐다. 쿠바와 미국의 갈등은 이때부터 시작됐다.

당시 미국에 설탕을 수출하기 위한 중남미 국가들의 경쟁은 치열했다. 이에 미국에서는 각 국가에 쿼터를 줬다. 말을 잘 듣는 국가에는 수입량을 늘려 줬고, 그렇지 않으면 줄였다. 쿠바의 석유 국유화를 못마땅하게 여긴 미국은 첫 번째 제재로 설탕을 택했다. 쿠바의 설탕 쿼터를 없애 버린 것이다. 1962년 미국의 존 F. 케네디John F. Kennedy 대통령이 쿠바에 설탕 수입 금지 조치를 취하면서 쿠바는 급속도로 소련 쪽으로 기울었다.

쿠바와 소련은 꽤 잘 맞는 파트너였다. 소련은 영토는 넓지만 설탕은 잘 나지 않았다. 차를 즐겨 마시는 소련 사람들에게 설탕은 필수품이다. 그리고 추운 나라 사람들은 일단 단 걸 좋아한다. 설탕은 소련, 동유럽 등에 좋은 아이템이었다. 소련은 석유가 넘쳤고, 쿠바는 설탕이 넘치니 교환해도 되고, 둘을 묶어 패키지로 다른 나라에서 판 다음 그 돈을 혁명 지원금으로 쓸 수도 있었다. 1960년대부터 쿠바는 소련의 지원을 받아 빠르게 성장했다.

1970년대 쿠바는 다른 나라를 도와줄 정도로 여유가 있었다. 페루에 병원도 지어 줬고, 앙골라·에티오피아·기니·탄자니아 등 아프리카 국가들에는 의사·간호사·군인 등 8만 명 이상을 파견해 혁명 수출을 선도했다. 소련이 가는 곳에는 쿠바도 갔고, 소련보다 더 투철한 혁명 정신으로 여러 활동들을 병행했다. 1980년대 등장했던 니카라과 혁명 정부에도 소련으로부터 받은 석유를 나누며 지원을 아끼지 않았다.

하지만 쿠바의 상황도 자신들의 생각보다는 좋지 않았다. 1989~91년 3년 사이 쿠바의 GDP는 35퍼센트 감소했다. 특히 1991년 소련이 붕괴되면서 쿠바 경제도 나락으로 떨어졌다. 농사를 잘 지어서 절대 굶어 죽을 일은 없을 거라고 생각했던 1990년대 중반에는 쿠바에 본격적인 고난의 행군이 시작됐다. 대기근이 찾아오고 국가의 식량 배급이 원활하지 않게 되면서 알아서 농사를 짓고 생계를 이어 가야 하는 상황이 됐다. 무려 10년에 걸친 암흑기였다.

공산주의 쿠바를 만든 피델 카스트로(왼쪽)와 쿠바의 정신적 지주 체 게바라

당시 쿠바 정부가 내린 극약 처방은 달러 사용을 허용한 것이었다. 그렇게 사회주의 국가 쿠바에 자본주의의 심장 미국 달러가 통용될 수 있었다.

쿠바에서 가장 유명한 사람은 누가 뭐래도 체 게바라Che Guevara다. 사회주의 혁명을 성공시킨 뒤 그는 중앙은행장을 역임했고, 쿠바페소가 만들어진 것도 이때였다. 그런 쿠바페소가 달러와 함께 통용된다는 건 굉장한 선택이었다. 1994년에는 달러로 물건을 사고파는 달러 상점도 개설됐다. 달러 상점에서는 전자제품 등 좋은 소비재를 판매했고, 그렇게 달러를 흡수해 갔다. 쿠바 입장에서 봤을 때는 외국인들이 와서 쓰는 건 상관없지만 쿠바 사람들이 그렇게 쓰는 걸 용인해도 될지는 의문이었다. 하지만 당장 상황이 어렵다 보니 깊이 생각할 시간이 없었다. 관광업 종사자들은 팁 등을 달러로 받으며 부를 축적하기도 했다. 이런 상황이 과열되자 2004년 쿠바 정부는 달러 사용을 중단시켰다. 대신 화폐를 하나 더 만들었다. CUC라는 화폐인데 이는 일종의 달러와 바꾸는 돈표라고 할 수 있다. 달러와 일대일로 고정된 별도의 가치가 있는 화폐다. 그렇게 한 나라 안에 이중 통화 체제가 생겼다. 대개 시장 환율을 택하지 않은 많은 나라들이 이런 식으로 사용하긴 한다. CUC를 도입하면서 쿠바 정부는 달러 환전에 10퍼센트 수수료를 물렸다. 유로를 바꿀 때보다 달러를 바꿀 때 핸디캡을 준 것이었다. 달러 사용을 지양하기 위한 조치였다. 경제가 어려워지고 두 화폐 사이 갭이 커지다 보니 CUC를 사용하는 사람들은 특권 계층으로 변해 갔다. 그런데 2021년, 다시 CUC를 폐지하고 모두 쿠바페소로 환전해 줬다. 다만 쿠바페소로 바꾸는 데는 시장 가격보다 훨씬 큰 손해를 감수해야 했다.

칠흑 같은 어둠에 한 줄기 빛이 들어온 건 1999년, 베네수엘라에 우고 차베스Hugo Chávez가 집권하면서부터였다. 세계 석유 시장에서 한 손가락 안에 드는 베네수엘라가 좌파 혁명 정부로 바뀌면서 쿠바에는 강력한 우군이 생겼다. 베네수엘라는 쿠바에 원유를 내어줬다. 그렇게 받은 석유를 쿠바가 다른 나라에 돈을 받고 팔아도 신경 안 썼을 만큼 통 큰 지원이었다. 지금도 쿠바 사람들은 차베스가 베네수엘라를 통치했던 1999~2013년을 로또를 맞은 듯 행복했던 시기로 기억한다(차베스는 2013년 죽기 직전까지 14년간 독재 정치를 했다).

2010년 쿠바는 52년간 장기 집권했던 피델 카스트로가 물러나고, 그의 동생 라울 카스트로Raúl Castro에게 권력이 이양됐다. 라울

쿠바에 지원을 아끼지 않았던 베네수엘라 대통령 우고 차베스(왼쪽)와 피델 카스트로의 동생 라울 카스트로(ⓒ위키커먼스)

카스트로는 근본적인 시스템을 바꿔서 더 이상 베네수엘라에 의존하지 않도록 해야겠다고 판단했다. 그렇게 도입한 게 2011년 신경제 시스템이다. 신경제 시스템에서 그는 사람들이 원하면 간섭받지 않고 마음대로 할 수 있는 업종 180개를 정했다. 일정 규모 이하의 식당, 관광업, 어업 등이 여기 포함됐으며, 중소기업에 대해서도 이를 허용했다. 더불어 관료주의도 줄여 나갔다.

라울 카스트로가 집권하자 미국도 규제를 풀기 시작했다. 이때부터 미국에 있던 쿠바인들은 자국으로 송금할 수 있게 됐다. 미국 플로리다의 마이애미 등지에는 제법 많은 쿠바 사람들이 상권을 잡고 있다. 그들이 쿠바에 있는 가족들에게 보낸 금액이 연간 30억 달러(한화 약 4조 원) 정도 됐다. 그렇게 돈을 받은 쿠바 사람들이 쿠바 현지에서 돈을 쓰니 내수 경기도 좋아졌다. 하지만 미국에 도널드 트럼프 Donald Trump 정권이 들어서면서 모든 게 다시 막히게 됐다.

## 첫 번째 보물, 쿠바를 먹여 살린 설탕

쿠바는 한때 세계에서 가장 많은 설탕을 수출하는 설탕의 나라였다. 사람 키보다 훨씬 큰 사탕수수를 마체테 machete 라고 하는 정글 칼로 쳐내는 모습은 쿠바의 상징과 같다. 작은 카리브해에서 유럽 사람들을 다 먹이고도 남을 정도의 막대한 양의 설탕을 공급했으니 얼마나 큰돈을 벌었을까.

쿠바에 처음부터 설탕이 있던 건 아니다. 16세기에 스페인 사람들이 쿠바에 와서 사탕수수를 심었는데 이게 정말 잘 자랐다. 쿠바 날씨가 사탕수수 재배에 적합했던 것이다. 그러자 그들은 노예를 데려와 사탕수수를 키웠다. 2020년까지만 해도 쿠바 전체 수출액의 30퍼센트가 설탕이었다. 쿠바는 곧 설탕이었다고 보면 된다.

쿠바가 설탕으로 인해 가장 행복했던 시기는 1차 세계대전 전후였다. 유럽에서 설탕 수요는 넘쳐나는데 해상은 다 마비됐다. 안정적으로 설탕을 공급받을 수 있는 나라가 어디일까 봤더니 쿠바였다. 수요가 다 쿠바로 몰렸고, 쿠바는 엄청난 부를 축적하게 됐다. 쿠바에 다녀온 사람들은 하나같이 "아바나 같은 교외 지역에 가 보니 굉장히 큰 저택이 있고, 아르누보 양식, 르네상스 기둥 같은 것들이 있어 당황했다."고들 말한다. 이게 다 그 시대에 지어진 것들이다.

1899년 쿠바의 사탕수수 농장

    설탕 생산량이 눈에 띄게 향상된 건 소련과 교역하기 시작하면서부터였다. 쿠바는 설탕을 생산해 소련에 주고, 소련은 할인된 가격으로 석유를 넘겨줬다. 쿠바가 미국의 제재에도 불구하고 살아남을 수 있었던 건 소련과의 구상 무역 덕분이었다. 뿐만 아니라 소련의 지원을 받아 설탕 생산에 있어 기계화 작업도 시작했다. 자연스레 높아진 생산량은 1980년대에 연간 800만 톤까지도 가능해졌다. 카스트로는 여기서 만족하지 않았다. 그의 목표는 1,000만 톤이었다. 하지만 1991년 소련 붕괴이 붕괴하면서 이 꿈은 산산조각 났다. 나라가 무너지니 사람들은 설탕을 살 돈이 없었고, 수요가 없으니 쿠바는 설탕 생산량을 줄일 수밖에 없었다. 무엇보다 쿠바의 설탕 생산은 소련이 제공해 주는 석유·장비·비료·농약에 철저히 의존하고 있었다. 그런 상황에서 공급량이 끊기자 생산량은 격감했다. 불과 5년 만에 설탕 생산량이 300만 톤으로 줄어들면서 쿠바는 어려워질 수밖에 없었다.

게다가 1990년대 전 세계적으로 원당 가격이 떨어졌다. 면화, 설탕, 천연가스 세 가지는 잘 오르지 않는 아이템이다. 공급은 많아지는데 사람들은 건강을 챙기고, 비싼 설탕을 대체할 훨씬 저렴한 옥수수 과당이 나오면서 설탕 수요는 대폭 감소했다. 2002년 쿠바 전체 제당소 가운데 절반이 폐쇄됐다. 당시 150여 개 제당소가 있었는데 70여 개 정도로 줄어든 것이다. 지금은 23개 정도만 가동 중이다. 제당소가 줄어든 가장 큰 이유는 기름이 없어서다. 장비를 돌리려면 기름이 필요하다. 설탕을 만들기 위해서는 사탕수수를 계속 쩌야 한다. 그리고 짜낸 뒤 나온 즙을 거르는 작업을 쉼 없이 계속 한다. 그러다 보니 노동 강도가 매우 높았다. 제당소에 있는 기계의 경우 보통 12일 연속 가동되고 밤낮없이 3교대로 돌아가고 열두 시간 정도 쉬다가 정비 잠깐 하고 다시 돌려야 한다. 문제는 공장을 돌릴 기름도 없고, 여기에 충분한 사탕수수가 공급돼야 하는데 사람이 직접 쳐내서 옮기는 양은 한계가 있었다. 그러다 보니 생산량은 2021년 80만 톤까지 줄었다. 즉, 10분의 1토막이 난 것이다.

쿠바 내 연간 설탕 소비량이 70만 톤 정도 된다. 그래서 70만 톤 외에 남는 양을 수출했는데 2022년에 48만 톤까지 줄었기 때문에 쿠바 내 소비도 감당하기 어려운 수준이었다. 쿠바 사람들은 2022년경에는 웃돈을 주고 설탕을 사야 하는 지경에 이른다. 설탕의 나라였던 걸 생각하면 비극적인 일이다.

## 두 번째 보물, 세계 최고 품질의 시가

신대륙을 탐험하던 크리스토퍼 콜럼버스Christopher Columbus는 15세기 아메리카 대륙에 도착했을 때 입에서 연기를 내뿜는 사람들을 보고 깜짝 놀랐다. 사실 이들은 담배를 피우는 사람들이었다. 세계에서 가장 먼저 담배를 피운 사람은 누구일까? 유적을 살펴보면 9세기부터 쿠바 원주민들 사이에 흡연이 광범위하게 퍼져 있었던 듯하다.

쿠바에서 설탕 못지않게 유명한 게 시가다. 어쩌면 일반인들은 쿠바의 가장 대표적인 특산품으로 설탕보다는 시가를 떠올릴 것이다. 그만큼 쿠바의 시가는 세계 최고 품질로 유명하다. 시가는 쿠바 전체 수출액의 25퍼센트 정도를 차지하며, 2017년 통계에 따르면 5억 달러 정도 된다.

시가는 크게 네 부분으로 구성돼 있다. 가장 안쪽에 태우는 부분이 필러filler, 필러의 바깥쪽을 감싸는 조금 질긴 담뱃잎이 바인더binder, 바인더를 덮는 가장 바깥쪽을 래퍼wrapper라고 하며 래퍼에는 가장 좋은 잎이 사용된다. 이 위를 막는 것이 캡cap인데 시가를 피우기 전에는 이 캡을 자르고 불을 붙인다.

이렇듯 시가는 여러 종류의 담뱃잎을 겹겹이 감싸서 만드는데 담뱃잎 재배가 그리 쉽지 않다. 담뱃잎은 본래 진액이 나오고 무겁기 때문에 무엇보다 잘 건조시키는 게 중요하다. 대개는 200일 정도 말리며, 유명 브랜드의 경우 길게는 몇 년까지도 건조시킨다. 이렇게 건조시킨 담뱃잎은 또 잘 말아야 한다. 손으로 말아서 하는 게 정통이지

쿠바에서 시가를 말고 있는 모습

만 기계를 통해 마는 방법도 있다. 쿠바 국영 기업에서 철저히 관리하고 있어 기계로 만든 것과 사람이 만든 건 확실히 구별된다.

쿠바산 시가는 색이 다양하다. 대개 색이 진할수록 좀 더 오래된 제품으로 비싸다. 시가는 부의 상징이기도 해서 시가를 좋아하는 사람들 사이에서는 마치 와인처럼 올해 나온 시가 중에 뭐가 좋은지 랭킹도 매긴다. 전통적인 톱티어 베스트 3라든가 보급형 중에서도 레벨이 나뉘는 등 다양하다.

쿠바산 시가는 중서부 유럽 쪽으로 많이 팔렸다. 미국인들도 쿠바산 시가를 좋아했지만 미국은 케네디 대통령이 수출입을 막는 등 오락가락하는 제약으로 인해 안정적인 시장이 되지는 못했다. 2016~19년에는 미국 사람들이 쿠바 여행을 하다 100개까지는 사올 수 있게 허용됐는데 이후에 또 막히는 등 미국과 쿠바의 관계는 복잡하다. 최근에는 중국에서도 쿠바산 시가를 수입하고 있다.

## 세 번째 보물, 신흥 강자 니켈

그런데 최근 쿠바에서 가장 핫한 건 설탕도 시가도 아닌 니켈이다. 2차 전지로 유명해진 광물질 니켈, 코발트, 리튬 중 니켈과 코발트가 쿠바에서 생산된다. 그중에서도 특히 니켈이 아주 많이 난다. 전 세계 니켈 매장량은 9,400만 톤 정도 되는데 인도네시아가 2,100만 톤, 호주가 2,000만 톤, 브라질이 1,600만 톤, 러시아가 700만 톤 순이며, 그 뒤를 잇는 쿠바에는 560만 톤이 매장돼 있다. 숫자로만 보면 적게 느껴질 수 있지만 쿠바 면적을 생각하면 제법 많은 양이다. 니켈은 세계적으로 연간 250만 톤 정도 생산되며 쿠바에서는 7만 톤 정도 생산한다. 니켈은 쿠바 전체 수출의 11퍼센트를 차지할 정도로 중요한 외화벌이 수단이다. 이들 중 대부분이 중국으로 가며, 중국은 이를 가공해 판매한다. 이 또한 가까운 미국으로의 수출이 어렵다 보니 차선책으로 택한 것이다.

모든 지역에서 그런 건 아니지만 많은 곳들에서 니켈에 이어 부수적으로 따라 나오는 게 코발트다. 두 광물질이 생성되는 프로세스가 유사하기 때문이다. 코발트의 최대 생산지는 콩고민주공화국이다. 콩고민주공화국에서 연간 생산되는 코발트는 10만 톤으로 전 세계적로 봤을 때도 압도적으로 많다. 뒤를 잇는 게 러시아 6,000톤, 호주

**전 세계 니켈 매장량 톱 5**

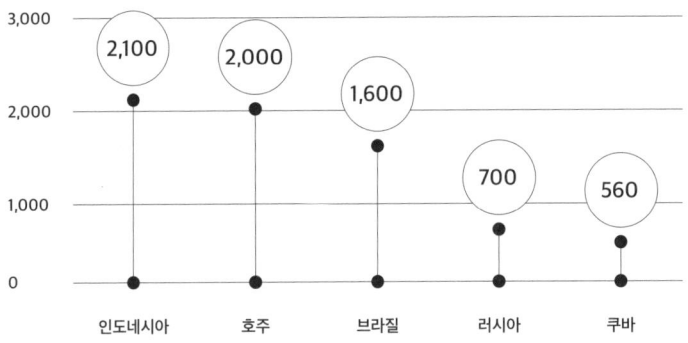

**전 세계 코발트 생산량 톱 5**

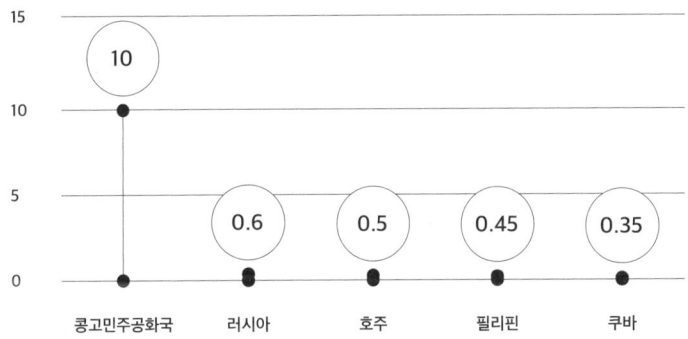

5,000톤, 필리핀 4,500톤, 그리고 쿠바 3,500톤이다. 생산량으로 보면 5위 정도 되는 셈이나 사실 매장량으로 보면 세계 3위다.

쿠바는 작은 보물섬 같다. 이미 가지고 있는 보물들을 잘 캐기만 해도 먹고살 걱정은 없는데 잘 캐기 위해서는 돈이 필요하고, 또 무엇보다 미국과의 관계가 개선될 필요가 있다. 쿠바만 미국이 필요한 건 아니다. 미국이 필요로 하는 많은 것들이 쿠바에 있다. 이를 관계 개선의 카드로 활용하면 미국에 여러 가지 레버리지를 행사할 수 있을 것이다. 다만 자칫 잘못 접근해 미국이 고개를 숙이고 들어오는 형국으로 미국 체면에 손상을 주게 되면 더 나쁜 상황이 전개될 수 있으니 주의가 필요하다. 미국 정부 입장에서도 쿠바를 잘못 건드리면 곤란하다. 미국에서 플로리다는 특정 정당의 지지세가 뚜렷하지 않은 스윙 스테이트swing state다. 스윙 스테이트 중에서도 인구가 가장 많아 플로리다를 잡아야 대통령에 당선될 수 있는데 이곳에 쿠바 출신 미국 유권자들이 많이 살고 있어 쉽게 건드릴 수 없다.

미국 자본이 들어올 수 없는 쿠바의 니켈 사업장에 발을 디딘 건 의외로 캐나다였다. 캐나다는 1994년부터 쿠바 정부와 5대 5로 합작 사업을 진행한 바 있고, 쿠바는 코로나19 발생 직전인 2018~19년에 외자 유치를 더 많이 하겠다고 발표해 니켈이 쿠바를 어떻게 바꿀 수 있을지 귀추가 주목된다.

그 외에 다른 자원도 물론 있다. 쿠바에도 석유가 난다. 쿠바는 하루 4만 배럴 정도의 석유를 생산해 발전용으로 사용하고 있다. 하지만 쿠바가 하루에 필요로 하는 석유 양은 15만 배럴 정도다. 이 차이만 보면 상당히 심란하지만 들여다보면 그렇지도 않다. 아무리 어렵다고 해도 베네수엘라가 하루 5만 배럴은 가져다주고 있고, 멕시코도 최근 하루 2만 5,000배럴 정도를 쿠바에 준다. 이것만 합쳐도 약 11만 배럴이니 얼추 필요한 양은 된다. 그런데도 쿠바 사람들이 석유가 모자르다고 말하는 데는 다른 이유가 있다. 항구에 있는 석유 저장고에 석유가 쌓여 있어도 펌프를 돌릴 전기가 없어 분배가 제대로 이뤄지지 않기 때문이다. 안타까운 일이다.

### 마지막 보물, 사람

지금까지는 물건에 대해서만 살펴봤지만 쿠바의 강력한 외화 획득원 중 하나는 인력 파견업이다. 국가가 주도하는 이 인력 파견으로 전 세계 67개국에 의사·간호사를 파송하고 있고, 수입도 상당히 크다. 많은 이들이 쿠바 의사의 위대함, 쿠바와 함께하는 공중 보건 의료의 장점 이야기를 한다. 쿠바 의료진이 가장 많이 가 있는 나라는 아무래도 베네수엘라다. 이들이 베네수엘라에 가면 그 대가를 주로 석유로 받는다. 지금은 상당 부분 철수했지만 브라질에도 많은 의사들을 파견했다.

쿠바 의사들도 파견이 싫지만은 않다. 쿠바에서 일반인의 월급을 미국 달러로 환산하면 약 25달러, 한화로 약 3만 원이다. 그리고 의사는 여기에 2배인 50달러 정도를 받는다. 그런데 브라질 등 다른 나라로 가게 되면 통장에 매월 1,000달러(한화 약 130만 원)가 들어온다. 본국에서 일할 때의 20배다. 의사 파견으로 쿠바 정부가 타국으로부터 받는 돈은 1인당 월 3,600달러(한화 약 470만 원)다. 이 중 1,000달러를 월급으로 지급하고 남은 2,600달러는 쿠바 정부가 갖는다. 한창 많이 파견했을 때는 브라질에만 8,300명의 의사를 보냈다. 계산해 보면 매년 4억 달러를 벌어 주는 소중한 존재들이었던 셈이다. 오늘날에는 브라질 정권이 교체되고 상당 부분 축소됐다.

의사는 아플 때 반드시 필요한 존재다. 의사가 없는 나라에서는 이렇게 의사가 오는 게 굉장히 큰 도움이 된다. 단, 문제가 있다. 쿠바 의사가 해당 국가에서 잘 근무하고 본국으로 돌아가면 좋은데 타지에서 일하다 보면 시야가 확장되면서 다른 나라들을 보게 된다. 쿠바보다 자유롭고 수입이 좋은 나라가 세계에 얼마든지 있다는 걸 알게 된 이들은 탈출을 시도한다.

2011년 베네수엘라에서 한 의회 관계자와 만난 적이 있다. 보건소, 의사와 간호사를 배치함에 따라 국민 수명이 몇 년 늘었는지 등등에 관해 열변을 토하던 그는 이렇게 물었다. "보건소에 한번 같이 가 보겠습니까?" 그를 따라 보건소에 가서 보니 보건소에는 정작 중요한 두 가지가 없었다. 첫째, 약이 없었다. 약이 제대로 조달되지 않고 있던 것이다. 둘째, 의사가 없었다. 처음부터 없었을 리는 없고, 있다가 사라졌단다. 2~3년 정도 근무하다 야반도주해 가까운 파나마를 거쳐 미국으로 망명했으리라 추측했다. 전 세계에 얼마 남지 않은 공산주의 국가 중 하나인 쿠바의 어두운 일면이다.

쿠바 경제는 최근 상당히 좋지 않다. 2020년 코로나19로 인해 관광객도 대폭 줄어 GDP가 -11퍼센트 성장했다. 2021년 0.5퍼센트, 2022년 3.5퍼센트 성장하긴 했지만 아직 2020년 마이너스 성장을 만회하지 못한 실정이다. 이를 메우려면 호황이 한참 와야 한다.

쿠바 정부도 고민이 많다. 다수의 사회주의 국가들에서는 국민들의 어려움을 덜기 위해 보조금을 많이 준다. 쿠바 역시 보조금 정책을 사용했지만 밑 빠진 독에 물 붓듯 계속 보조금이 들어가다 보니 문제가 생겼다.

그럼에도 쿠바 정부는 이 시기만 잘 넘어가면 된다고 생각하고 있다. 여러 곳에서 석유 탐사 작업을 하고 있고, 성과도 제법 좋다. 육상에서 고품질 유전들이 발견되고, 어떤 지역은 벌써 어떻게 이익을 나눌지 협상 중이다. 얼마 전 쿠바와 외교 관계를 체결한 우리나라도 이제 쿠바에서 다양한 비즈니스를 구상해 볼 수 있게 됐다. 하지만 쿠바를 바라볼 때는 미국과의 관계를 먼저 충분히 고려해야 한다는 점은 잊지 말아야 한다.

# 9장

# 희토류를 품은 광물 창고, 우크라이나

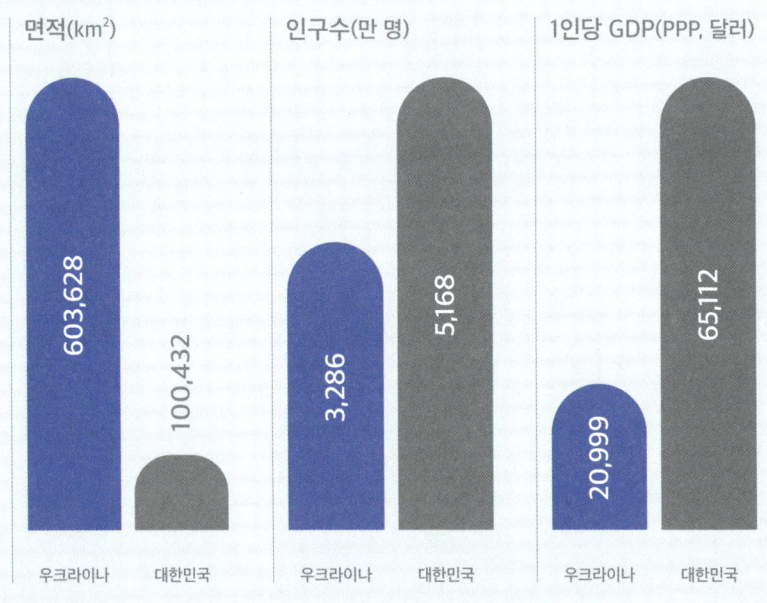

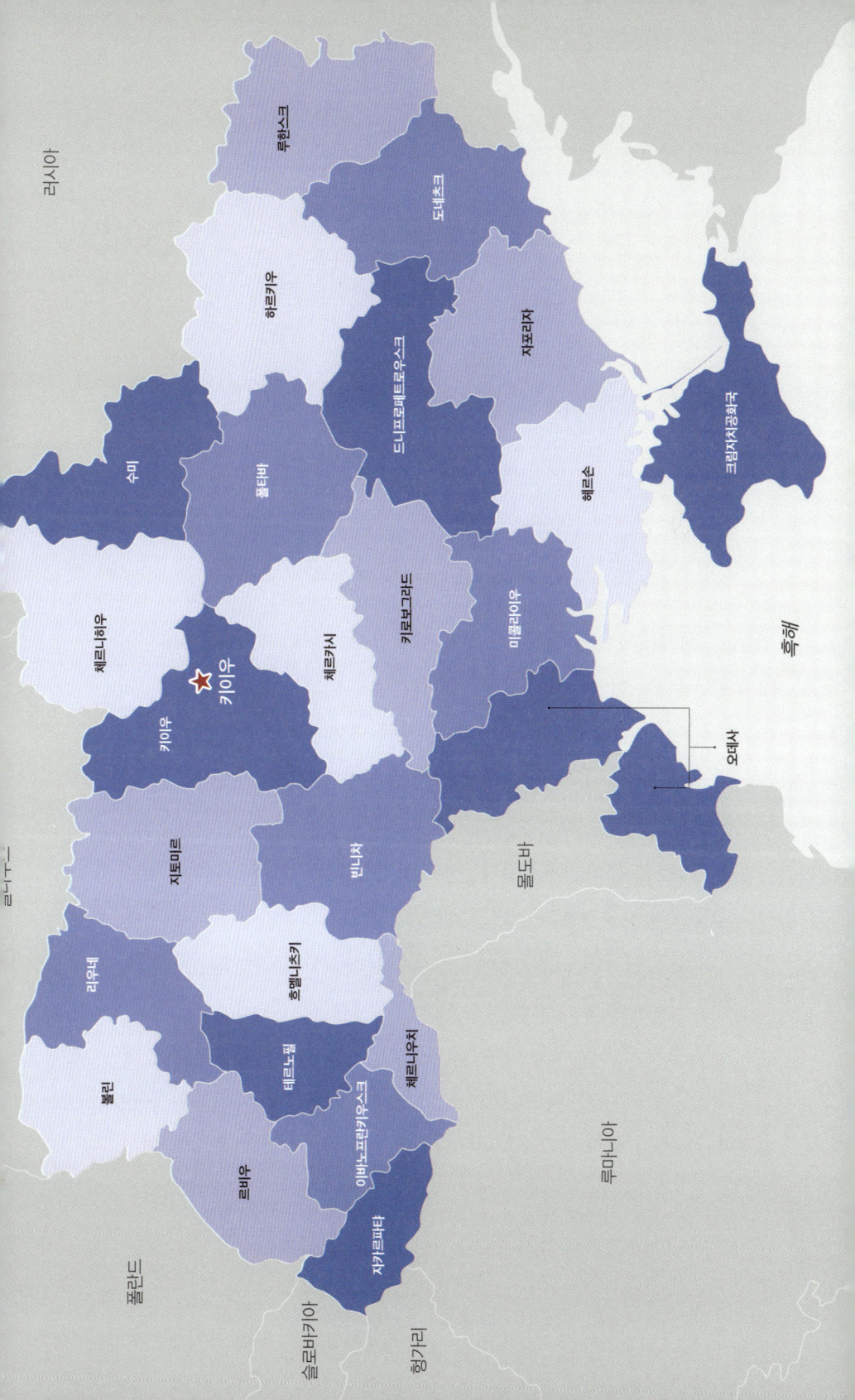

　세계에서 가장 큰 나라 러시아와 전쟁 중이라 상대적으로 작은 나라처럼 느껴지는 우크라이나는 사실 우리나라보다 대략 6배 더 크다. 면적 약 60만 제곱킬로미터에 인구는 3,286만 명 정도로, 우리보다 크지만 인구수는 적다. 동유럽에 속하며 북동쪽으로는 러시아와 인접해 있고, 남동쪽에는 흑해가 있다.

　기원전 750년부터 서기 750년까지 우크라이나의 흑해 연안은 고대 그리스 후손들의 식민 도시였고, 내륙은 아시아계 유목민의 주거지였다. 내륙에 살던 유목민은 스키타이족·사르마티아족·고트족·훈족·아바르족 등 다양했다.

　7세기 말부터 우크라이나를 장악한 건 하자르 카간국이었다. 중앙아시아에서 건너와 동유럽을 장악한 튀르크계 유목 민족인 이들 하자르족의 영향으로 우크라이나에는 동슬라브족만의 특질이 형성

13세기 폴란드-리투아니아 연방은 우크라이나를 흑해 진출의 교두보로 삼았다.

되기 시작했다.

## 우크라이나-러시아의 깊은 악연

실질적인 우크라이나의 시초는 키예프 공국 때부터라고 할 수 있다. 튀르크 민족의 영향을 받은 슬라브족 국가 키예프 루스는 880년부터 12세기 중반까지 유지됐으나 1223년 몽골군과의 전투에서 완패하면서 멸망했다. 그 뒤를 갈리치아와 볼히니아가 이었으나 이들 역시 얼마 가지 못한 채 폴란드-리투아니아 연방에 의해 정복당했다. 우크라이나 영토의 대부분을 리투아니아가 차지했고, 이를 통해 리투아니아는 흑해로 진출할 수 있었다.

1569년 루블린 연합 조약으로 폴란드 왕국과 리투아니아 대공국은 연합 국가를 수립했다. 폴란드-리투아니아 연방의 군주였던 스테판 바토리 Stefan Batory는 '주민 등록을 하는 카자크족에게는 전쟁에 참여하는 대신 월급을 주겠다'고 제안하는 방식으로 당시 드네프르 강과 돈강 하류에서 자치 공동체를 형성하며 반 유목 생활을 하던 카자크족을 유입시키려 했다.

카자크족은 17세기 중반 무렵 우크라이나 중부에 나라를 세웠으나 결국 폴란드와 러시아에 의해 분할되고 말았다. 18세기 후반 우크라이나 중부와 동부는 러시아 제국에, 서부는 오스트리아-헝가리 제국에 합병되는 등 몇 세기에 걸쳐 분열과 합병이 반복됐다. 19세기에 와서야 우크라이나는 자신들의 독자성을 인식하게 됐고, 민족주의가 발흥하면서 독립을 추구하기에 이르렀다.

20세기 초반 우크라이나 민족은 유럽 최대의 소수민족이었다. 1917년 러시아 혁명으로 전제군주국이었던 러시아 제국이 무너지고 세계 최초의 공산주의 국가 소비에트사회주의공화국연방이 탄생했으며 1918년 1차 세계대전이 종결되면서 동부 우크라이나와 서부 우크라이나는 각각 독립을 선언했다. 1919년 둘은 통일을 시도했지만 외부 침략으로 오래가지 못했다. 그리고는 1921년 소련-폴란드 협상에 따라 동부는 소련, 서부는 폴란드 영토가 됐다.

1939년 2차 세계대전이 발발하면서 소련은 폴란드를 침공했고, 이에 폴란드 영토였던 서부 우크라이나는 소련에 점령됐다. 하지만 불가침조약을 깨고 소련을 침공한 독일군은 1941년 키예프 지역에서 66만여 명이 넘는 소련군을 포로로 잡았다. 이를 본 우크라이나 사람들은 독일군이 자신들을 해방시켜 줄 '해방군'이라며 기뻐했다. 하지만 상황은 그들의 순진한 바람대로 흘러가지는 않았다. 나치 독일은 유대인을 대량 학살했고, 우크라이나 사람들까지 죽이거나 강제 추방했다. 이때 우크라이나의 민간인 사망자 수는 약 50여 만 명, 유대인까지 포함하면 700만 명이었던 것으로 보통 추산한다. 2차 세계대전을 치르면서 소련군은 약 1,100만 명의 사망자를 기록했는데 그 가운데 270만 명이 우크라이나 출신이었다.

2차 세계대전이 끝난 후 유럽의 국경선은 크게 바뀌었다. 폴란드 동쪽을 소련이 차지하고 독일 동쪽을 폴란드에게 넘겨줬다. 국경선인 서쪽으로 300킬로미터 정도 움직인 셈이다. 지금 우크라이나 서쪽은 2차 세계대전 이전까지는 폴란드 영토였다. 1991년 소련이 붕괴하면서 소련에 속해 있던 공화국들이 잇따라 독립해 14개의 국가가 됐다. 그렇게 우크라이나도 드디어 자신의 나라를 갖게 됐다.

소련 시절 러시아공화국에 속해 있던 크림반도는 1954년 당시 소련 공산당 서기장이던 니키타 흐루쇼프Nikita Khrushchyov가 우크라이나에 편입시켰기 때문에 우크라이나 영토로 독립했다. 문제는 이곳에 소련군 흑해 해군 기지가 있었다는 것이다. 협상 끝에 우크라이나와 러시아는 흑해 함대를 나눠 갖고 기지는 공동으로 사용하기로 했다.

미국 지미 카터Jimmy Carter 행정부에서 국가안보보좌관을 지낸 폴란드계 미국 정치인 즈비그니에프 브레진스키Zbigniew Brzezinski는 "우크라이나 없이는 러시아는 제국이 될 수 없다."라고 할 정도로 러시아에 우크라이나는 중요한 곳이었다. 소련 시절 우크라이나에서는 소련군의 각종 무기 생산과 연구 활동이 활발하게 이뤄졌고, 소련의 우주 로켓에 탑재된 엔진도 모두 우크라이나에서 만들어졌다.

독립 이후 경제난과 정치적 혼란을 거듭하던 우크라이니는 2대 대통령 레오니드 쿠치마 Leonid Kuchma가 집권한 이후 변화하기 시작했다. 1999년 재선에 성공한 쿠치마 대통령은 우크라이나 경제의 정상화를 핵심 목표로 삼았고 7퍼센트대 성장률을 기록했다. 하지만 2001년 권력 유지를 위해 정적을 암살하려던 계획이 탄로나면서 내부 지지율 하락은 물론이고, 서방 국가들로부터의 신뢰도 잃었다. 그렇게 정치가 흔들리자 러시아의 영향력은 더욱 거세졌다.

2004년 치러진 선거에서 쿠치마 대통령은 자신의 후계자로 친러시아 성향의 빅토르 야누코비치 Viktor Yanukovych를 지원해 당선시켰다. 하지만 대규모 부정선거 의혹이 불거지면서 국민들이 이에 격렬히 거부했고 급기야 거리로 나오게 됐는데 이게 바로 일명 '오렌지 혁명'이다. 결국 2005년 상대편이었던 빅토르 유셴코 Viktor Yushchenko가 대통령 임기를 시작하게 됐다. 이런 상황이 썩 마음에 들지 않았던 러시아는 2006년 우크라이나에 대한 가스 공급을 중단하며 유셴코 정부를 압박했다.

그런 탓인지 2010년 치러진 새로운 대통령 선거에서는 빅토르 야누코비치가 대통령으로 당선됐다. 그는 2012년 러시아어를 공식 언어로 인정하는 법안에 서명했고, EU와의 협력 협정 및 자유무역 협정 체결을 포기했다. 이에 또다시 반정부 시위대가 들고 일어나면서 우크라이나 내 친서방과 친러시아 사이의 갈등은 계속됐다. 격렬한 시위가 이어지자 야누코비치 대통령은 러시아로 망명했다. 우크라이나가 급속히 친서방 성향을 보이자 이를 우려한 러시아의 블라디미르 푸틴Vladimir Putin 대통령은 2014년 기습적으로 크림반도를 병합하고, 우크라이나 동부 지역의 분리 독립 세력을 지원했다. 당연히 EU와 미국은 러시아의 이런 움직임을 인정하지 않았고 러시아에 대해 다양한 제재를 가했다. 서방과 러시아의 갈등이 점차 고조되면서 결국 2022년 2월 러시아가 우크라이나를 침공함으로써 전쟁이 발발했다. 2025년 8월 현재까지도 전쟁은 계속되고 있다.

## 희토류를 품은 광물 창고

우크라이나는 보통 농업 국가, 세계 최대의 밀 수출국으로 알려져 있다. 그런데 땅 위로 자라는 것들 이상으로 중요한 자원이 사실 우크라이나 땅 아래에 있다. 체르노젬이라고 하는 우크라이나의 흑토에는 엄청난 광물 자원이 있다. 돈으로 환산하면 약 11조 5,000억 달러로 추정된다. 1조 달러가 한화로 약 1,400조 원이니 11조 달러라고 하면 1경이 넘는 상상조차 어려울 정도의 금액이다. 그중에서도 요즘 가장 관심을 모으는 광물은 단연 희토류다. 희토류는 크게 가벼운 경희토류, 무거운 중희토류로 나뉜다.

그 외에는 리튬·흑연 등도 있다. 리튬·흑연·코발트 등이 다 2차 전지 원료다. 리튬의 경우 최근 가격이 많이 내렸지만 여전히 중요한 광물 자원으로 여겨지고 있다. 군사용이나 특수강 제작에 사용되는 티타늄·스칸듐 등도 많다. 정말 나라 자체가 광물 자원의 보고라 해

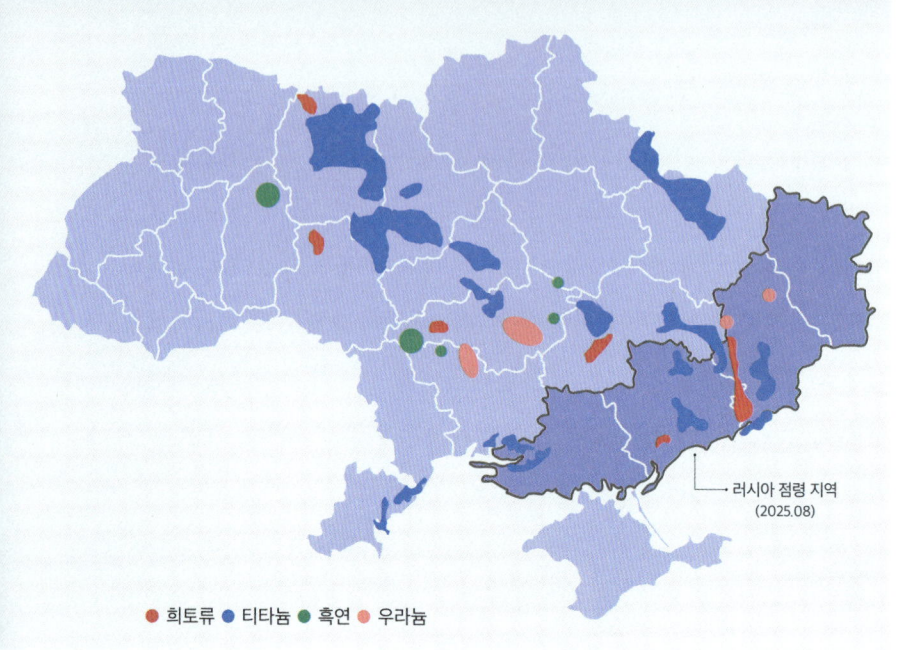

● 희토류　● 티타늄　● 흑연　● 우라늄

우크라이나 광물 지도

도 무방할 정도다.

　전 세계 리튬 매장량의 10퍼센트 정도가 우크라이나에 매장됐을 것으로 추정한다. 소금물을 증발시켜 채취하는 방식이 아닌 광석 형태의 정광으로 매장된 것이 그만큼이라고 전문가들은 평가한다. 우크라이나 리튬 매장지의 면적만 해도 820제곱킬로미터에 이른다.

　또한 티타늄 매장량은 현재 세계 10위 정도 된다. 게다가 지금까지 개발된 건 전체 매장량의 10퍼센트뿐이라고 하니 잠재력도 상당하다. 그간 항공기 제작 등을 위해 미국은 주로 러시아에서 티타늄을 공급받아 왔는데 앞으로는 우크라이나가 새로운 공급처가 될 수도 있을 것이다.

　이외에 제트 엔진 제작에 사용되는 지르코늄이나 스칸듐 매장량도 상당히 많다. 반도체와 관련돼 있는 탄탈럼, 초전도 자석대를 만들 때 사용되는 니오, 항공우주산업에서 많이 사용되는 베릴륨 등은 아직 채굴되는 양은 많지 않으나 분명 매장돼 있으며 일부 채굴도 이뤄지고 있다.

지도에서 보듯 희토류의 경우, 러시아가 점령한 지역에 많이 속해 있다. 벨라루스부터 흑해 연안까지 이어지는 퇴적층에는 다양한 자원이 매장돼 있다.

대다수의 사람들이 우크라이나에 이렇게 많은 자원이 묻혀 있다는 사실을 알지 못했다. 자국에 자원이 많다 보니 다른 나라 자원에도 관심 많은 호주나 캐나다 정도가 알았을까. 그래서였는지 몇 년 전 호주에 본사를 둔 광산 회사 크리티컬 메탈스는 우크라이나 리튬 매장지를 개발할 수 있는 라이선스를 취득했다. 당시 리튬 가격이 상당히 오르고 있던 시점이라 큰돈을 벌 수 있으리란 기대에서였다. 그런데 그로부터 겨우 3개월 만에 러시아-우크라이나 전쟁이 터졌다. 그리고 세브첸코 매장지가 러시아에 점령당하면서 러시아 땅이 됐다.

크리티컬 메탈스는 언론 인터뷰를 통해 "포기하겠다."는 의사를 전했다. 아마 러시아가 내줄 리 없다고 판단한 모양이다. 그래도 아직 드보라 등 나머지 지역은 우크라이나 관할에 있어서 뭔가 할 수 있긴 하지만 그 순서가 호주 기업에까지 돌아갈지는 의문이다.

## 트럼프의 광물 욕심

미국의 트럼프 대통령은 첫 번째 임기 때부터 광물 자원에 진심이었다. 당시에도 미국의 광물 자원과 관련해 '크리티컬 미네랄Critical Minerals'이 어떤 상황인지, 무엇을 어떻게 해야 할지 등에 대한 정책을 수립하도록 하는 행정명령을 발동한 바 있다. 당시 내무부에서 이 업무를 수행했는데 그때 처음 30종 이상의 광물 자원을 '크리티컬 미네랄'로 분류, 미국 내 매장량, 전 세계적인 운영 상황과 관련된 보고서를 작성해 제출했다. 이는 조 바이든Joe Biden 행정부를 거치면서도 이어져 와 50종으로 늘었으며, 3년마다 리스트업을 다시 하는 형태로 진행 중이다.

트럼프 대통령은 중국에 대해 미국이 과도하게 의존하고 있는 대표적인 것이 광물 자원이라고 생각했다. 따라서 이로부터 독립해 별도의 공급망이나 자체적으로 조달할 수 있는 구조를 확보하는 것이 미국 안보에 매우 중요하다고 판단했다. 트럼프 대통령이 발표했던 에너지 관련 행정명령, 그중에서도 에너지 국가 긴급 사태와 관련한 행정명령을 보면 트럼프 대통령의 의중을 파악할 수 있는 재미있는 부분이 있다. 이 행정명령에서는 '에너지'에 포함되는 것들을 열한 가지로 정리하고 있는데 원유, 천연가스 등이 나오다가 뒤쪽에 크리티컬 미네랄(리튬, 티타늄, 흑연)이 등장한다. 그런데 사실 크리티컬 미네랄은 자체로 에너지를 생산하지 못한다. 하지만 에너지 생산과 연결돼 있으니 트럼프 행정부는 이 또한 에너지 자원이라고 생각해 포함시킨 것이다. 그만큼 트럼프 대통령이 크리티컬 미네랄에 대한 관심이 지대함을 알 수 있다.

　미국은 가까이에 그린란드가 있다. 그럼에도 불구하고 우크라이나에 관심이 많다. 과거에 트럼프 대통령은 미국이 우크라이나를 지원하는 데 많은 돈을 썼으니 회수해야 한다고 말한 적이 있다. 러시아-우크라이나 전쟁에 있어 미국은 우크라이나에 많은 무기들을 지원했다. 이는 당연히 무상지원은 아니었다. 무기들을 대여해 준 것이었고 이에 상응하는 대가를 지불하라면서 광물로 상환할 것을 요구했다.

　미국 내에도 물론 희토류 등 광물 자원이 굉장히 많다. 트럼프 대통령 또한 이를 모르는 바는 아니다. 그럼에도 불구하고 애초에 중국에 의존했던 건 개발 과정에서 환경 오염 위험이 크고 방사성 물질이 많이 나오기 때문이었다. 상황이 그렇다 보니 직접 채굴, 정련해서 쓰는 건 부담스럽다. 하지만 우크라이나에서 정련, 제련까지 깔끔하게 해서 환경 부담까지 그 나라에 남긴 채 결과물만 가지고 올 수 있으면 완전한 이익이라고 생각한 게 아닐까 추측해 본다. 확실한 건 미국이 중국의 광물 자원 통제권에서 벗어나겠다는 목표가 분명하다는 것이다.

### 우크라이나의 미래는?

　상황이 이런 가운데 가장 속상한 사람은 회심의 승부수를 던졌던 우크라이나의 볼로디미르 젤렌스키 Volodymyr Zelensky 대통령일 것이다. 트럼프 대통령이 2기 대선에 승리했을 시점을 전후해 젤렌스키 대통령은 '빅토리 플랜Victory Plan'을 들고 다니며 미국이나 다른 나라들을 설득했다. 요약하면 '우크라이나는 미국이 원하는 광물 자원을 가지고 있다. 그러니 이를 토대로 너희가 지원해 주면 우리는 끝까지 싸워서 러시아를 이길 수 있다'라는 계획이었다. 하지만 결과적으로는 트럼프 대통령에게 좋은 카드만 넘겨준 상황이 됐다. 지원을 받아 어떻게 할지, 그리고 이후에 어떤 조치를 취할지 등의 구체적인 계획보다는 추상적으로 막대한 자원이 있다는 걸 쉽게 이야기해 주도권을 잃은 게 아닐까 싶다.

젤렌스키 대통령은 안전 보장의 대가로 광물 자원을 제공하는 것이지, 기존에 받았던 지원을 대가로 하는 것은 아니라고 강조한다. 또한 이는 미국에만 기회가 열린 것이 아니며 EU 국가에게도 기회가 있다고 말한다.

현 시점에서 우크라이나의 미래가 불투명하고 어두운 건 사실이다. 실제로 광물 자원과 관련해서도 여러 이야기들이 나온다. 광물 자원 탐사와 개발은 오랜 시간이 걸리는 일이다. 우크라이나에 광물 자원이 있는 건 맞지만 얼마만큼 있고, 실제로 개발하기까지 어느 정도의 경제성이 있는지를 확인하는 데는 시간이 걸릴 수밖에 없다. 지금 우크라이나가 이야기하고 있는 11조 달러가 넘는 광물 자원은 소련 시절에 연구했던 결과를 토대로 추정한 것이다. 광물 자원은 매장도 중요하지만 품질, 그리고 광물을 채굴해 수요처까지 이동시킬 수 있는 인프라와 노하우 등이 종합적으로 맞아떨어져야 실효성이 있다. 그런데 우크라이나의 경우 전쟁의 위험과 더불어, 주요 길목, 국가적으로 중요한 지역, 흑해로 나가는 항구 등을 이미 러시아에 점령당해 있다 보니 상당히 불리한 상황이다. 이와 관련된 일을 할 만한 사람들도 대부분 전쟁에 나가 죽거나 다치는 바람에 사람이 부족한 실정이다. 더 답답한 점은 핵심 광물 중 40퍼센트가 러시아 손에 넘어가 있다는 것이다. 그러다 보니 젤렌스키 대통령이 야심차게 꺼낸 크리티컬 미네랄에 관한 여러 이야기는 오히려 러시아와 미국이 자신들의 몫을 더 챙기는 수단으로 전락하고 있는 게 아닌가 싶다.

젤렌스키 대통령의 계획이 성공해 우크라이나가 독립적인 국가로 남고, 먼 미래를 기약할 수 있으면 좋겠지만 현재까지 분위기로는 쉽지 않아 보인다. 당장은 아니더라도 결국 러시아의 영향권에 있는 가난한 농업 국가가 되는 게 아닐까 하는 걱정스러운 전망도 해 본다.

우크라이나 광물 자원을 둘러싸고 2025년 2월 백악관에서 있었던 트럼프 대통령과 젤렌스키 대통령의 갈등은 한때 세계적인 이슈였다. 많은 우여곡절을 거치면서 광물 협정은 체결됐지만 전쟁은 끝나지 않고 있다. 트럼프 대통령은 푸틴 대통령을 설득해 빠르게 전쟁을 끝내고 자원 개발에 들어간다는 구상이었지만 푸틴 대통령은 원하는 것을 모두 얻어내기 전에는 휴전할 생각이 없기 때문에 트럼프 대통령의 구상은 현실화되지 못하고 있다. 우크라이나 문제에서 미국은 발을 빼고 유럽이 알아서 하라고 목소리를 높이던 트럼프 대통령은 2025년 7월 다시 우크라이나에 대한 군사지원을 계속 할 것이라고 입장을 바꿨다. 우크라이나 땅속에 매장돼 있는 광물 자원이 과연 우크라이나를 독립 국가로 남을 수 있게 해 줄지는 지켜봐야 할 것이다.

# 10장

# 천연가스라는 권력,
# 러시아

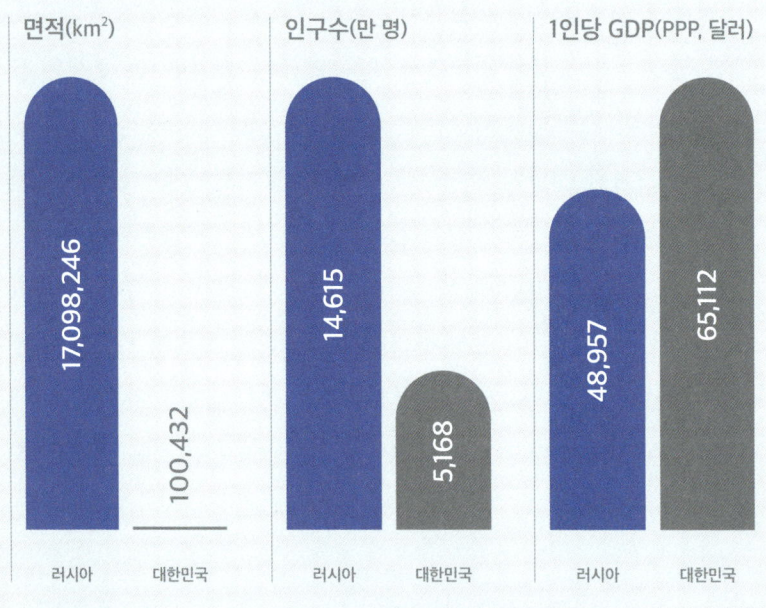

러시아와 우크라이나는 왜 이렇게 싸우는 걸까? 두 나라의 뿌리를 거슬러 올라가면 서로 긴밀하게 연관돼 있음을 알게 된다. 독립 이후 그런대로 나쁘지 않은 관계를 유지하던 두 나라 사이가 틀어진 결정적 사유는 가스를 둘러싼 갈등 때문이었다.

냉전 시절 소련에서 독일을 비롯한 서유럽으로 가스를 보내기 위해 만들어진 가스관 대부분은 우크라이나를 경유했다. 처음에는 국제적 관례대로 러시아가 우크라이나에 가스관 통과 수수료에 해당하는 만큼의 가스를 사용하게 해 주거나 가스 가격을 할인해 줬다. 하지만 시간이 지나면서 양측은 다투기 시작했다. 러시아는 우크라이나가 약속한 양을 초과하는 가스를 임의대로 뽑아서 쓰고 있다고 주장했고, 우크라이나는 러시아가 거짓말을 하고 있다고 맞섰다. 양측의 말싸움은 2006년에 이어 2009년 러시아가 유럽으로 향하는 가스

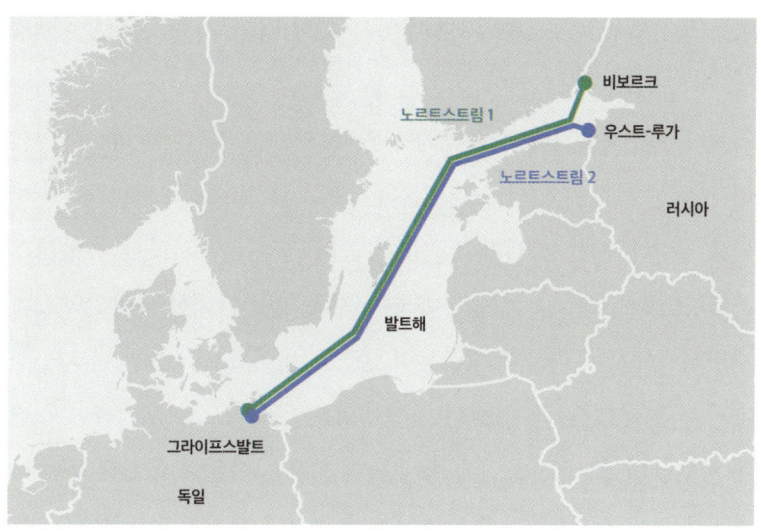

노르트스트림 1, 2의 이동 경로

공급을 또다시 차단하면서 국제적인 문제로 비화됐다. 여기에는 우크라이나의 외부 신인도를 떨어뜨리고자 하는 의도가 있었다. 하지만 우크라이나가 임의로 가스를 뽑아 쓴 것도 사실이긴 했다.

결과적으로 이후 러시아는 독일에 직통으로 연결하는 노르트스트림 Nord Stream(유럽 발트해 아래 위치한 천연가스 파이프라인으로, 러시아에서 독일로 직접 이어진다)을 만들자고 제안했다. 2011년 노르트스트림 1이 개통됐고, 10년 사이 우크라이나의 영향력은 줄어들 수밖에 없었다. 독일은 러시아에 대한 가스 의존도가 확 높아진 반면, 우크라이나는 현저히 줄어들었다. 현재 러시아와 우크라이나 갈등의 기저에는 이 사건도 짙게 깔려 있을 것으로 보인다.

면적 약 1,709만 제곱킬로미터로 세계에서 가장 큰 나라인 러시아는 동유럽과 북아시아 사이에 있는 연방 국가다. 동쪽으로는 태평양, 서쪽으로는 노르웨이·핀란드 등 북유럽, 남쪽으로는 우크라이나와 중국 등, 북쪽으로는 북극해가 있다. 인구는 약 1억 4,000만 명이며 위도상 북쪽에 있다 보니 겨울은 춥고 길고, 여름도 서늘하다. 지금도 물론 넓지만 20세기 소련은 지금의 러시아, 우크라이나, 벨라루스, 우즈베키스탄 등 15개 공화국이 속해 있던 거대한 나라였다. 2차 세계대전에서는 미국과 대립하며 냉전을 이어갔으나 1970년부터 경제가 침체됐고, 결국 1991년 공산주의를 공식적으로 포기하며 소련은 붕괴됐다. 그리고 소련에 속해 있던 많은 나라들이 독립해 독립 국가 연합을 결성했다. 그리고 러시아가 소련이 가지고 있던 국제적 권리와 국제법상 관계를 승계하게 됐다.

## 에너지 권력의 시작

전쟁 직후 독일인들에게 소련은 공포의 대상이었다. 거침없이 독일군을 격파하고 독일을 점령한 소련군은 과거 몽골군과 같은 존재로 여겨졌다. 모두가 소련의 눈치를 보고 두려워했지만 몇몇 기업가들의 생각은 달랐다. 이제 전쟁은 끝났고 소련과의 관계를 정상화하고 돈 벌 기회를 찾을 수 있다고 생각한 것이다. 소수의 사람들이 용감하게 모스크바를 찾았고 석유 판매 계약을 따내면서 소련의 에너지는 다시 국제 시장에 등장하게 됐다.

서독(2차 세계대전 직후 독일은 동독과 서독으로 분단됐다) 정치인들로서도 소련과의 관계 회복은 생존이 걸린 문제였다. 역사적으로 독일과 러시아는 매우 긴밀한 관계를 이어왔다. 러시아 황제의 황후는 오랫동안 독일 출신이 독점해 왔고, 러시아인들에게 외국인이란 독일인을 의미하는 것이었다. 하지만 서독 입장에서는 미국의 눈치도 살펴야 했다. 1955년 콘라트 아데나워Konrad Adenauer 수상은 소련을 방문해 외교 관계를 수립했고, 소련과의 교역을 확대하는 것이 평화를 가져오는 핵심이라고 판단했다. 소련뿐만 아니라 전통적인 독일의 세력권이라고 여겨지던 동유럽 국가들과의 관계 개선도 필요했다.

소련과의 교역 규모는 1952년 1,720만 마르크(현재 가치로 한화 약 825억 원)에서 1960년이 되자 14억 마르크(현재 가치로 한화 약 6조 원)로 급증했다. 전후 복구를 마친 서독 기업가들에게 광대한 소련 시장은 매력적이었다. 특히 루르 지역의 금속 관련 기업들은 자신들이 생산하는 각종 파이프 및 강철 제품들이 소련에 꼭 필요함을 잘 알고 있었다. 하지만 미국은 적대 세력인 소련에 서독 기업들이 접근하는 것을 불쾌하게 생각했고 이들이 생산하는 제품 상당수를 전략 물자로 지정해 수출을 금지시켰다. 파이프라인 건설에 필요한 대구경 강관은 1958년이 돼서야 전략 물자에서 해제됐다.

1960년대 초반 시베리아 서부 지역에서 대규모 가스전이 발견됐다. 소련은 국민들에게 가스를 공급하면 그동안 내수용으로 사용하던 석유를 수출할 수 있다는 점을 알게 됐다. 하지만 장거리 가스관 건설을 위한 각종 장비와 기자재가 부족했다. 특히 대구경 파이프는 수입에 의존해야만 했다. 서독 이외에 영국·이탈리아·일본 등 여러 나라의 기업들이 참여를 희망했지만 소련은 서독을 선호했다. 1962년까지 60만 톤 규모의 대구경 강관이 소련으로 수출됐다. 천연가스의 장거리 수송이 가능하다는 걸 파악한 소련은 동독을 포함한 위성국가들에도 천연가스를 공급하기로 결정했다. 소련과 동독을 연결하는 가스관 건설에는 16만 3,000톤 규모의 강관이 필요했고 서독은 당연히 이건 자신들의 몫이라고 생각했다.

하지만 양국의 밀착을 우려스럽게 보고 있던 미국은 다시 대구경 강관을 전략 물자로 지정했다. 당연히 서독에서는 이에 대해 격렬하게 반발했지만 아데나워 총리는 미국의 수출 통제 조치를 따르도록 명령했다. 1961년 베를린 장벽 건설로 고조된 위기 속에서 1962년 쿠바 미사일 위기까지 겹치면서 힘겨워했던 케네디 대통령의 체면을 세워 주기 위한 결단이었다.

## 다시 연결된 소련-독일

1966년 서독의 외무부 장관으로 취임한 빌리 브란트 Willy Brandt 는 소련과의 관계 개선을 추진했으며 이는 '화해를 통한 협력' 개념으로 구체화됐다. 미국에서도 무역 부문에서의 양보를 통해 소련을 국내 네트워크에 통합시키는 것이 필요하다는 판단을 하게 됐다. 이런 흐름 속에서 1968년 중립국 오스트리아는 소련으로부터 천연가스를 공급받고 그 대가로 대구경 강관을 공급하는 계약을 체결했다. 독일 기업들은 재빨리 이 계약에 참여했고, 서독에서는 인접한 체코까지 연결된 소련의 가스관을 연장해 독일 남부 바이에른에 소련 천연가스를 공급하자는 구상이 등장했다. 지금은 독일의 대표적인 산업 중심지인 바이에른은 1960년대만 해도 낙후된 농업 지역이었다. 서독은 저렴한 에너지 자원을 확보해야만 공업화를 달성할 수 있다고 판단했다. 마침 프랑스와 이탈리아도 소련과의 에너지 협력에 나서기 시작했기 때문에 서독으로서는 부담을 덜 수 있었다.

서독의 제안을 받아든 소련은 원칙적으로 동의했고 협상 끝에 1969년 8월, 소련은 20년 동안 매년 3bcm 규모의 천연가스를 공급하고 서독은 이에 필요한 파이프라인을 건설하기로 했다. 건설 비용은 소련이 공급하는 천연가스로 상계하되 독일 17개 은행이 공동으로 보증을 제공하는 것으로 해결했다. 1970년 2월에 계약이 체결됐으며 3년 후인 1973년 10월 최초의 소련 천연가스가 시베리아에서 출발해 서독에 도착했다. 1차 오일쇼크 직전에 도착한 소련의 천연가스는 위기에 빠진 서독에게는 구원의 존재였다.

## 미국과 소련의 갈등, 괴로운 유럽

1970년대 미국과 소련 사이에도 평화를 향한 한 줄기 빛이 들어왔다. 이런 분위기에 가장 큰 역할을 했던 건 독일 출신의 미국 외교관 헨리 키신저 Henry Kissinger였다. 1969~77년 미국 외교 정책의 중심에 있던 그는 1970년대 데탕트 détente(프랑스어로 '긴장 완화') 정책을 이끌었고, 1973년에는 노벨 평화상을 받기도 했다. 1971~79년 미국과 소련의 교역 규모는 15배 증가했다.

　미국이 소련과 협력하고자 했던 이유 중 하나는 단연 에너지였다. 당시 시베리아 쪽에서 가스전들이 계속 발견됐는데 미국은 여기 파이프라인을 2,500킬로미터 깔아서 러시아 북쪽 항구도시 무르만스크로 연결시킨 뒤에 LNG로 바꿔 미국으로 들여오고 싶었다. 소련과 서독은 육상이라 파이프라인으로 연결이 가능하지만 미국은 바다를 건너야 하니 천연가스를 액화시킨 LNG를 탱크에 담아 들여오겠다는 것이었다. 하지만 미 의회에서는 소련을 돕는 일은 할 수 없다며 반대했다. 이런 미국의 모습을 지켜보며 소련은 자신들이 가진 천연가스가 얼마나 매력적인 것인지 재확인했다.

　확신을 얻은 소련은 서유럽 국가들에 에너지 공급을 제안했다. 그렇게 해서 벨라루스에서 폴란드를 지나 다른 유럽으로 가는 야말 파이프라인을 만들기로 했다. 그런데 위기가 생겼다. 1979년 이란 혁명으로 인해 2차 오일쇼크가 발생한 것이었다. 당시 서독은 에너지 수입 다변화에 초점을 맞추고 있었기에 야말 프로젝트에 많은 투자를 했고 빨리 들여오고 싶었다. 그전까지 잘해 왔으니 문제없으리라 생각했다. 그런데 국제 정세는 뜻대로 되지 않았다.

　화해 양상을 띠던 미국과 소련이 다시 갈등 국면에 접어들었고 서독은 그 사이에서 눈치를 볼 수밖에 없었다. 1970년대 초중반까지는 전략 핵무기 감축 협상 타결 등 분위기가 좋았는데 1970년대 중후반 미 의회에서 '너무 양보하는 게 아니냐'는 의견들이 나오기 시작했다. 이런 상황에서 소련이 동유럽 국가에 과거보다 훨씬 정밀도가 향상된 이동식 미사일 SS20(소련의 트럭 이동식 중거리 탄도 핵미사일)

1974년 정상회담을 위해 블라디보스토크로 향하는 기차에서 이야기를 나누고 있는 헨리 키신저 국무장관(왼쪽)과 제럴드 포드 대통령

을 배치하면서 유럽을 압박하는 일이 벌어졌다. 유럽 국가들은 강하게 나가기로 마음먹었고, 북대서양조약기구NATO는 소련에 미사일 철수를 요구했다. 그렇지 않으면 미국이 주장하는 준중거리 탄도 미사일 퍼싱II 배치에 찬성하겠다고 엄포를 놓았다.

그렇게 서방 진영과 소련은 다시 사이가 멀어졌고, 이때 소련이 아프가니스탄을 침공하면서 아프가니스탄 전쟁이 발발했다. 당시 미국 대통령이었던 지미 카터Jimmy Carter는 데탕트 정책을 끝내고 '카터 독트린'을 선포하며 소련에 경제 제재를 가하기 시작했다. 대표적 제재는 첨단 기술 수출 제한과 곡물 수출 감소였다. 당시 소련이 흉년이라 미국으로부터 대량의 곡물을 들여가고 있었는데 이를 3분의 1로 줄였다. 또한 1980년 모스크바 올림픽을 보이콧하며 다른 유럽

동맹국들에도 동참해 줄 것을 요구했다. 그렇게 야말 프로젝트는 위기에 봉착하게 됐다.

    미국의 경고에도 불구하고 1981년 11월 20일 서독은 야말 프로젝트 계약서에 사인했다. 1984년부터 2008년까지 80억 bcm 정도를 공급하고, 뒤에 추가로 120억 bcm 정도를 공급하기로 합의하는 내용이었다. 이 일로 미국과 서독의 관계는 최악으로 치닫게 됐다. 이에 서독은 미국을 설득하기 위해 총력을 기울였다. 설득의 요지는 '우리가 쓰는 양은 미미하기 때문에 큰 영향을 주지 않는다'는 것이었다. 당시 유럽경제공동체EC 장관들도 "미국의 우려는 알겠지만 세계 무역 원칙을 위배하는 게 아닌가." 하는 의견을 내며 서독을 지지했다. 미국도 물러서지 않았다. 기업 제재 리스트에 프랑스·이탈리아·영국 회사들을 올리는 등 계속해서 대립했다. 미국 입장에서는 동맹국이라는 이름으로 유럽 국가들에 세금 혜택도 주고 있는데 이들이 소련으로 하여금 돈을 벌게 해 주면 소련은 그 돈으로 첨단 무기, 핵 무기 등을 만들 뿐이라는 것이었다. 이에 프랑스의 프랑수아 미테랑François Mitterrand 대통령이 설득에 나섰다. 그는 "소련에 돈을 주면 오히려 그 돈으로 우리 물건들을 산다. 좋은 관계를 유지하면서 대규모 프로젝트를 계속 하자고 부추겨야 군사가 아닌 다른 쪽에 돈을 쓸 것이다."라고 했다. 결국 1982년 미국의 로널드 레이건Ronald Reagan 대통령은 한 발 양보하기로 했다. 이는 물론 서독의 헬무트 슈미트Helmut Schmidt 총리가 퍼싱Ⅱ 미사일 배치에 찬성해 준 데 대한 보답이기도 했다.

    1980년대 초반에 서독과 소련의 미사일 배치를 둘러싼 정치적

러시아에서 유럽으로 가는 가스 파이프라인

갈등의 이면에는 가스를 둘러싼 경제적 갈등이 있었다. 1982년 11월 13일 미국은 공식적으로 가스에 대한 제재를 모두 풀었다. 미국의 체면을 세워 주기 위해 서독은 파이프라인을 제외한 모든 기술 통제는 적극적으로 협조하겠다고 밝혔다.

폴란드 자유노조를 둘러싼 갈등, 체르노빌 사건, 냉전, 동유럽 블록 붕괴 등 여러 사건들로 인해서 야말 프로젝트는 목표보다 10년 후인 1995년에야 완공됐다. 그리고 노르트스트림이나 터키를 경유하는 튀르크스트림 등이 만들어진 것은 2000년대 들어오면서부터다.

서독은 소련과의 관계를 개선하기 위해 오랜 시간 공을 들였다. 지속적으로 좋은 관계를 유지하기 위해서는 끊어낼 수 없는 경제 공동체가 되어야 한다는 게 독일의 생각이었다. 우여곡절은 있었지만 이런 노력 덕에 통일 독일이 가능해졌다고 봐도 무방하다.

이런 독일의 구상은 2010년 들어 반복됐다. 그렇게 만들어진 게 노르트스트림 2였다. 그런데 러시아-우크라이나 전쟁이 터졌고, 파이프라인은 첫 번째 희생자가 됐다. 독일이 이번에는 러시아를 끊어 낼 수 있을지 지켜볼 일이다.

## 러시아-우크라이나 전쟁, 에너지 재편 시동

2022년 4월 27일 폴란드로 공급되던 러시아산 가스가 중단됐다. 러시아와 우크라이나 전쟁 중인 상황에서 폴란드가 우크라이나를 적극적으로 지원하고 도왔기 때문이다. 이로 인해 유럽 가스 가격이 15퍼센트 상승했다는 이야기도 나온다. EU, 특히 독일은 고민이 많다.

러시아-우크라이나 전쟁, 그리고 미국-유럽의 관계를 보면서 여러 가지 생각이 든다. 유럽은 러시아에 대해 여러 제재 조치를 발표하고 있다. 하지만 사실상 러시아 에너지 구매 대금은 정상적으로 지급되고 있다. 러시아와 장기 계약을 맺고 가스와 원유를 공급받고 있기 때문이다. 유럽에서 러시아로 넘어가는 대금이 하루 8억 유로(한화 약 1조 2,700억 원) 정도 된다. 가스를 받지 못하면 난리가 나기 때문에 이를 멈출 수 없다. 한쪽으로는 가스 대금이 계속 나가 러시아에 전쟁 자본이 되고, 다른 한쪽으로는 우크라이나를 지원해 러시아와 맞설 수 있도록 돕고 있는 셈이다. 그러다 보니 러시아는 단기적으로는 지금 유럽의 경제 제재에는 크게 영향을 받지 않는 모양새다. 전쟁 후 60일가량이 지난 2022년 4월 28일 가즈프롬은 1분기에 540억 달러로, 사상 최대 경상수지 흑자를 기록했다고 밝혔다. 고유가에 가스값이 계속 들어온 덕분이었다.

러시아는 유럽의 최대 가스 공급자다. 유럽에서도 물론 가스가 나온다. 러시아산을 제외하면 주로 노르웨이와 네덜란드에서 나오며, 네덜란드는 1960년대부터 유럽 가스나 원유의 중심 역할을 해 왔는데 조만간 중단될 예정이다. 그 외에 덴마크, 알제리 등이 있음에도 불구하고 러시아에 대한 유럽의 가스 의존도는 35퍼센트 정도 된다. 러시아 가스 수출의 65~70퍼센트가 유럽이다. 러시아 입장에서 봤을 때 EU는 가장 큰 고객이라 서로 맞물려 있다고 할 수 있다.

EU는 러시아에 대한 가스 의존도를 낮출 생각을 하고 있다. 1년에 EU 전체적으로 봤을 때 매년 달라지긴 하지만 1,550억 세제곱미터 정도 들여오는데 최근 EU가 러시아에서 들여오는 가스를 3분의 2 정도 줄여 500억 세제곱미터 정도만 들여오겠다고 발표했다. 이게 과연 가능할지는 의문이다. 의존도를 낮출 방법으로는 LNG 수입과 아프리카 파이프라인 확대를 생각하고 있다. 그런데 천연가스를 액화시킨 LNG는 기화시켜 가스로 만들기 위한 인수 터미널이 필요하다. 그러다 보니 파이프라인을 통해 들여오는 게 가격경쟁력 면에서 가장 좋다. 또한 EU 내부적으로 바이오 메탄 생산에 대한 규제를 풀어서 에너지를 대체하려는 생각도 있고, 난방 온도를 1~2도 낮추고 히트 펌프를 도입하는 방안도 고민 중이다. 열 교환 장치인 히트 펌프를 이용하면 효과적인 난방이 가능해진다.

당장 발등에 불이 떨어진 나라는 독일이다. 러시아산 가스를 완전히 금수하면 GDP 2~3퍼센트 정도 마이너스 성장을 각오해야 한다. 일자리 또한 최소 40만 개 정도는 사라진다. 첫째는 유리·도자기 같은 산업이다. 둘째, 비료 산업도 그렇다. 이외에도 제조업 강국인 독일은 특히 화학 산업이 발달했는데 이들은 열을 필요로 하는 경우가 많아 가스와 긴밀하게 연결된다. 안 그래도 코로나19 이후 회복 속도가 느린 편인데 여기에 가스까지 끊기면 나라 경제가 어떻게 될지 모른다는 예측이 불안을 증폭시킨다.

독일이 이렇게 어렵다고 아무리 이야기해도 EU 내부에서는 비난의 목소리가 있다. 그럴 수밖에 없는 게 그리스·이탈리아·스페인 등 남유럽이 어려울 때 독일이 EU 원칙이라며 강력한 구조조정을 강요했던 전적이 있기 때문이다. 2010~13년 유로존 경제 위기 당시 그리스는 GDP -18퍼센트 성장 등을 겪었다. 그런데 지금 독일은 GDP -2퍼센트로 푸념하느냐는 것이다. 유럽 입장에서는 당장 2~3년 힘들 수 있지만 아프리카·미국·아시아 등 대체 가스 공급처는 찾을 수 있다. 하지만 러시아의 경우 가스 수출의 74퍼센트를 차지하는 EU라는

러시아에서 유럽으로 가는 노르트스트림

시장을 잃는 건 큰 타격이 된다고 그들은 입을 모은다.

독일의 러시아산 가스 의존도가 이처럼 높아진 데는 2005~21년 독일 총리로 재임한 앙겔라 메르켈Angela Merkel의 책임도 일부 있다. 집권 당시 그는 재생 에너지 확장을 위해 원자력 발전소 폐쇄, 화력 발전소 감축 등을 지시했고, 대신 필요한 에너지는 천연가스를 사용하도록 했다. 본래 갈탄, 무연탄, 원자력 등 에너지 밸런스가 좋았던 나라인데 이 시기를 거치며 러시아 가스에 대한 의존도가 급속도로 높아졌다.

2022년 2월부터 독일도 러시아산 가스, 원유, 석탄 수입을 줄이기 위해 노력 중이다. 특히 가스의 경우 40퍼센트대를 목표로 가능한 방법을 총동원하고 있다. 부유식 저장 및 가스화 시설FSRU을 이용하면 해외에서 들여온 LNG를 기화시켜 항구로 보낼 수 있는데, 임시 시설이긴 하지만 몇 년 정도는 너끈히 쓸 수 있다. 우리나라에서도 많이 만들어서 수출하고 있다. 독일과도 이를 3대 대여하는 리스 계약을 체결했다. 단기적으로는 쉽지 않겠지만 에너지 다양화·다변화 조치에 나설 것은 분명하다. 다만 독일 정도의 시장 규모에서 LNG를 들여가기 시작하면 가격이 뛰는 건 불 보듯 뻔한 일이라 우려하지 않을 수 없다.

급한 대로 원자력을 다시 가동하자는 의견도 나온다. 현재 독일에 남아 있는 원자력 발전소는 3개이며 모두 2021년 말에 가동을 중단했다. 이 3개를 다시 가동하려면 연료봉이 필요하다. 연료봉을 가져올 수 있는 곳을 찾아보니 EU 원자력 발전소에 공급되는 우라늄 공급 2위가 또 러시아여서 이 역시 쉽지 않다. 뿐만 아니라 다시 가동하기 위해서는 인허가 절차를 밟아야 하는데 거기 소요되는 비용을 조달하기도 어렵고, 조달한다 하더라도 계속적으로 가동할지 의문인 상황이다.

기후 변화, 에너지 정책 등에 있어서 EU는 항상 선두주자였다. 최근의 어려움에 대해 EU 내부적으로 여러 가지 논란이 있었지만 EU는 재생 에너지 확대를 골자로 하는 에너지 전환을 계속 추진하겠다는 의사를 분명히 하고 있다. 러시아와 우크라이나 전쟁은 그 자체로도 큰 영향이지만 에너지를 둘러싼 관계에서 우리가 생각했던 경로를 완전히 이탈하고 있어서 이 결과가 어떻게 나올지 신중히 지켜볼 필요가 있다. 중요한 건 에너지 믹스다. 어떤 원칙으로 어떻게 섞을지는 머리를 맞대 봐야 하겠다.

# 3부

# 인구와 기후

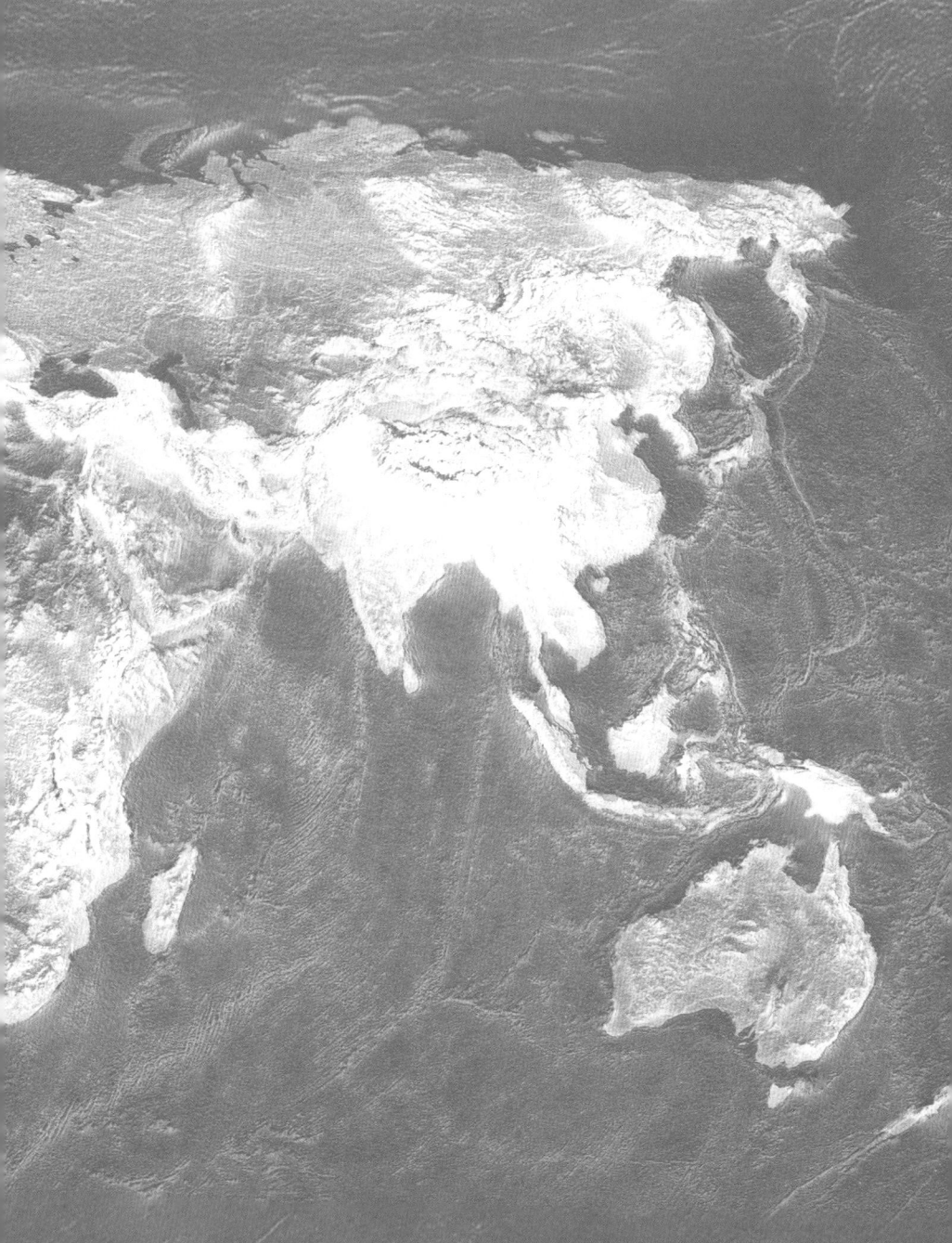

# 11장

# 넓은 땅에
# 적은 인구로 사는 법,
# 카자흐스탄

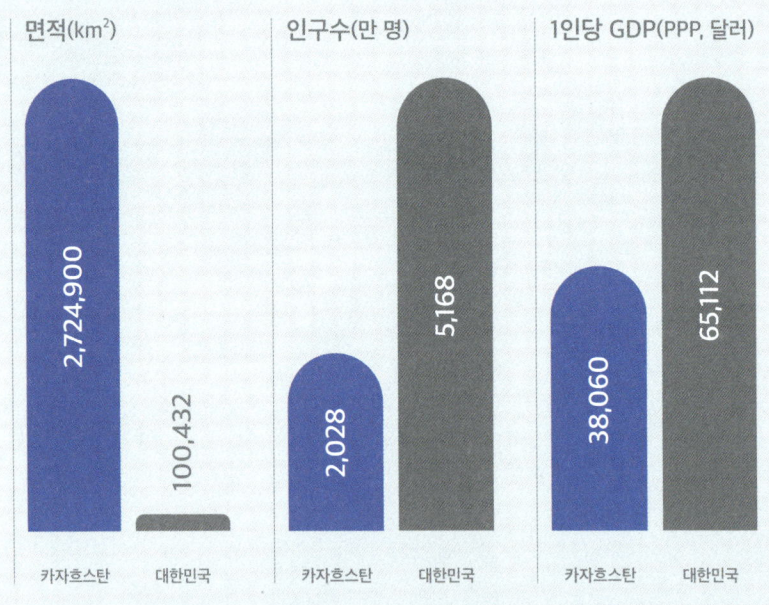

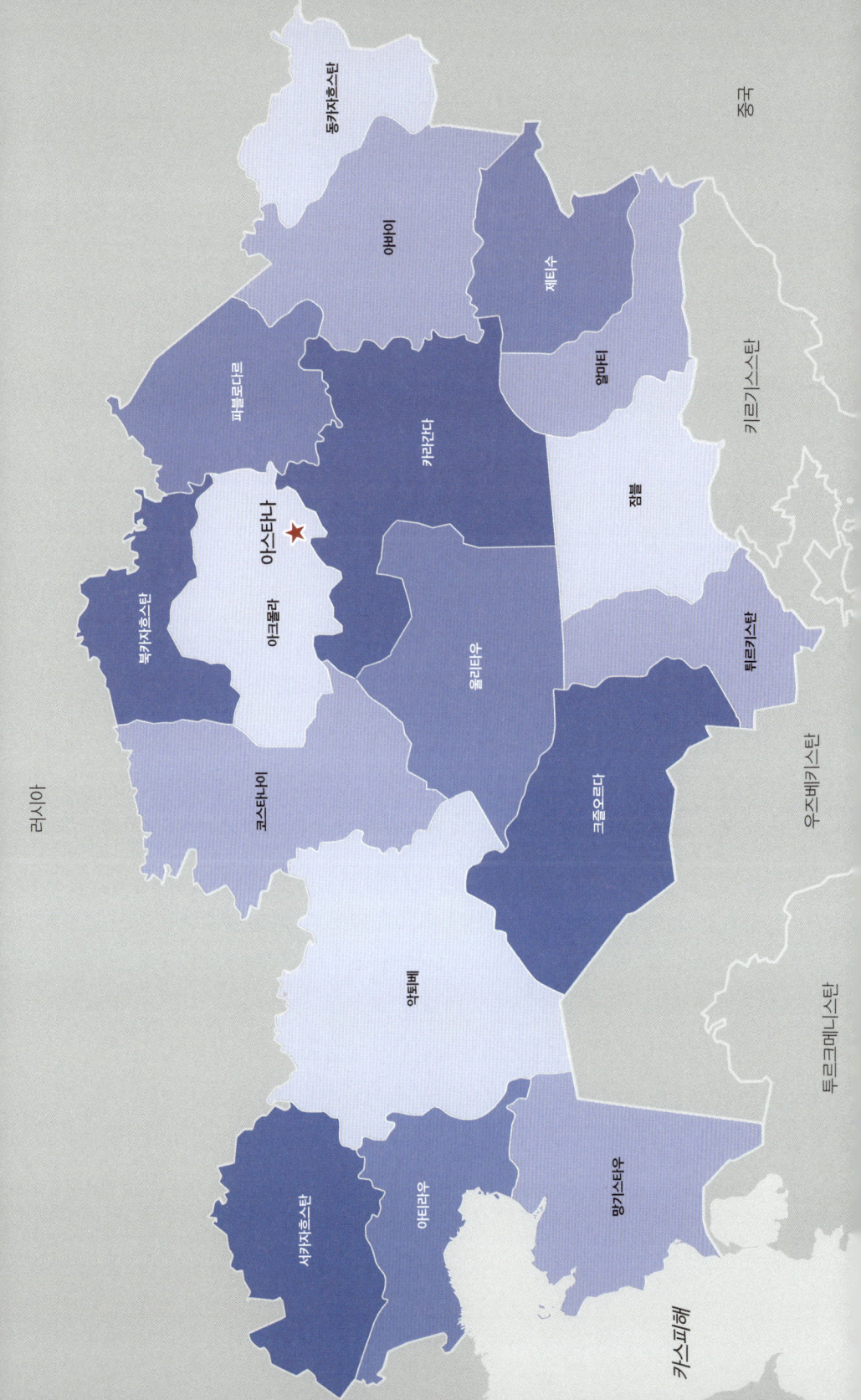

    카자흐스탄의 면적은 약 272만 제곱킬로미터로, 세계 9위다. 어느 정도 큰 것이냐 하면 서유럽 전체 크기와 비슷하다.

    중앙아시아에 위치한 카자흐스탄의 북쪽에는 세계에서 가장 큰 나라 러시아가 있다. 카자흐스탄이 러시아와 맞닿아 있는 길이만도 무려 7,559킬로미터, 동쪽으로 중국과의 접경은 1,782킬로미터, 남쪽으로 우즈베키스탄과의 접경은 2,351킬로미터 등 국경선만 1만 3,359킬로미터에 달한다. 카자흐스탄은 러시아, 중국, 우즈베키스탄, 키르기스스탄, 투르크메니스탄 등 5개 국가와 인접해 있다. 몽골도 가까이에 있긴 하지만 국경이 맞닿진 않고 45~50킬로미터 정도 간격이 있다. 보통 나라가 크더라도 해안선이 있기 때문에 실제 국경의 길이 자체는 그리 길지 않은데 카자흐스탄의 경우 세계 최대의 내륙 국가라 유난히 더 국경선이 길다. 카스피해를 바다로 볼 수 있지 않느냐

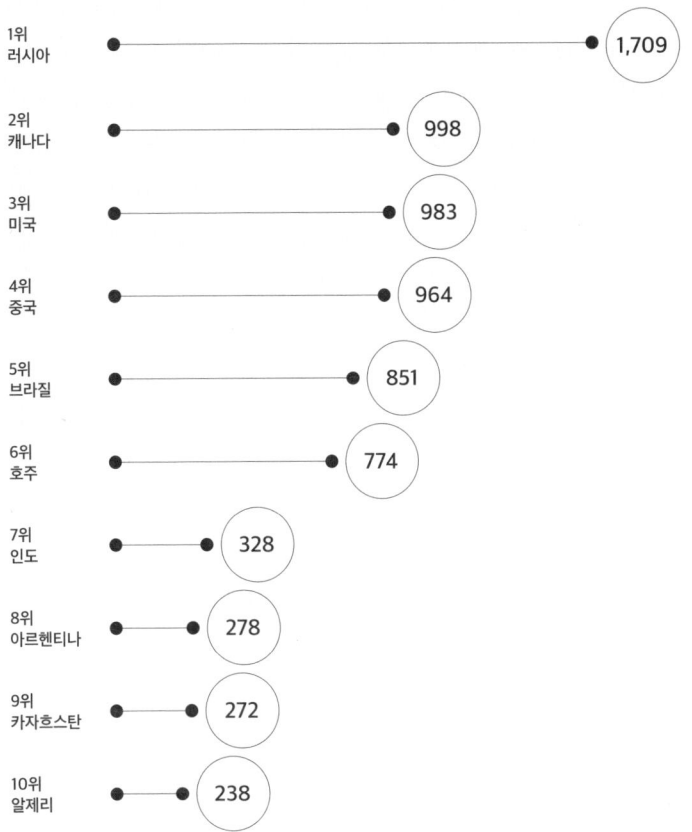

는 사람도 있겠지만 사방으로 막혀 있는 카스피해는 바다로 보기 어렵다.

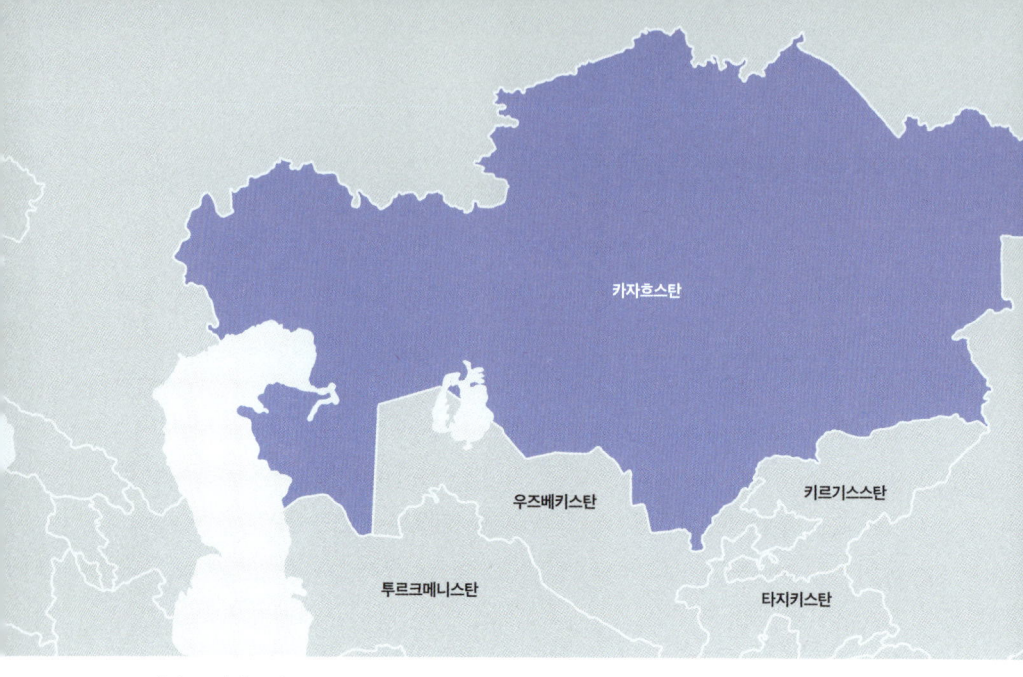

카자흐스탄과 주변 국가들

## 아시아와 유럽 사이 넓은 땅

1991년 12월 16일 소련이 붕괴하면서 비로소 독립할 수 있었던 카자흐스탄의 정식 명칭은 카자흐스탄공화국이다. 카자흐스탄에서 '카자흐 kazakh'는 튀르크어로 '방랑하다', '돌아다니다', '스탄 stan'은 '땅'을 의미하기 때문에 풀어 쓰면 '자유인 혹은 변방의 사람들'을 뜻한다. 카자흐스탄의 국조는 검독수리다. 그래서 국기에도 초원수리가 그려져 있다. 국기를 보면 광활한 대평원에 해가 쨍하게 내리쬐고 독수리가 날아가는 느낌이 든다. 실제로는 어떨까.

카자흐스탄 국토의 26퍼센트는 반건조 지역이자 산림 지역이다. 그리고 10퍼센트는 높은 산들로 이루어져 있다. 중국 서부 신장웨이

우얼자치구에서 우즈베키스탄까지 이어지는 톈산 산맥도 지대가 상당히 높은 지역도 있고, 사막도 있다. 넓은 만큼 땅의 성격도 굉장히 다양하다.

카자흐스탄의 동남부는 톈산 산맥과 가깝다. 이 지역에서 가장 높은 곳이 한텡그리 Khan Tengri라는 봉우리인데 약 7,010미터 정도 된다. 한텡그리는 중국·카자흐스탄·키르기스스탄의 국경에 위치하며, 지질학적 높이는 6,995미터이나 봉우리의 얼음을 포함하면 7,010미터다. 동부는 알타이 산맥 남단에 해당해서 2,000~3,000미터 정도 고원지대가 이어진다.

넓은 땅에 호수도 많다. 카자흐스탄에는 4만 5,000개 이상의 호수가 있는데 1제곱킬로미터 이하가 4만 5,200개, 큰 호수는 24개 내외다. 전 세계에서 호수가 가장 많은 나라는 핀란드이며 핀란드에는 약 18만 개의 호수가 있다.

카자흐스탄의 전체 국토에서 농사를 지을 수 있는 땅은 24~25퍼센트 정도로, 전체 면적의 약 4분의 1인데 이 지역 토양은 농사짓기에 정말 좋다. 우크라이나의 흑토 체르노젬과 같은 흙이며, 영양분이 많은 표토 두께가 2미터 이상 된다. 나머지 땅들은 방목해서 가축을 키우기에 좋다. 카자흐스탄은 사실 예전에는 농업을 잘 하지 않았다. 유목민들 땅이었기 때문에 주로 목축을 하다가 1950년대 소련 시절에 대개간 사업을 하면서 곡창 지대로 부상하게 됐다. 2021년 통계로 보면 카자흐스탄은 세계 14위의 밀 수출국이다. 밀을 대량 수출하는 국가들이 많다 보니 수출량만 보면 압도적으로 많게 느껴지지는 않는다. 농사가 잘되는 곳은 대체로 러시아와 접경 지역인 북부 지역이

우슈투르트 고원 사막(© 위키커먼스)

다. 남쪽은 건조 지역이라 강우량도 적고, 토양에 영양분도 없어 농사가 잘 안 된다. 서쪽과 중남부 지역은 반사막 지역이다. 카자흐스탄의 가장 대표적인 사막 중 하나가 우슈투르트 고원 사막인데 높은 지대에 있어서 그랜드 캐니언 같은 느낌도 든다. 이외에도 실콤 사막, 베타클라크 사막 등에서 관광 상품으로 사막 투어 프로그램을 진행하기도 한다.

카자흐스탄은 춥고 뜨겁다. 여름은 북부 지역이 20~24도, 남쪽은 30도 정도 되니 연교차가 50~60도 가까이 난다. 비는 많이 오지 않지만 바람이 많이 분다. 넓은 평야에 높은 지대가 있다 보니 한번 달궈지면 바람이 그야말로 휘몰아친다. 그만큼 풍력 잠재력도 아주 크다. 연구자들의 추산에 따르면 카자흐스탄의 풍력 잠재력은 연간

1조 킬로와트시 정도라고 한다. 우리나라의 1년간 총 전기 사용량이 5,479억 킬로와트시인 걸 생각하면 그 잠재력이 얼마나 되는지 가늠해 볼 수 있다. 아직 개발되지 않은 추정치이긴 하지만 우리나라 연간 전력의 2배를 생산할 수 있는 잠재력이다. 하지만 땅은 넓고 사람은 없는 데다가 땅속에 석유·가스가 많으니 굳이 풍력까지 할 필요성을 느끼지는 못하는 듯하다.

카자흐스탄은 아시아일까, 유럽일까. 카자흐스탄은 분명 아시아이지만 축구는 유럽연맹에 속해 있다. 축구계에서는 유라시아 대륙에 있는 나라들을 유럽과 아시아로 구분할 때 우랄산맥을 기준으로 한다. 카자흐스탄의 경우 국토의 10퍼센트가 우랄산맥 서쪽에 있으니 유럽으로 분류된다. 국토의 3퍼센트가 우랄산맥 서쪽에 있는 튀르키예도 유럽에 포함시켰으니 카자흐스탄을 유럽에 넣는 건 무리도 아니다.

## 세계에서 아홉 번째로 넓은 땅, 2,000만 명의 사람들

카자흐스탄의 인구는 약 2,000만 명 정도 된다. 원래 사람이 없던 지역이다. 러시아 제국 시절에 중앙아시아에 진출하면서 러시아 영향권에 들어갔고, 그 이후 목화 재배를 위한 대규모 개간 사업 등을 통해 러시아 사람들이 유입되면서 인구가 다소 증가했다. 인구 구성을 보면 카자흐스탄 67퍼센트, 러시아 20퍼센트, 우즈베키스탄 3퍼센트, 우크라이나 1.5퍼센트, 웨이우얼, 카타르, 독일계 사람들도 있

**카자흐스탄의 인구 비율**  (단위: %)

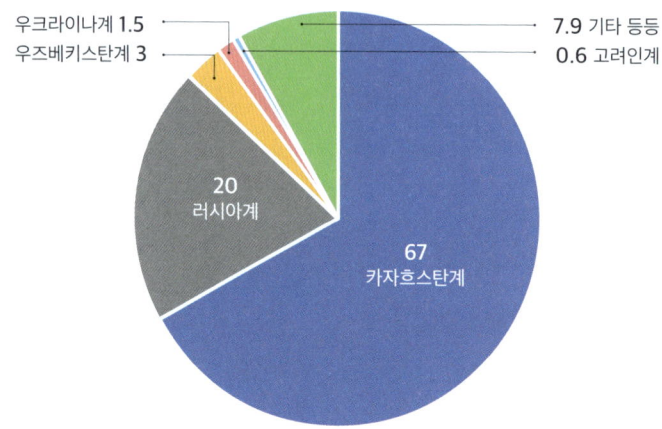

다. 뿐만 아니라 고려인도 0.6퍼센트로, 10만 명 정도 거주하고 있다고 한다. 1980년대 소련 시절 카자흐스탄의 구성을 보면 러시아 사람들 많았는데 소련 붕괴 후 본국으로 많이 돌아갔다.

 카자흐스탄은 중앙아시아의 다른 지역과 달리 유럽의 느낌이 강하다. 아시아계, 유럽계가 섞여 있으나 본래 이 지역은 백인들이 살던 곳이었다. 튀르크 제국이 확장되면서 그들을 밀어내고 튀르크화했다가 다시 러시아 사람들이 밀고 내려오면서 많은 변화를 겪었다. 현재 카자흐스탄에는 소수민족까지 포함해 130개 민족이 살고 있다. 그런데 신기하게도 분쟁 없이 모두 잘 지낸다. 앞에서 이야기했던 미얀마와는 다른 점이다. 유목 민족의 특성상 일정 거리를 두되 끈끈하게 모여 사는 걸 선호하는 듯하다.

'스탄' 국가의 특징 중 하나가 사람들이 이슬람교를 믿는다는 것이다. 그런데 사우디아라비아에서는 카자흐스탄에 대해 무늬만 이슬람이라며 비난한다. 예전에 소련에 속해 있었기에 술을 잘 마시고, 이슬람식으로 하루 다섯 번 하는 절도 잘 하지 않는다. 전체 국민의 73퍼센트 정도가 수니파 이슬람이고, 러시아정교가 20퍼센트이며, 돼지고기도 즐겨 먹진 않지만 배제하진 않는다. 세속주의가 자리 잡은 이슬람 국가라고 볼 수도 있다. 그렇다고 해서 기독교 등 타 종교가 선교할 지역이라고 할 수는 없다. 러시아정교는 오래전부터 있어 왔지만 새로운 종교가 들어오는 데 있어서는 상당히 부정적이다.

카자흐스탄 사람들은 모국어 카자흐스탄어를 쓰며 공용어로 러시아어도 채택해 사용하고 있다. 비교적 최근인 러시아-우크라이나 전쟁 이후 공식적으로 카자흐스탄어를 사용하자는 의견들에 힘이 실리기 시작했다. 카자흐스탄은 친서방과 친러시아를 오가며 최대한 많은 이익을 본 나라다. 하지만 전쟁 이후에는 러시아어를 쓰는 사람들을 이대로 내버려 두면 우크라이나처럼 될지 모른다는 불안감이 생겼다. 국무회의에서도 과거에는 카자흐스탄어와 러시아어를 같이 사용했지만 최근에는 카자흐스탄어를 사용하기로 했다.

### 알마티에서 아스타나로

카자흐스탄의 수도는 북쪽에 위치한 아스타나다. 810제곱킬로미터 면적에 115만 명이 거주하며 상당히 번화한 모습이다. 아스타나는 원래 작은 동네였는데 러시아 점령 당시 군사 기지 아크몰린스키를 만들면서 발전하기 시작했다. 아스타나의 날씨는 역대 최저 기온이 영하 51.6도였을 정도로 몹시 춥다. 물론 평상시에는 이 정도까지는 아니고 1월 평균 기온은 영하 15도. 반면 여름 최고 기온은 41.6도라서 굉장히 춥고 또 더운 도시라고 할 수 있다.

아스타나가 처음부터 수도였던 건 아니다. 본래 수도는 동남쪽에 있던 알마티(알마티아)였는데 러시아 사람들이 주로 북쪽에 몰려 있다 보니 북쪽을 제대로 관할하기가 어려워 수도를 과감히 옮겼다. 경제성·효율성을 생각해서가 아니라 감시를 목적으로 옮긴 셈이다. 아스타나는 1950년대 농업 대개간을 하면서 새롭게 만들어진 도시다.

수도 이름 아스타나도 곡절이 있었다. 2019년에는 초대 대통령인 누르술탄 나자르바예프 Nursultan Nazarbayev의 이름을 따 누르술탄으로 불렸으나 정변이 발생하고 대규모 시위로 나자르바예프가 실권하면서 2022년에 다시 아스타나라는 이름을 되찾았다.

본래(1925~94년) 수도였던 알마티는 카자흐스탄의 최대 도시였다. 해발 800미터, 682제곱킬로미터 면적에 200만 명 정도 거주하고 있으며 동계 스포츠에 적합하고, 청정한 편이다. 중앙아시아의 최대 경제 중심지, 중앙아시아의 경제 수도라고 불릴 만한 지역이다.

그런 알마티에서 가장 유명한 건 기술도 노동도 아닌 '사과'다. 알마티는 사과의 원산지다. 기원전 3000년 전부터 이 지역에서 사과를 재배했던 흔적이 있을 뿐 아니라 알마티 주변에 100미터 정도 더 높은 지대로 가면 말루스 시에베르시 malus sieversii, 즉 신강야평과라는 사과 품종이 있는데 이 품종이 전 세계 모든 사과의 원조라고 알려져 있다. 알마티라는 이름도 기원을 거슬러 올라가면 '사과의 할아버지'라는 뜻이다.

알마티에 처음 가 본 사람들은 대개 좋은 차들과 고층의 멋진 건물들을 보고 깜짝 놀란다. 카자흐스탄은 자원도 많고 금융도 발전한 나라라 중앙아시아에서는 꽤 비즈니스하기 괜찮은 곳에 속한다.

## 흔들리는 카자흐스탄

2022년 카자흐스탄에서 대규모 총격전이 벌어졌다. 그리고 곧장 러시아 군대가 파병됐다. 물가상승률이 연평균 9퍼센트로 높던 상황에서 가스와 석유에 가격 상한제를 두고 있었는데, 2022년에 풀었다.

카자흐스탄에서는 연료로 LPG를 많이 쓴다. 그런데 최근 LPG 가격이 50텡게(한화 약 130원)에서 120텡게(한화 약 313원)로 뛰었다. 그러다 보니 사람들의 불만이 터져 나왔다. 1월 4일 서쪽 끝에 있는 자나오젠이라는 곳에서 시위가 시작됐다. 처음엔 평화 시위였다. 시위대들이 나와서 가스값 인하와 지방자치를 요구했다. 자나오젠은 서쪽 끝, 알마티는 남쪽 끝에 있는데 그 거리가 3,000킬로미터다. 그런데 시위가 순식간에 전국으로 확산되고 격렬해졌다. 바로 다음 날인 1월 5일 카심-조마르트 토카예프Kassym-Jomart Tokayev 대통령은 국가비상사태를 선언하고 2주간 비상계엄령을 선포했다. 그리고 국민들을 달래기 위해서 LPG 가격을 다시 50텡게로 내리고, '6개월간 휘발유와 경유 등 연료에 대해 가격 상한선을 설정하겠다', '육류·감자·당근을 주변국에 많이 수출해 식량 가격이 뛰었으니 수출을 금지하겠다' 등의 발표를 했지만 시위는 멈추지 않고 격렬하게 번졌다. 급기야 관공서, 은행까지 습격하는 등 갈수록 과격해지면서 공권력이 완전히 붕괴됐다.

이런 일이 벌어진 데는 사실 여러 요인이 있다. 첫째, 경기가 좋지 않았다. GDP는 1인당 9,000달러에서 8,000달러로 내려간 상태였고, 물가상승률은 9퍼센트 정도이니 민생고가 와닿기 시작했다. 카자흐스탄은 지니계수가 0.4 정도로 빈부 격차가 심한 나라다. 얼마나 심한가 하면 전체 부의 55퍼센트를 160명이 점유하고 있다. 《포브스》가 선정한 2019년 전 세계 부자 통계를 보면 100위 안에 5명이 카자흐스탄 사람이다. 카자흐무스홀딩스의 회장 블라드미르 킴의 개인 자산은 50억 달러(한화 약 7조 원)인데 카자흐스탄의 최저임금은 월 100달러(한화 약 13만 원)다.

시위대의 강력한 구호 중 하나는 '샬 케트(할아버지 나가세요)'였다. 여기서 할아버지란 카자흐스탄의 1대 대통령 나자르바예프를 가리킨다. 1989년 소련 시절 카자흐스탄 공산당 제1서기였던 그는 푸틴보다 선배일 정도로 오래된 사람이다. 소련 붕괴 이후 카자흐스탄이 만들어진 1990년부터 2019년까지 철권통치를 하다가 뒤로 물러났고, 대신 자기 말을 잘 들을 토카예프를 2대 대통령으로 세웠다. 사회를 근본적으로 바꾸기 위해서는 나자르바예프가 물러나야 한다고 사람들은 판단했다. 나자르바예프는 여당 의장, 국가안보회의 의장 등을 맡으면서 공공정책, 경찰, 군을 확고하게 잡고 있었다.

시위가 벌어지자마자 비상계엄을 선포한 토카예프 대통령은 러시아에 개입을 요청한다. 여기에 즉각적으로 반응한 러시아가 공수부대 2,500명에 추가 파견까지 해서 거의 5,000명 가까이를 카자흐스탄에 파병했다. 러시아가 우크라이나만큼이나 카자흐스탄을 중시하는 데는 이유가 있다. 푸틴 대통령의 멘토라고 할 수 있는 사람 중 한 명이 러시아의 소설가이자 극작가, 역사가인 알렉산드르 솔제니친 Aleksandr Solzhenitsyn이다. 그는 소련 시절 강제 수용소를 폭로한 책 《수용소군도》를 써서 추방되기도 하고 박해를 받기도 했다. 다른 한편으로 슬라브민족주의자였던 그는 소련 붕괴 당시 소련 체제는 유지 존속할 수 없는 체제였다고 깨끗이 인정했지만, 우크라이나·벨라루스·카자흐스탄 이 세 나라는 역사적으로 러시아와 떼려야 뗄 수 없는 국가라고 봤다. 그래서 이 민족을 묶어 러시아슬라브 국가를 건설해야 러시아가 가장 평화롭게, 외세로부터 침략을 받지 않고 살 수 있는 길이라고 피력했다. 푸틴 대통령은 여러 번 솔제니친을 찾아가 대화를 나눴고, 솔제니친의 주장에 감동받고 공감했다. 푸틴 대통령의 행보는 이런 취지와도 맞아떨어지는 듯 보인다.

지금도 카자흐스탄 북쪽에는 러시아계 사람들이 많이 산다. 따라서 러시아는 카자흐스탄 전부를 영토로 생각하지 않더라도 러시아 사람들이 많은 곳은 내 영토로, 나머지는 내 영향권으로 생각하는 것 같다. 러시아와 카자흐스탄은 유라시아경제연합이라는 공동체를 통해 연합을 구성한 상태고, 카자흐스탄은 아르메니아·키르기스스탄·우즈베키스탄·타지키스탄 등 중앙아시아 국가들을 러시아와 같이 묶은 집단안보조약기구CSTO의 회원국이다. 엄밀히 말하면 토카예프 대통령은 러시아가 아닌 CSTO에 도움을 요청했다.

토카예프 대통령이 이렇게 급하게 요청한 이유는 뭘까? 그는 카자흐스탄의 군과 경찰을 믿지 못했다. 나자르바예프가 모두 통솔하고 있다 보니 자신이 희생양이 될지 모른다는 위기 의식을 느꼈던 게 아닐까 싶다. 그럼 러시아는 왜 이렇게 급하게 움직인 걸까? 당시 러시아 역시 물가로 인해 국민들의 불만이 높아지던 상황이었기 때문에 시위가 국경을 넘어 러시아 국민들까지 자극할 수 있다는 우려가 있었다. 한편으로 푸틴 대통령 입장에서는 나자르바예프가 굉장히 껄끄러운 존재였다. 그는 확실히 능숙한 정치인이었다. 카자흐스탄은 얼핏 러시아 영향권처럼 보여도 카자흐 민족주의를 내세우고, 중국이나 유럽과의 다자 외교를 적절하게 잘했다. 단적인 예로 2014년 우크라이나 크림반도를 러시아가 병합했을 때 나자르바예프는 시진핑習近平을 만났다. 중국에 안보 도움을 요청한 것이었다. 러시아와 중국이 친할 땐 친하더라도 근본적으로 서로 믿지 못하고 있다는 걸 잘 알고 있었다. 그는 그때그때 친중, 친미, 친EU 등 능수능란하게 노선을 갈아탔다. 그러다 보니 러시아 입장에서는 토카예프 대통령에게 힘을 실어 주는 게 낫다고 판단했다.

소련은 왜 망했을까? 생각해 보지 않을 수 없다. 그 이유에 대해 우크라이나, 벨라루스 체르노빌 사건을 많이 이야기하는데 비슷한 시기 카자흐스탄에서도 큰 소요가 있었다. 1986년 중반 미하일 고르바초프Mikhail Gorbachev 대통령이 서기장이던 시절이었다. 카자흐스탄은 민족도 종교도 달라 대개 서기장은 그 동네 출신이 맡아 왔는데 갑자기 그 동네 경험이 전혀 없는 사람이 파견됐다. 여기에 대해 당시 카자흐스탄 대학생들을 중심으로 격렬한 반대 시위가 있었다. 서기장이었던 고르바초프는 무력 진압을 지시했고, 시위가 확산됐으며, 이 가운데 본보기로 사람들을 발가벗겨서 물을 뿌린 뒤 얼려 죽이는 등 잔인한 일들을 벌였다. 이때부터 카자흐스탄계 소수민족이 러시아와 더 이상 못 하겠다며 본격적으로 목소리를 내기 시작했고, 이 사태를 계기로 우즈베키스탄 등 다른 나라들이 동참했다. 그렇게 3~4년 하다가 소련이 붕괴되고 각자 독립할 수 있었다.

러시아는 과거를 다시 되돌리는 열쇠로 카자흐스탄을 보고 있을지 모른다. 정국은 진정됐지만 미국은 러시아 파병에 대해 경고했다.

이 사태는 또 엉뚱한 곳에 영향을 미쳤다. 다름 아닌 비트코인이다. 비트코인은 어느 나라에서 채굴됐는지 원산지가 표시된다. 카자흐스탄이 세계에서 두 번째로 많다. 중국에서 채굴이 금지되면서 카자흐스탄으로 간 것이다. 2위 채굴 국가인 카자흐스탄 정부는 시위와 관련된 정보 확산을 막기 위해 인터넷 통신망을 차단했는데 그때 코인이 한바탕 요동을 쳤다는 이야기도 있다.

카자흐스탄은 그 넓은 땅에서 적은 인구로도 거대한 소련 안에서 목소리를 냈고, 오늘날에는 중앙아시아 경제 수도로서의 역할을 해내고 있다. 현실 경제로 보면 우라늄 가격이 오르기도 했고 중앙아시아에 새로운 변화가 있지 않을까 싶다. 앞으로 카자흐스탄이 어떤 노선을 걸을지는 지켜봐야 할 일이다.

# 12장

# 인구가 가장 많은 나라, 인도

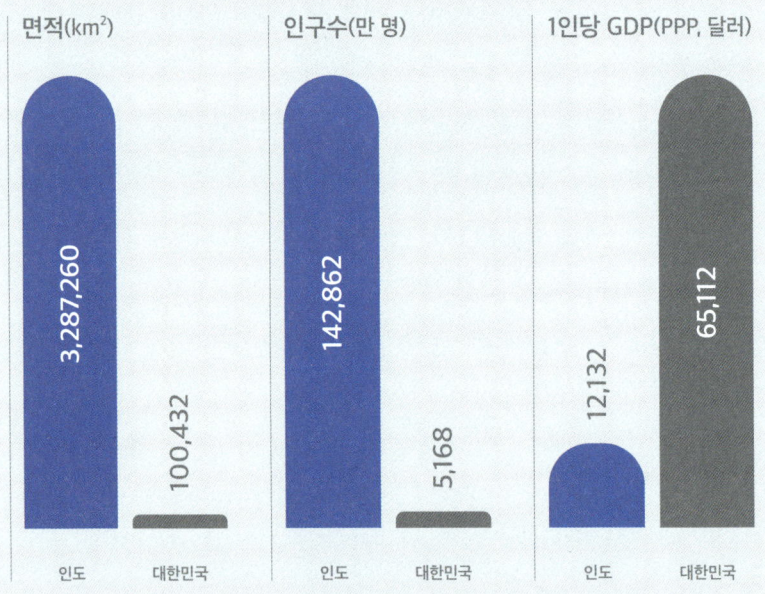

![인도 지도]

- 키르기스스탄
- 타지키스탄
- 중국
- 파키스탄
- 잠무카슈미르
- 히마찰프라데시
- 펀자브
- 우타라칸드
- 하리아나
- ★ 델리
- 네팔
- 시킴
- 부탄
- 아루나찰프라데시
- 아삼
- 나갈랜드
- 라자스탄
- 우타르프라데시
- 메갈라야
- 마니푸르
- 방글라데시
- 미조람
- 구자라트
- 마디아프라데시
- 비하르
- 자르칸드
- 서벵골
- 트리푸라
- 미얀마
- 차티스가르
- 오디샤
- 마하라슈트라
- 텔랑가나
- 고아
- 안드라프라데시
- 카르나타카
- 인도양
- 케랄라
- 타밀나두
- 스리랑카

세계에서 인구가 가장 많은 나라는 인도다. 국제연합UN의 공식 데이터에 따르면 2024년 인도 인구는 약 14억 5,000만 명으로 인구 감소세에 접어든 중국을 역전했다. 인도도 출생률이 많이 줄었지만 그 감소 추세가 중국만큼 빠르지는 않다.

1947년 인도가 영국으로부터 독립했을 당시 인구는 4억 명 정도였다. 그러니까 그때부터 지금까지 10억 명 정도가 늘었다고 볼 수 있다. 중국의 경우, 2022년에 정점을 찍고, 인구 감소가 시작됐다는 보고서들이 속속 나오고 있다. 대부분의 보고서들이 2025년 전후로 인구가 감소하리라고 본다. 반면 인도는 향후 40년간은 증가할 것으로 예측한다. 그렇다고 해서 예전처럼 가파른 상승세를 보이는 건 아니고 합계출산율 2.0 정도일 듯하다. 합계출산율 2.0이면 둘이 만나 2명을 낳는다는 것이니 현상 유지 정도 아니냐고 생각할 수 있겠지만 때에 따라 이보다 높거나 낮거나 하면서 조금씩 늘어날 것으로 보는 것이다.

이렇게 많은 인구가 사는 인도의 면적은 약 329만 제곱킬로미터 정도로, 세계 7위 수준이라곤 하지만 남아시아의 인도 아대륙의 거의 대부분을 차지하고 있을 정도로 넓다. 규모가 거대하다 보니 인도의 명목 GDP는 2025년 기준 세계 4위다. 다만 1인당 명목 GDP는 1만 2,698달러 정도로 낮은 편에 속한다. 이처럼 많은 인구를 떠안고 있는 인도는 괜찮을까.

## 인구 증가 억제 정책

인도의 인구 문제는 1960~70년대에 세계를 공포에 떨게 했다. '전 세계 인구가 저렇게 늘어나면 기아, 빈곤 등의 문제로 결국 다 망하는 게 아니냐'면서 인도를 '인구 폭탄'이라 부르기도 했다. 인도는 총 22개 주로 이루어져 있는데 이 중 17개 주에서는 이미 합계출산율이 2.0 이하로 떨어진 상태고 나머지는 2.0이 넘는다. 인구수 1등은 인도, 2등은 중국인데 3등은 어디일까. 3등은 인구 약 3억 4,000만 명의 미국, 4등은 약 2억 8,000만 명의 인도네시아다. 인도네시아의 미래는 인구를 보면 무시할 수 없다. 5등은 약 2억 5,000만 명의 파키스탄이다. 옛날식으로 인도-파키스탄-방글라데시를 합하면 거의 20억 인구다(출처: KOSIS통계청, UN, 대만통계청 2023년 1월 16일 기준). 이들 뒤를 인구 약 2억 3,000만 명의 나이지리아가 잇는다. 나이지리아는

### 전 세계 인구수 순위

(단위: 만 명)

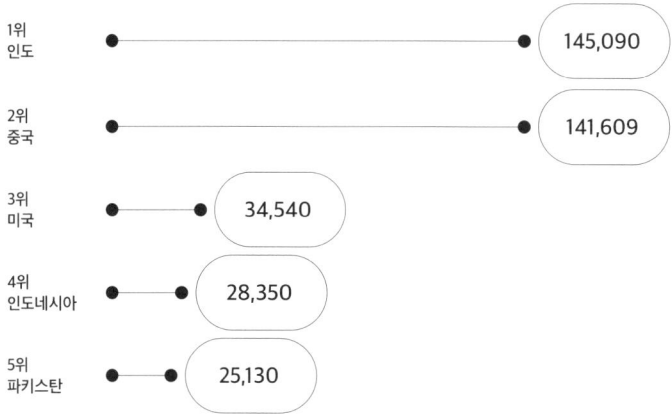

| 순위 | 국가 | 인구수 |
|---|---|---|
| 1위 | 인도 | 145,090 |
| 2위 | 중국 | 141,609 |
| 3위 | 미국 | 34,540 |
| 4위 | 인도네시아 | 28,350 |
| 5위 | 파키스탄 | 25,130 |

자료: UN 2024 전망 기반

현재 합계출산율이 5.0 이상이다. 전 세계적으로 보면 인구는 여전히 증가하고 있긴 하지만 그 추세는 많이 둔화됐다.

중국은 현재 31개 성급 지역 중 13개 지역에서 인구 감소 추세가 나타나는 것으로 확인된다. 2022년에는 출생자와 사망자가 거의 비슷한, 출생자가 조금 많은 수준이었다. 중국의 합계출산율은 1.15명이다(우리나라는 0.8명). 2016년에 한 자녀 정책을 폐지했지만 효과는 없었다. 중국과 인도 인구를 비교해 보면 0~14세 미래 세대 인구가 중국은 전체 인구의 18퍼센트, 인도는 31퍼센트이고, 65세 이상 고령 세대 인구는 중국 13.5퍼센트, 인도 5.3퍼센트다. 중국은 항아리 구조에서 역피라미드 형태로 간다면, 인도는 아직은 피라미드 형태를 유지하고 있다. 인도의 합계출산율은 1950년대에는 5.7명이었다. 그러

### 중국과 인도의 연령별 인구 분포 비율

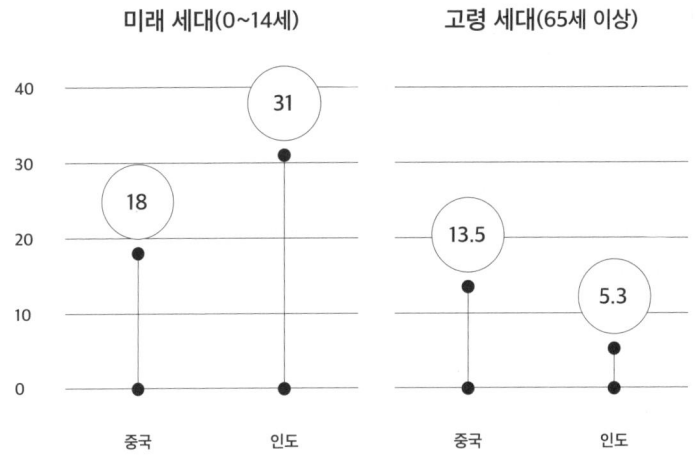

(단위: %)

다 현재 2.0명까지 내려온 것인데 단계적으로 조금씩 내려오더니 지금의 상태가 됐다. 인도의 인구 증가 추세가 확실히 잡힌 건 21세기 들어서다. 20세기 후반까지만 해도 연 2퍼센트 정도의 인구 증가가 계속됐고, 생활 여건이 개선되면서 생존율은 더 높아졌다.

인도는 자체적으로도 일찍부터 인구에 대한 두려움이 있었다. 그래서 1952년부터 가족 계획 프로그램을 실시했다. 초반에는 피임 등을 권장하는 형태였고, 1976년에 와서야 국가 차원의 인구 정책이 만들어졌다. 이에 비해 중국은 1973년까지는 인구 증가율이 2퍼센트 정도로 인도와 비슷한 수준으로 높아지다가 1983년에 1.1퍼센트로 떨어진다. 무지막지한 한 자녀 정책을 실시해서 추세를 꺾은 것이다. 인도나 중국 같은 경우 한 자녀 정책으로 인해 강제로 낙태를 시키기도 하는 등 그야말로 무자비했다. 인도는 여기에 대한 트라우마가 있다.

1975년 인디라 간디 Indira Gandhi 당시 총리는 국가비상사태를 선언했다. 선거도 중단되고, 시민권도 멈춘 상태에서 강제 불임 시술을 강행했다. 주로 저소득층 시민을 끌고 나와 강제로 불임 수술을 시키는 방식이었다. 국가비상사태라는 미명 아래 공권력을 이용, 무지막지하게 강행한 비인권적 조치였다. 이는 결국 극렬한 반대를 가져왔고 인디라 간디 총리는 암살당했다.

강제 불임 시술은 20세기 내내 많은 국가들에 흑역사로 남아 있다. 스웨덴 같은 경우도 우성학에 따라 열성이라고 간주되는 계층 또는 집시 등에 대해 강제로 국가 차원에서 불임 시술을 했던 흑역사가 있다.

## 인구수 세계 1위의 미래

인도 인구의 변화 추이를 보면 재미있는 특징이 있다. 2001년부터 2011년까지 증가율이 대체로 북부 지역이 높고, 남부 지역이 낮다.

과거 독립 직후만 해도 인도 남부는 인구도 많고 경제 수준도 떨어지는 등 사정이 열악했다. 그러나 지난 30년간 남쪽 지역의 출생률이 낮아지고, 지역 정부에 여력이 생기면서 보건, 교육 등을 진행할 수 있게 되자 경제적으로 발전했다. 문제는 인도 연방 정부에서 지역

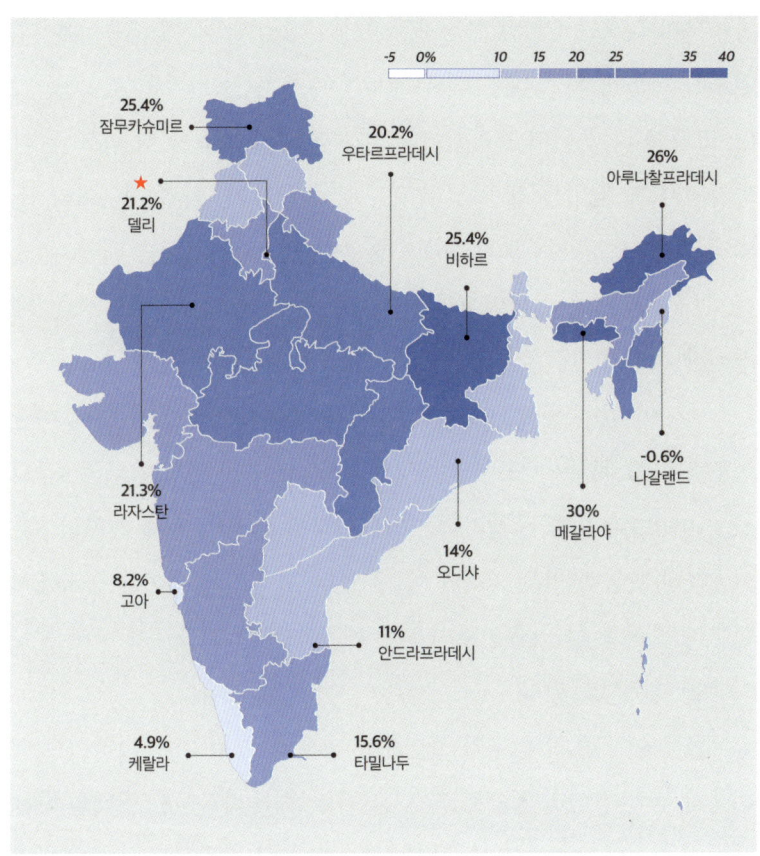

인도 지역별 인구 증가율

별로 돈을 나눠 줄 때 머릿수를 기준으로 하는 것이었다. 이에 따라 남부 사람들이 낸 돈이 북부로 많이 넘어가게 됐다. 당장은 괜찮지만 이 상황이 계속되면 불만이 터져 나올지도 모른다고 전문가들은 전망한다.

세계 인구 1위가 된 인도는 앞으로 어떻게 될까. 인도가 가장 원하는 시나리오는 UN의 안정보장이사회 상임이사국이 되는 것이다. 인도가 이렇게 치고 나올 때 뒤에서 박수를 치는 나라들이 몇 곳 있다. 그중 하나가 남미 브라질이다. 아시아 대륙에서 중국, 인도 두 나라가 나오면 남미는 왜 아무도 없냐고 주장할 수 있기 때문이다. 그렇게 되면 또 경제력을 강조하며 일본, 독일 등도 고개를 내밀 수 있다. 안전보장이사회 상임이사국 자리를 늘리자는 주장이 나오는 배경이다.

인도의 인구 중에는 특히 젊은이가 많다. 전 세계 만 25세 미만 인구 5명 중 1명은 인도인일 정도다. 그리고 현재 인도 인구의 3분의 2는 1990년대 이후 출생자다. 30대 이하의 국민이 전체 인구의 3분의 2라니 확실히 젊은 나라라 할 수 있다. 게다가 영어까지 구사해서 인구가 부족한 나라에 인도의 젊은이들이 진출해 글로벌 인재 풀로 기능할 가능성도 있다.

물론 인도 또한 인구가 줄어드는 추세다. 그럼 기존 피라미드 형태에서 점차 항아리 형태로 갈 것은 자명하다. 피라미드 형태일 때는 태어나는 아이들에게 육아, 학교 등을 지원하는 데 급급해 경제 발전에 쓸 돈이 없다. 하지만 항아리 형태가 되면 노동 인구는 증가하는데 돈이 나가는 아래도, 위도 줄어드니 본격적으로 내수 경제 활성화, 소비 수준 향상, 고등 교육 등의 여력이 생긴다. 즉, 드디어 인도는 인구 배당 효과를 기대해 볼 상황이 됐다. 향후 중국에서 빠져나오는 기업들이 인도로 갈 테고, 인도의 젊은 인구는 아직 고령화 부담이 적다. 그래서 많은 경제 전망 전문가들이 '미래는 인도의 시대다'라고들 말한다.

정말 그럴 수 있을까? 이러한 긍정적 예측이 힘을 받으려면 인구 배당 효과가 가능해졌을 때 경제 활동에 진입한 인구가 일을 할 수 있어야 한다. 그런데 과연 그때까지 충분한 일자리가 만들어질 수 있을지가 인도의 최대 숙제다. 인도의 청년 실업률은 23퍼센트 정도 된다. 나머지도 제대로 된 일자리인지는 애매하다. 전체 노동 가능 인구, 경제 생산 인구의 40퍼센트만이 노동시장에 참여하고 있다. 인도가 경제적으로 강력한 동력을 만들어 내 스스로 굴러가는 모습을 연출하기에는 아직 부족한 게 많다. 특히 여성의 경우 노동시장 참여율이 10~20퍼센트로 매우 낮다. 이에 반해 중국은 여성의 노동시장 참여율이 69퍼센트로 매우 높다. 인도가 인구는 더 많지만 경제적으로 생산 활동에 참여하는 인구를 따지면 중국이 압도적으로 많을 수밖에 없다.

## 도시는 인구를 감당할 수 있을까

하지만 인도의 가장 큰 고민은 다른 데 있다. 인구가 늘어나고 도시가 발전하면 더 많은 사람들이 도시로 몰려들지 않을까, 이걸 인도가 잘 수습할 수 있을까이다. 이를 잘 수습하면 고부가가치, 고학력, 소비 수준 향상 등등 도시화에 따른 긍정적 효과들이 나타날 것이다. 한국·일본·중국은 이를 잘 극복해 왔다. 반면 인도는 아직도 농촌에서 도시로 갈 사람들이 많다. 그런데 과연 인도의 대도시가 이들을 수용할 수 있겠느냐는 문제가 남았다.

또 한 가지 인도는 중국이 지금까지 겪고 있는 어려움을 똑같이 겪는 중이다. 바로 성비의 왜곡이다. 자연적으로 여자 대 남자 비율은 100대 105이다. 그런데 인도는 현재 여자 대 남자 비율이 100대 111이다. 인도는 아직까지도 남아 선호 사상이 강하다. 산모들의 건강을 위해 활성화한 산전 검사 때 주로 성 감별이 이뤄진다. 그에 따라 1970년대에 수천만 명의 여자아이들이 낙태를 당했다. 인도는 1994년부터 성 감별을 금지시켰다. 하지만 지금도 여전히 매년 40만 명이 강제 낙태되는 상황이다. 시간이 지나면 이는 분명 큰 위기로 다가올 것이다. 결국 결혼이 안 되고, 결혼이 안 되면 사회적으로 불만이 쌓이고, 여러 사회적 불안을 초래할 수 있다. 우리나라도 1990년대 초반에 그런 상황들이 있었다. 그때 태어난 사람들이 지금 결혼 적령기에 왔다. 요즘 결혼 안 하는 분위기에도 그런 배경이 깔려 있을 수 있다. 인도 내부에서 특히 남아 선호 사상이 강한 게 터번을 두르고 다니는 시크교도들이다. 이들이 모여 있는 지역에는 여성 대 남성 비율이 100대 130까지도 나타난다.

현재 인도의 인구 관련 통계는 2011년 데이터를 베이스로 한다. 원래 인도는 10년마다 인구 조사를 했다. 인구 조사를 할 때는 주로 300만 명 정도의 학교 선생님들이 동원된다. 그리고 단순히 숫자만 확인하는 것이 아니라 자녀를 학교에 보내고 있는지, 교육 수준은 어디까지인지 등 현재 상황을 함께 조사한다. 인구 데이터가 나와야 어느 지역에 식량이 부족해 원조를 해야 하는지, 어디에 학교를 추가로 지어야 하는지 등을 정할 수 있다. 예정대로라면 2021년에 했어야 하지만 코로나19로 인해 하지 못했고, 지금은 코로나19가 종료됐음에도 하지 못하고 있다. 이유는 황당하게도 정치적인 문제 때문이다. 인도 총리 나렌드라 모디 Narendra Modi가 인구 조사를 막았다.

모디 총리는 '모든 집에 전기, 모든 집에 화장실'을 모토로 내세우며 큰 성취를 이뤘다고 자랑하고 있다. 하지만 그 성과들에 대한 객관적인 평가는 아직 받지 못했다. 인구 조사를 하면 2011년에 비해 지금의 전기 보급률은 얼마나 늘었는지, 화장실이 있는 집이 얼마나 늘었는지를 명확하게 알 수 있으니 그게 두려운 게 아닐까. 게다가 2024년은 선거였다. 생각보다 보여 줄 게 별로 없다고 생각한 모양이다. 국가적으로 해야 하는 일이니 언제 하겠다고 정하면 사전에 예산에 반영하고, 선생님들을 조직화하고, 디지털화할 경우 그에 따른 태블릿PC 등을 조달하는 등등의 준비가 필요한데 아무 말이 없다가 근래에 와서야 2027년에 조사 개시를 시작하겠다고 밝혔다. 선거 당시 야당은 일부러 지연시키는 게 아니냐며 비난했다.

인도는 기본적으로 혈연 간 네트워크가 강하고 외부인에 대해서는 배타적이다. 워낙 큰 나라고 지역마다 다르다 보니 인도 사람들의 특징을 정의한다는 건 상당한 어폐가 있지만 많은 사람들이 인도인들은 임기응변에 강하다고 입을 모은다. 경영적으로 봤을 때는 유연하게 대응하는 게 강점이다. 다만 단점은 현재의 문제를 임기응변으로 넘겼을 때 다음에는 그런 일이 있지 않게 해야 하는데 넘어가기만 하면 대수롭지 않게 생각한다. 그러다 보니 매번 더 올라가지 못하고 같은 단계에 머물러 있는 게 아닌가 하는 아쉬움이 남는다.

# 13장

## 저출생 시대, 인구가 급증한
# 미국 플로리다

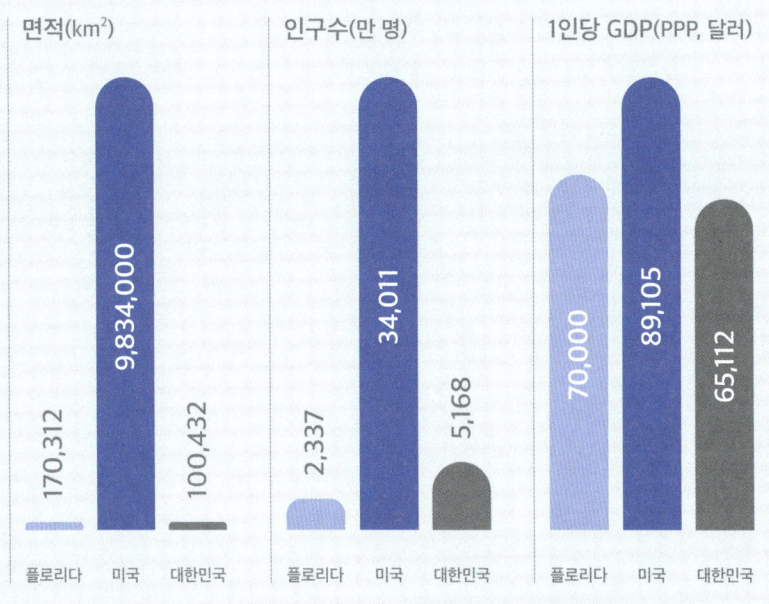

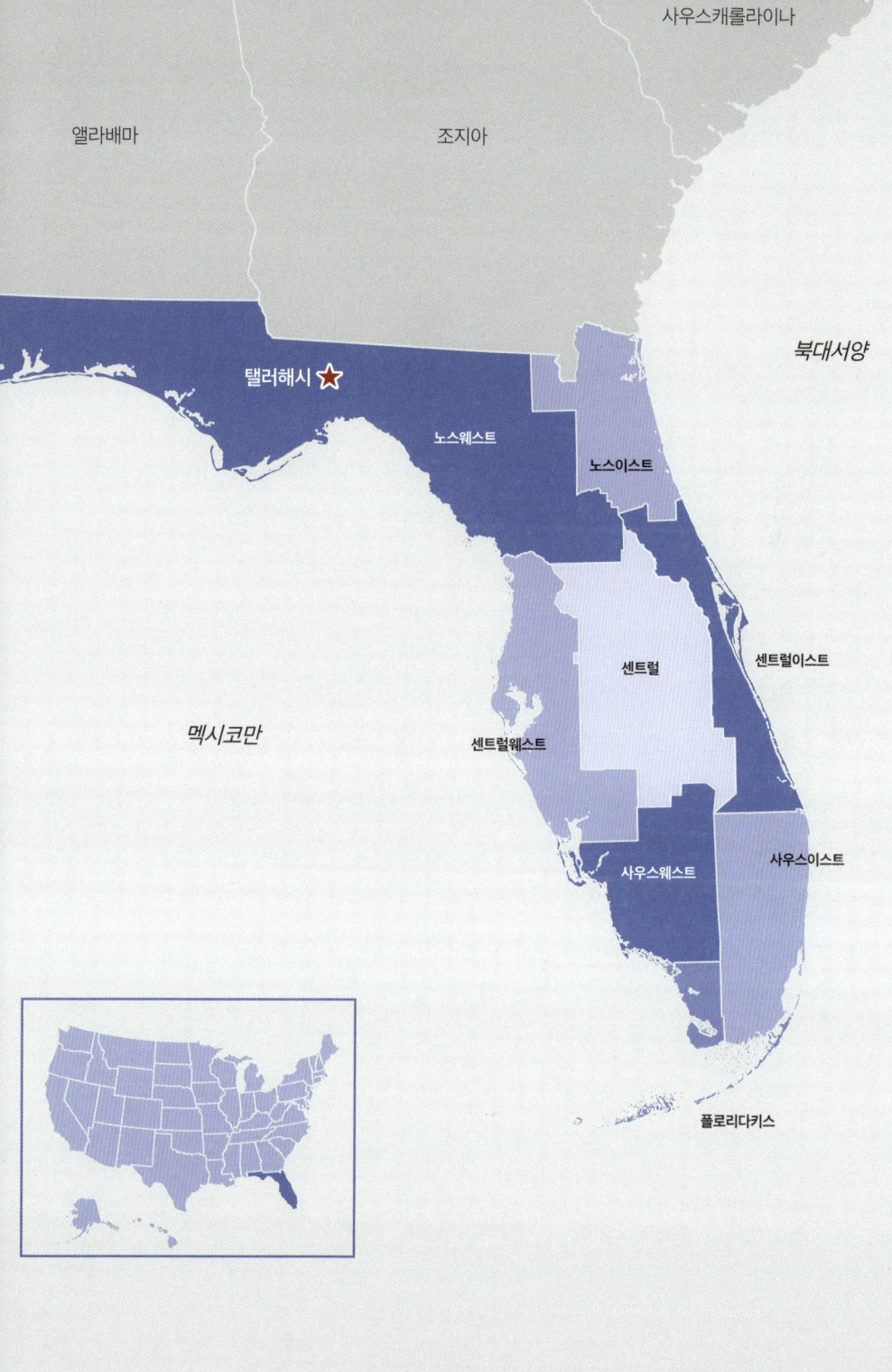

플로리다를 한마디로 정의하면 '많은 것을 가진 동네'라고 할 수 있다. 하지만 처음부터 그랬던 건 아니다. 1845년 미국 의회에서는 플로리다를 주로 승격시키느냐 마느냐에 관해 논란이 있었다. 당시 버지니아 출신의 존 랜돌프John Randolph 의원은 플로리다에 대해 다음과 같이 말했다.

"플로리다는 전혀 살 가치가 없는 곳입니다. 늪지대, 수렁, 모기, 악어가 그렇게나 많으니 사람들은 지옥에 갈지언정 플로리다로는 가지 않을 것입니다."

지금으로서는 믿기지 않는 일이지만 당시만 해도 그럴 만했다. 플로리다는 습지가 많았다. 물 반 땅 반이라고 할 정도로 절반 가까이가 습지였다. 이런 동네가 100년이라는 시간을 거치면서 전혀 다른 모습으로 변했다.

## 플로리다에 많은 것

반도 형태를 띠고 있는 플로리다는 거의 대부분의 지역이 바다와 가깝고, 아열대 또는 열대 기후다. 평균 기온은 21.5도, 연간 일조량은 3,000시간 정도인데 우리나라 연간 일조량이 2,500시간 정도 되니 해가 쨍쨍한 날이 우리보다 20퍼센트 이상 많은 셈이다. 우리나라는 미세 먼지 때문에 해가 떠 있어도 뿌연 경우가 있는데 플로리다는 그렇지 않다. 정말 햇살을 풍부한 동네다. 오죽하면 플로리다를 '햇빛의 주'라는 의미로 '선샤인 스테이트 Sunshine State'라고 할까. 아이러니하게도 카리브해와 가까운 플로리다는 햇살만큼이나 허리케인 부자이기도 하다. 바다와 가깝고, 일조량이 풍부하다 보니 기온이 잘 올라 번개가 많다. 그래서 미국에서 번개가 가장 많이 치는 주도 플로리다. 햇살, 허리케인, 번개가 많은 그런 동네다. 무엇보다 플로리다가 감사해야 할 사람은 에어컨을 발명한 윌리스 캐리어 Willis Carrier 박사가 아닐까 싶다. 에어컨이 없었다면 미국 남부는 예전이나 지금이나 개구리와 악어의 동네로 남아 있을 가능성이 크다.

플로리다는 또한 스포츠의 동네다. 미국인들이 가장 좋아하는 스포츠인 미식축구 NFL 팀이 플로리다에만 3개가 있다. 야구 메이저리그 팀 2개, 농구 NBA 팀 2개, 아이스하키 팀도 2개 있다. 미국 사람들이 좋아하는 4대 스포츠의 팀들이 2~3개씩 있는 셈이다. 골프 PGA 본거지인 팜비치도 여기에 있다.

이들이 운영되기 위해서는 무엇보다 사람이 많아야 한다. 플로리다 인구는 2024년 기준으로 2,337만 명 정도 된다. 미국 50개 주 가운

데 1등 캘리포니아, 2등 텍사스, 3등이 플로리다다. 4등인 뉴욕보다도 많다. 플로리다는 최근 100년간 인구가 가장 극적으로 변한 주이기도 하다. 1922년에 겨우 100만 명으로 미국 남부에서 가장 인구가 적은 주였던 곳이 오늘날 미국에서 세 번째로 인구가 많은 주가 됐다.

플로리다 인구 중 가장 큰 비율을 차지하는 것이 연금 생활자다. 나이가 들면 덜 습하고 따뜻한, 한마디로 쾌적한 동네에서 살고 싶다는 생각을 하게 된다. 플로리다가 여기에 꼭 들어맞는다는 것도 인구 증가의 주요 원인 중 하나다.

## 플로리다의 인구는 어떻게 증가했을까

플로리다의 주도는 탤러해시Tallahassee다. 지금 우리가 잘 아는 플로리다 남부 마이애미는 사실 너무 습지대라 사람이 살기 어려웠고, 그나마 탤러해시와 같은 위쪽 지역에 사람들이 많이 살았다. 탤러해시가 위치해 있는 지역을 프라이팬의 핸들처럼 보인다고 해서 '팬핸들'이라고 부르며 19세기에는 사람들이 주로 이 지역에 살았다. 남쪽은 목화를 재배했고, 노예가 많아 상대적으로 흑인 인구 비율이 높았다.

미국에서 플로리다라는 지역을 인지하기 시작한 건 2차 세계대전 때부터다. 당시 수많은 병력을 훈련시킬 만한 장소가 필요했는데 따뜻하고 사람도 없는 플로리다가 딱이었다. 그렇게 1940년대부터 인구가 증가하기 시작한 플로리다는 2020년까지 80년 사이에 인구가 무려 11배 증가했다. 그야말로 폭발적인 증가다. 더 놀라운 건 인구 증가 추세를 보면 최근이 더 가파르다. 2010~20년에 무려 15퍼센트가 증가했는데 이는 미국 전체 증가율의 2배를 훌쩍 넘는 수치다. 이런 추세라면 2040년에는 700만 명 정도 증가해 전체 인구는

진하게 표시된 부분이 플로리다의 팬핸들 지역이다.

3,000만 명에 육박할 것으로 보인다. 더 빨라질 거라는 의견도 있다.

플로리다의 인구가 이처럼 폭발적으로 증가한 것은 출생률이 높아서가 아니라 이주자들이 많아서다. 플로리다에 사는 인구 중 40퍼센트는 다른 주에 살다 온 사람이고, 20퍼센트는 해외 출신자다. 결국 대부분이 원래 플로리다에 살던 사람이 아닌 셈이다. 또한 전체 인구 중 65세 이상이 25퍼센트다. 20~55세의 비율이 전체의 37퍼센트로 아주 적은 건 아니지만 20대보다는 40대 중후반의 비율이 높은 편이다. 따뜻하고 평화로운 분위기에서 살기를 꿈꾸는 은퇴자들이 계속 몰려오고 있고, 미국 이민을 희망하는 사람들이 가장 많이 찾는 곳으로도 플로리다가 1등이다.

하지만 단지 노인들에 의해서만 인구가 늘어난 건 아니다. 플로리다가 잘나가는 데는 경제도 한몫했다. 관광 산업부터 여러 산업이 있는데 2021년 기준, 주총생산액GSP이 1조 2,000억 달러(한화 약 1,500조 원)로 미국에서 4등을 기록했다. 1등은 캘리포니아, 2등은 텍사스, 3등은 뉴욕이다. 인구가 많으니 생산량도 많은 게 아니냐고 할 수도 있겠지만 2021~22년 실제 주 성장률도 6.9퍼센트로 고도 성장을 보이고 있고, 이 역시 1등 네바다, 2등 뉴햄프셔, 3등 테네시에 이어 4등이다. 인구가 많은 주가 이 정도의 성장률을 기록했다는 건 국가적으로 봤을 때 어마어마한 숫자다.

전 세계적으로는 국가의 1인당 GDP가 3만 달러만 넘어도 선진국이라고 하는데 미국은 가장 가난한 주인 미시시피의 1인당 GDP가 4만 9,000달러고, 가장 부유한 주인 뉴욕은 11만 달러. 그 뒤를 매사추세츠 10만 5,000달러, 워싱턴 10만 달러, 캘리포니아 10만 달러가 잇고 있다.

## 세계 최대의 노인 공동체

은퇴자, 연금생활자, 노인이 많은 도시답게 플로리다에는 더 빌리지스The Villages라는 세계 최대의 노인 공동체가 있다. 플로리다 올랜도에 위치한 더 빌리지스의 면적은 83제곱킬로미터로 서울의 5분의 1 또는 6분의 1 정도로 어마어마하다. 55세 이상에게만 분양하며, 현재 12만 명이 거주하고 있다. 자녀가 있을 경우 만 19세 미만은 1년에 30일만 거주할 수 있다. 철저하게 나이 든 사람들을 위한 곳인 셈이다.

미국은 과거에 땅을 우편으로 팔았다. 우편 판매가 활성화된 미국에서는 카탈로그를 보고 번호를 적어서 우체국에서 끊은 수표와 같이 넣어 보내면 물건이 집으로 배송되는 것에 익숙했다. 땅을 팔 때도 같은 방식을 사용했다. 땅에 대한 정보를 주고, 골라서 돈을 보내면 등기를 해 줬는데 1950~60년대 중반에 문제가 발생해 땅의 우편 판매가 금지됐다.

그러자 올랜도에 83제곱킬로미터라는 거대한 땅을 갖고 있던 주인은 땅을 팔 방법이 없어졌다. 그때 우연히 애리조나에 노인이 주축이 돼 만든 동네 '선시티 Sun City'를 알게 됐고, 땅을 팔기보다 개발하기로 마음먹는다. 1983년부터 개발에 착수해 마을을 조성했다. '입주 시 골프 공짜' 등 여유 있는 노인들이 매력을 느낄 만한 요소들로 홍보해 사람을 모았다. 그렇게 해서 더 빌리지스는 세계 최대의 노인 공동체가 됐다.

더 빌리지스 안에서도 집값은 천차만별이다. 큰 집, 작은 집이 있고 구역마다도 가격이 다르다. 저렴한 구역은 방 3개짜리 단독주택이 한화로 2억 원 정도, 비싼 데는 10억 원까지도 올라가는데 이건 집값만이고, 이외에 각종 커뮤니티 시설을 이용하는 데 내는 돈이 월 164달러, 즉 한화로 20만 원꼴이다. 실제 거주민들의 이야기를 들어 보면 월 1,000달러 정도면 여유롭게 살 수 있다고 한다. 뿐만 아니라

플로리다 더 빌리지스 주변 전경(ⓒ 위키커먼스)

다양한 공동체들이 있어서 노후를 심심치 않게 보낼 수 있다니 플로리다가 노인에게 매력적인 도시인 것만은 확실하다.

## 자유를 사랑하는 리버테리안

플로리다 안에서도 잘사는 지역과 아닌 지역이 나뉜다. 앞에서 과거에는 북쪽 팬핸들 지역에 사람이 많았다고 했는데 요즘 잘사는 동네는 남쪽 마이애미를 중심으로 한 카운티다. 그 지역만 보면 1인당 GDP가 10만 달러를 훌쩍 넘는다. 마이애미를 포함해 남부의 4개 카운티가 플로리다 전체 GDP의 3분의 1을 차지하고 있다. 특히 마이애미비치와 팜비치는 미국 전체로 봤을 때도 잘사는 곳으로, 트럼프 대통령의 저택도 이곳에 있다.

스윙 스테이트인 플로리다는 선거 때 특히 주목받는다. 인구가 많아 2020년 인구 총 조사 이후 대통령 선거인단으로 30명이 확보됐다. 캘리포니아 54명, 텍사스 40명에 이어 세 번째로 많은 숫자다. 1976년부터 열두 번 대선을 치르는 동안 민주당 네 번, 공화당 여덟 번으로, 기본적으로는 공화당이 강세이긴 하지만 왔다 갔다 하는 편인데, 2024년에도 공화당이 승리하긴 했다.

하지만 엄밀히 말해 플로리다는 '리버테리안libertarian'의 느낌이 강하다. 리버테리안이란 '내가 알아서 할 테니 나를 내버려 둬!' 하는 개인주의적 성향을 가진 사람을 말한다. 개인의 자유를 최대한 보장하는 데 표를 던지는 미국의 독특한 정치 취향이다.

그러다 보니 사실 플로리다는 공무원 뽑는 걸 좋아하지 않는다. 미국 50개 주 가운데 1인당 공무원 수가 꼴찌다. 공무원을 뽑느니 민간에 맡기거나 없애라고 주장한다. 주정부 예산에서 1인당 사용되는 금액도 3,845달러로, 미국 평균의 60퍼센트 수준이다. 즉, 경제 규모는 상당히 크고 1인당 GSP도 중간 수준인데 쓰는 건 없는 셈이다. 결국 철저하게 민간이 알아서 하는 식으로 자유방임적으로 돌아가고 있다고 할 수 있다.

이런 플로리다의 성향은 코로나19 팬데믹 상황에서 더욱 유명해졌다. 마스크 쓰지 않아도 되고, 학교에 가도 되고, 백신 안 맞아도 된다고 했던 곳이 플로리다다. 미국 내에서 건강보험에 가입돼 있지 않은 인구 비율도 텍사스에 이어 두 번째로 높다. 대신 대규모 병원도 많다. 돈 있는 노인이 많기 때문에 거기에 맞춘 의료 산업이 발달했다.

노인이 많은 동네라고 하면 조용하고, 느긋하고, 한편으로는 침울할 수도 있지 않을까 생각할 수 있지만 오히려 플로리다는 날것의 욕망, 욕구가 분출하는 느낌이 든다. 그 많은 스포츠 팀과 돈 있는 사람들이 모여드는 것도 그 때문이 아닐까.

# 14장

## 가뭄과 홍수로 고민하는
# 중국

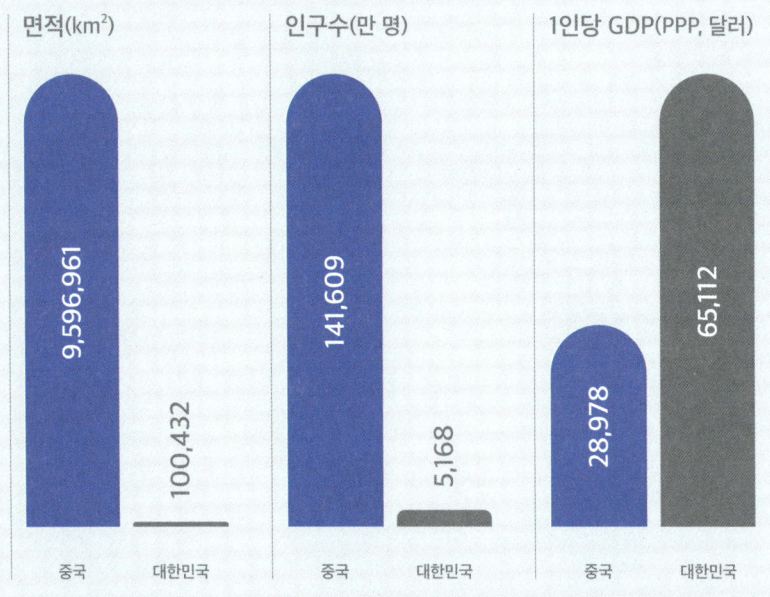

    2022년, 중국에는 60년 만의 대가뭄으로 양쯔강 주변 유역이 큰 피해를 입었다. 물이 없는 것뿐 아니라 40도 넘는 폭염이 이어지면서 물이 부족한 사태가 벌어졌다. 쓰촨, 충칭, 후베이 등에 폭염과 가뭄 피해가 두 달째 이어졌다. 평년 대비 비는 절반밖에 오지 않았고, 양쯔강 주변에 있는 대규모의 자연 호수들의 수위가 역사상 최저로 내려갔다. 아이러니하게도 2020년에는 충칭의 싼샤댐 주변에서 하늘에 구멍이라도 난 것처럼 끝도 없이 비가 와서 싼샤댐이 무너질지 모른다는 걱정이 있었는데 그로부터 2년 만에 역사상 최악의 가뭄을 맞이했던 것이다.

    유라시아 대륙 동쪽에 위치한 중국은 수도는 베이징이지만 최대 도시는 상하이이며, 특별행정구로 홍콩을 두고 있다. 면적은 약 959만 제곱킬로미터로 세계 4위, 인구는 14억 1,609만 명으로 세계

2위로, 미국과 더불어 세계 초강대국으로 꼽히고 있지만 기후 변화로 인한 위기로부터는 자유로울 수 없다.

## 중국에 물이 없다

중국의 역사는 물을 어떻게 확보하고 다스릴 것인지를 고민하는 것으로 시작돼 현재까지 이어지고 있다. 물이라는 게 독특해서 흔해 보이지만 실상은 대체품이 없다. 석유가 없으면 가스나 석탄을 활용할 수 있지만 물은 그렇지 않다. 물이 있어야 식량도 재배하고, 에너지도 생산하고, 사람도 살아갈 수 있다. 그런데 지난 몇 십 년간 물 부족 현상이 일상화돼 있으니 중국 지도부의 걱정이 이만저만 아닌 것도 당연하다.

중국이 하루에 쓰는 물의 양은 100억 배럴 정도다. 이는 엄청나게 많은 양으로, 현재 자체적으로 지속 가능한 양보다 많이 쓰고 있다고 전문가들은 평가한다. 경제 성장을 하려다 보니 산업용으로도 물이 많이 필요하고, 식량 자급자족 욕구도 있어 농업용으로 사용하는 물의 양도 많다. 전통적으로 중국에서 물 부족은 주로 북부 지역인 베이징을 중심으로 한 평원 지역, 황허강 유역에서 많이 나타났다. 그런데 최근에는 언제나 물이 넘쳐났던 남쪽 지역에서도 물 부족 현상이 벌어지고 있다.

황허강 유역에 있으면서 중국 3대 평야 중 하나인 화베이 평야는 원래 약간 반건조 지역이었다. 그런데 2020년 기준, UN이 정한 물

중국 황허강 유역

부족 기준으로도 50퍼센트밖에 없는 상황이다.

    베이징, 상하이, 텐진 같은 대도시 또한 글로벌 기준으로 보면 물이 넉넉하지 않고, 홍콩 같은 경우도 화장실 변기는 해수를 섞어 사용할 정도다. 물이 부족하다고 하는 이집트보다 중국인들이 쓰는 물이 훨씬 적다. 그만큼 중국에서는 물 부족이 일상화되고 있는 상황이다.

## 물 부족이 낳은 수질 문제

물이 부족하면 생기는 가장 큰 문제는 수질이다. 수질이 좋지 않아도 희석해서 쓰면 괜찮을 텐데 물이 부족하다 보니 쓸 수 있는 물 자체가 부족해졌다. 2018년 중국 환경 당국의 조사에 따르면 전체 지표수 중 19퍼센트가 사람이 사용하기 적절하지 않은 수질로 확인됐다. 뿐만 아니라 같은 조사에서 7퍼센트는 농업용·공업용 등 어떤 목적으로도 사용하기 적합하지 않다고 밝혔다. 지표수보다 더 큰 문제는 지하수다. 지하수의 경우 30퍼센트가 사람이 사용하기에 부적절했고, 16퍼센트가 어떤 목적으로도 사용하기에 적절하지 않았다. 가뜩이나 물이 부족한데 그 물조차도 사람이 쓸 수 없는 게 많은 것이다.

중국의 수질은 왜 안 좋을까? 여러 원인이 있지만 그중 하나는 농업과 관련이 있다. 중국의 경작 면적은 미국의 경지 면적의 75퍼센트 수준으로 꽤 넓다. 미국 농경지의 4분의 3 정도 수준이니 어마어마하게 많은 것이다. 그런데 비료 사용량은 미국의 2.5배, 농약 사용량은 미국의 4배다. 75퍼센트 면적에서 거의 자급에 준하는 식량을 생산하기 위해 더 많은 물, 더 많은 농약을 투여하다 보니 결국 하천과 지하수를 오염시켰다. 그래도 기술을 좀 개발하면 못 쓰는 물도 사용할 수 있게 만들 수 있지 않을까 싶지만 여기에도 두 가지 문제가 있다. 하나는 막대한 투자를 해야 하는데 여기 쓸 재원이 부족하다. 둘째는 그런 시설을 돌리기 위해서 전력이 필요한데 그 전력은 또 많은 물을 필요로 한다. 결국 이 악순환이 반복되는 것이다.

중국이 가장 고민하고 있는 게 화베이 평야에 있는 대수층이다. 대부분의 대평야 지역에는 대수층이 발달해 있다. 지하수를 함유한 지층인 대수층은 모래, 자갈, 실트, 점토 등 공극량(토양 내 공기와 수분이 차지하는 부피)이 많은 것으로 구성돼 있다. 지층에 있는 지하수 위로 대수층이 차곡차곡 쌓이고, 어딘가에 파이프를 꽂으면 거기로 물이 쭉 나와 관개를 한다. 그럼 차곡차곡 쌓인 영양 물질들이 적절한 물을 맞으며 옥토가 되는 게 평야 지역에서 흔히 일어나는 현상이다. 그런데 중국은 대수층에 있는 지하수를 너무 많이 사용해 여러 위기 상황으로 치닫고 있다.

농사가 잘되는 곳은 반건조 지역들이 많다. 영양 물질들은 풀이 썩으면서 쌓이는데 비가 많이 오지 않으니 물은 부족한 상태다. 그래서 겉으로는 농사짓기에 그리 좋아 보이지 않지만 아래에 파이프를 꽂으면 지하수가 나와서 미국과 호주 같은 나라들에서도 대평원들의 대수층을 개발해 세계적인 농경 지역으로 활용되고 있는 곳이 많다.

중국도 마찬가지다. 쓰촨부터 지린 남부까지 이어지는 양쯔강 북쪽 평야 지역에 인구 10억 명이 거주해 농업과 도시가 몰려 있다. 이곳에서 물을 많이 뽑아 쓰다 보니 지하수 수위가 매년 1미터씩 낮아지고, 수자원이 계속 감소한다. 이제 안 뽑아 쓰면 되지 않을까 싶겠지만 대수층이 낮아지면 결국에는 붕괴해 버린다. 그동안은 지하수가 흘러 와서 충전해 줬지만 더 이상 충전할 수 없게 되면 다른 지역의 대수층마저 사라져 버리는 것이다.

## 흔들리는 식량, 요동치는 산업

역사적으로 보면 중국의 17개 왕조 중 최소 5개 왕조가 기근에서 비롯된 농민 반란으로 무너졌다. 이에 중국은 식량에 신경을 굉장히 많이 쓴다. 현재 거의 자급자족에 가까운 수준이긴 하나 대신 사료용 식량을 대량 수입하고 있다. 옥수수, 밀도 생산량만 놓고 보면 중국은 세계 톱 수준이다. 단, 수출량이 없을 뿐이다. 중국의 목표는 식량 자급자족 90퍼센트 달성이다. 목표를 정하면 총력을 기울이는 나라답게 농사에 필요한 땅, 종자, 물, 인력 등에 대한 지원은 물론이고, 인센티브까지 부여하고 있다.

이 중 북부 평야에서 생산되는 양은 중국 밀의 60퍼센트, 즉 8,000만 톤이다. 중국 북부에서만 생산되는 밀의 양이 세계 최대의 밀 수출국인 러시아의 연간 생산량과 맞먹는 수준인 셈이다. 옥수수 역시 북부 평야에서 중국 전체 옥수수 생산량의 45퍼센트, 즉 1억 2,000만 톤 생산되며, 이는 우크라이나 옥수수 생산량의 3배 규모다. 이렇게 많이 생산되고 있음에도 생소한 까닭은 모두 중국 내에서 소비되고 있기 때문이다. 어디 이뿐일까. 면화와 땅콩도 각각 35퍼센트, 65퍼센트 등 어마어마한 식량 생산량을 자랑하는 곳이 중국이다.

그러다 보니 2003~10년 통계를 보면 베이징 물 소비량의 2배 되는 지하수가 계속 이 지역에서 고갈되고 있다. 지하수를 투입해 농사를 지었는데 쓰는 양이 충전되는 양보다 많은 것이다. 그럼 지하수층은 마를 수밖에 없고 그래서 더 판다. 처음엔 20미터 밑에 있는 지하수를 쓰다가 50미터, 100미터, 150미터로 뚫고 들어가면서 물을 찾아서 썼다. 예전에는 바로 꺼내 쓰기 좋았던 물을 이제는 마치 석유 시추라도 하듯 파야 하는 상황이 됐고, 이에 따라 비용도 증가했다. 앞으로 언제까지 지금과 같은 생산력을 계속 유지할 수 있을까 중국의 고민은 크다. 중국 북부 평원에서 30퍼센트만 생산량이 줄어도 전 세계적으로 봤을 때 큰 문제가 생긴다.

농업에서는 30퍼센트 줄어드는 게 불가능한 일이 아니다. 2022년 가뭄으로 인해 아르헨티나의 옥수수 수확량이 33퍼센트 줄었다. 이게 만약 중국에 발생한다면 세계 옥수수 거래량의 20퍼센트, 세계 밀 거래량의 13퍼센트를 다른 곳에서 새로 끄집어 와야 한다. 중국은 수입할 수 있겠지만 그렇게 되면 중동이나 남미 지역에서는 난리가 날 수밖에 없다. 물 부족은 이렇듯 식량 문제와 직결된다. 중국의 문제는 전 세계적 파급력이 있어 전문가들도 예의주시하고 있다.

농업뿐 아니라 산업 쪽에서도 문제가 크다. 전기는 물과 상관없지 않느냐고 하겠지만, 태양광과 풍력을 제외하면 전체 전력의 상당수가 물과 연관이 있다. 화력도 물을 끓여서 만들고, 원자력도 냉각수가 필요하다. 더 많은 전기를 만들어 내기 위해서는 재생 에너지가 아닌 한 물이 필요할 수밖에 없다.

또한 중국은 현재 가뭄으로 인해 수력 에너지가 15퍼센트 정도 감소한 상황이라 이를 메우기 위해서는 더 많은 석탄을 때야 한다. 석탄 자체도 문제지만 석탄을 캐고 운반하는 데도 물이 필요하다는 또 다른 문제가 있다. 그러다 보니 더 많은 지하수를 끄집어내야 한다. 실제로 최근 중국의 가뭄이 석탄 화력 발전에 특히 부정적인 영향을 줄 것 같아 민감하게 보고 있다. 중국에는 석탄 화력 발전소가 굉장히 많다. 그중 가뭄 영향을 받을 수 있는, 이를테면 수로를 통해 석탄을 공급받는 지역의 물량은 '인도+미국'에 있는 화력 발전소를 다 합한 정도다.

이처럼 스케일이 크다 보니 중국이 석탄 화력 발전도 제대로 안 되고, 수력 발전도 제대로 안 돼서 2021년처럼 전력 문제가 생기면 다시 한번 글로벌 공급망에 타격을 줄 수 있다. 많이들 잊었을 수 있지만 2021년에도 전력 부족으로 인해 중국의 마그네슘 공장이 대폭 줄면서 전 세계 마그네슘 가격이 7배 올랐다. 그런 문제들이 또 생기지 않으란 법이 없다. 전력 문제가 생기면 태양광에 들어가는 폴리실리콘 등의 가격이 뛰고, 그럼 태양광 패널 가격도 오르고, 에너지 전환도 쉽지 않아지는 식이다.


## 인공 대수로 건설 사업

중국은 1978년 덩샤오핑 정부의 출범으로 시작된 개혁 개방 시대부터 물 문제에 관해 신경을 많이 썼다. 그래서 경제력이 어느 정도 갖춰지기 시작한 2003년에 600억 달러(한화 약 82조 원)를 투입해 남북 물 이동 프로젝트로 인공 대수로 건설 사업을 시작했다. 일명 '남수북조南水北調' 프로젝트다.

황허강과 달리 아래쪽에 있는 양쯔강은 전통적으로 물이 많았다. 물 이동 프로젝트는 남쪽에 있는 물을 북쪽으로 보내 준다는 계획이었다. 처음에는 동부, 중부, 서부 3개 라인을 잡았는데 동부와 중부는 현재 가동 중이고, 서부 라인은 아직 계획만 있을 뿐 실행에 옮기진 못했다. 가동되는 프로세스를 보면 실로 놀랍다. 거대한 수로가 내려오다가 강을 만나면 강과 섞이는 게 아니라 강 지하로 들어간다. 강바닥을 파서 라인을 타고 북쪽으로 올라가는 것이다. 완공 후 가동시켜 보니 수질이 좋지 않아 난리가 나긴 했지만 이를 통해 북부 지역의 물 문제는 상당 부분 해결됐다. 지금도 베이징 수돗물의 70퍼센트는 남쪽에서 끌어온 물이다. 사람이 할 수 있는 대역사 중 하나였다.

중국은 2000년대부터 이런 대수로 작업, 인공 강우에 엄청난 돈을 투자하고 있다. 여러 문제를 많이 해결했지만 경제가 성장하고 인구가 증가하다 보니 2030년 정도에는 물 공급이 수요량에 비해 26퍼센트 정도 부족할 것으로 추정한다. 특히 북부 지역에 있는 허베이, 톈진의 경우 남쪽에서 물이 오긴 해도 지하수위가 계속 낮아지고 있다. 어디선가 뽑아 쓰고 있다는 것이다. 그러다 보니 문제가 커지고 있다.

## 물 사용을 줄일 수 있을까

이런 기술적 방법 외에도 생활 속에서 해결법도 찾아볼 수 있다. 가장 좋은 방법이 물에 적절한 가격을 부여하는 것이다. 사람들이 물을 낭비하고 있는 것도 문제이니 물의 가격을 원가에 적절한 수준으로 올리면 사용이 자연스레 줄어들 것이다.

남수북조 프로젝트 현장

    농경지에서 또한 물을 댈 방법은 많다. 관개수로에 물을 채워 놓고 있다가 열어서 자연스럽게 흘러가는 방법도 있고, 스프링클러를 통해 물을 주는 방법도 있으며, '점적 관개'라고 해서 모종 옆에 파이프를 하나씩 박아 파이프를 통해 딱 필요한 만큼만 물이 한 방울씩 떨어지게 하는 방법도 있다. 점적 관수라고도 하는 이 방법은 이스라엘에서 개발돼 농업 분야의 물 소비를 줄이는 데 크게 기여했다. 스프링클러로 물을 뿌리는 것은 눈에는 시원해 보이지만 낭비 요소가 많다.

    다만 문제는 중국 농민들이 여기 투자할 여력이 별로 없다는 것이다. 중국 같은 경우도 소농이 많다 보니 투자 여력이 없다. 그럼 모아서 대규모로 투자를 해야 하는데 이것도 쉽지 않다. 왜냐하면 중국은 그동안 개혁 개방의 첫째가 집단 농장을 해체, 각자가 알아서 하라고 해서 지금까지 왔는데 다시 모은다는 건 감정적으로도 쉽지 않다.

또한 2016년 베이징 정부에서는 '쌀 대신 감자 먹기' 운동을 시행하기도 했다. 중국 사람들은 쌀을 많이 먹는다. 그런데 쌀은 물을 대량으로 소모하는 대표적인 농업이다. 반면 감자는 상대적으로 훨씬 적은 양의 물을 필요로 한다. 하지만 이것도 쉽지 않다. 중국 정부는 대체로 원하면 다 할 수 있다고 생각하지만 유독 농민들의 일상을 불편하게 만드는 상황에 대해서는 신중하다. 앞서 말했듯 반란이 발생하는 등으로 인해 정권에 부담이 생길 수도 있기 때문이다.

그래서 결국엔 더 많은 물을 일단 남쪽에서 가지고 오자는 남수북조 프로젝트를 계속 추진하려 하고 있다. 파이프를 더 꽂고, 더 넓혀서 2030년까지 210억 톤 정도의 물을 가지고 오고, 뒤에는 이를 다시 2배쯤 더 늘리자고 하는데 남쪽에 그만큼의 물이 더 있을지는 의문이다. 물이 넘치는 상황이라면 여유를 가질 수 있겠지만 지금 남쪽 상황도 그리 여의치 않아 보인다.

해수담수화(바닷물에서 염분 등을 제거해 음용수와 생활용수로 이용)하자는 제안도 있다. 전 세계에 해수담수화 시설이 2만 개 정도 있다. 그리고 여기서 연간 350억 톤 정도의 물을 생산한다. 그런데 이 양은 중국 연간 소비량의 6퍼센트 정도다. 뿐만 아니라 담수화는 기본적으로 엄청난 전력을 요한다.

중국의 물 문제라고 그리 크게 생각하지 않는 사람들이 많지만 세계는 연결돼 있고, 중국은 거대하며 중력권이 존재하기 때문에 큰 영향을 미칠 수밖에 없다. 우리도 더 이상 물 앞에서 자유롭지 않다. 중국이 이를 잘 해결하길 간절히 바랄 수밖에 없는 상황이다.

# 15장

# 호주,
### 그리고 전 세계 생존을 위협하는 산불

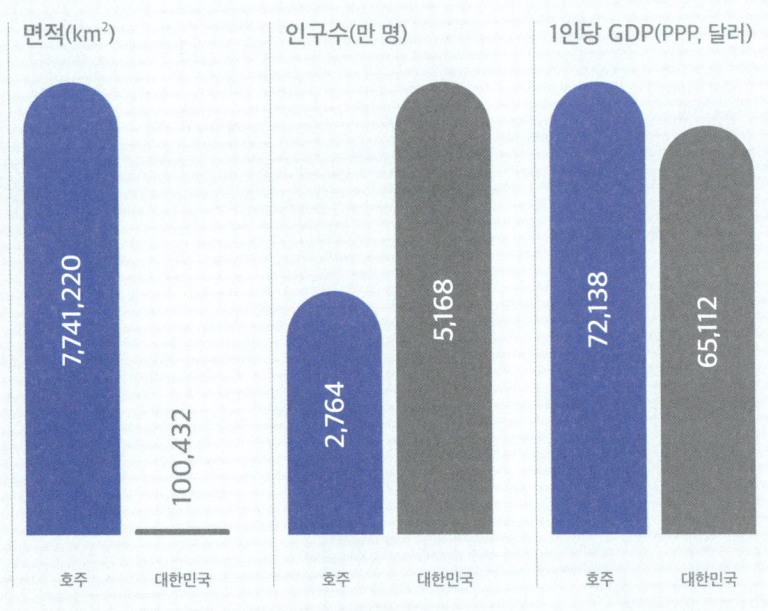

2019년 9월 호주에 거대한 산불이 발생했다. 뉴사우스웨일스에서 빅토리아, 퀸즐랜드 등 호주 남동부 지역을 덮친 이 화마는 6개월이 지난 뒤인 2020년 2월에서야 완전히 진화됐다. 피해 면적만 해도 약 18만 6,000제곱킬로미터, 우리나라 면적의 85퍼센트에 달한다.

호주는 면적 약 774만 제곱킬로미터로 오세아니아에서 가장 넓은 나라다. 보기에는 섬처럼 보이지만 워낙 크기가 거대하기도 하고 지질학적 특성 및 규모 등을 고려하면 세계에서 가장 작은 대륙이라고 볼 수 있다. 실제로 많은 문헌에서 호주를 오스트레일리아 대륙 본토와 인도양, 태평양 등에 위치한 다양한 섬들로 이뤄진 국가라고 설명한다.

2019년 호주 시드니 남서부 지역 산불 현장(© 위키커먼스)

## 호주 산불의 원인, 기후 변화

호주는 아름다운 자연 경관으로 유명하고 특이한 동식물들이 서식하는 곳으로 잘 알려져 있지만 일단 산불이 발생하면 그 규모가 어마어마하다. 산불 규모에 비해 인명 피해는 사망자 28명, 실종자 6명 등으로 많지 않았다지만 호주 전체 산림 면적의 14퍼센트가 소실되고, 무엇보다 포유류, 조류, 파충류만 5억 마리가량이 피해를 입은 것으로 집계됐다.

우리나라 산불의 경우 대개 담배꽁초를 함부로 버렸거나, 논을 태우다 번졌거나, 집에서 난 화재가 산에 옮아붙는 등 사람의 부주의로 인해 발생하는 실화失火가 많다. 그러나 거대한 면적의 호주나 미국은 종종 산불이 자연적으로 발생한다. 2019년 호주 산불의 원인에

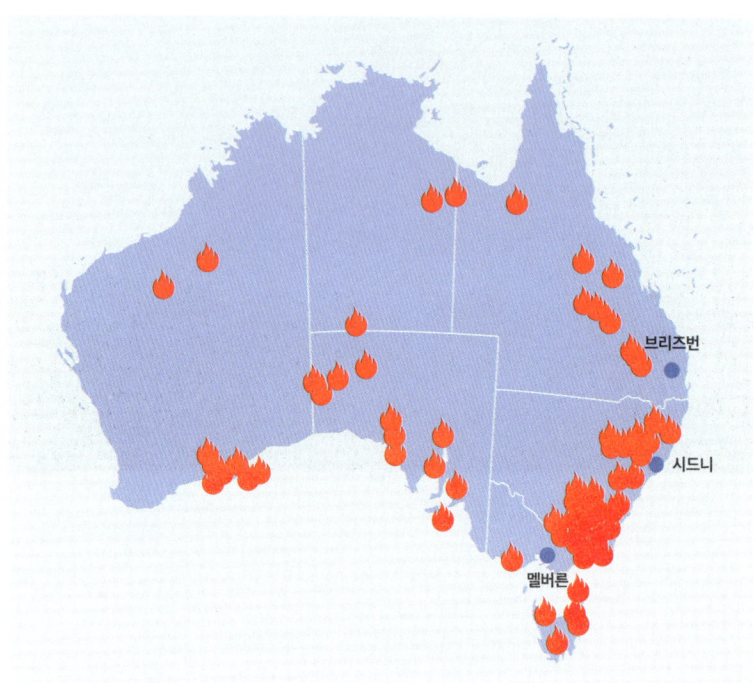

2019~20년 호주 산불 지도

대해서도 여러 의견들이 있지만 가장 주된 원인으로 꼽는 것이 기후 변화다. 기후 변화로 인해 호주에 나타나고 있는 대표적인 특징 중 하나가 가뭄인데, 비가 오지 않아 메마른 나무들은 서로 부딪히는 가운데 자연적으로 발화되기 쉽다. 그리고 메마른 나무에서 떨어져 숲에 겹겹이 쌓여 있던 마른 잎들이 거의 불쏘시개나 다름없는 기능을 하며 빠른 속도로 산불이 번져 갔을 것으로 보인다.

가뭄으로 고생하며 산불 피해를 당하는 지역이 있는가 하면 물폭탄을 맞아 홍수로 고생하는 나라도 있다. 2021년 독일에서는

100년 만의 기록적인 폭우가 쏟아졌다. 이때 관측된 강우량은 3일간 하루 100밀리미터였는데 난리가 났다. 우리나라의 경우 2002년 태풍 루사가 왔을 때 강릉에 하루 780밀리미터까지 내리기도 했지만, 그동안 한 번도 그런 적이 없던 나라에서는 낭패일 수밖에 없다. 이전까지 독일의 하루 최고 강우량은 20~30밀리미터 수준이었다. 거기에 4~5배에 달하는 비가 며칠간 내렸다고 생각해 보자. 비에 대비한 도시 정비, 주택 설비 등 어떤 조치도 되어 있지 않은 상태에서 벌어진 재난으로 인해 최소 133명이 사망, 1,000여 명이 실종됐다.

한쪽에서는 가뭄과 산불로, 다른 쪽에서는 폭우로 고생하는 게 모두 인간의 이기심이 초래한 기후 변화 때문이다. 기후 변화를 단순히 무더위쯤으로 치부해서는 안 된다. 그로 인한 생존의 위협은 생각보다 가까이에 있다.

## 전 세계를 위협하는 산불

어디 호주뿐일까? 알다시피 최근 들어, 전 세계적으로 대형 산불 때문에 고생이다. 2021년 튀르키예에서도 앙카라를 비롯, 이스탄불 등 대도시에서 연쇄적으로 산불이 발생했고, 2023년 그리스에서도 대형 산불이 한 달 이상 지속됐다. 수많은 섬으로 이뤄진 그리스의 경우 섬에 산불이 나서 주민들이 바다로 탈출하는 일까지 있었는데 2025년에 또 두 곳 모두 대형 산불이 발생했다.

미국 캘리포니아 역시 산불이 꾸준히 발생하는 지역 중 하나다.

세계 산불 지도

2018년에는 캘리포니아 역사상 가장 끔찍한 산불이 발생해 6,657제곱킬로미터를 태웠고, 가장 최근인 2025년 1월에도 캘리포니아의 LA에 산불이 발생하면서 서울 면적의 3분의 1을 태웠다. LA 산불의 원인은 강풍 때문에 송전선로가 끊어지면서 나무에 불이 붙었다는 설과, 불꽃놀이 하고 남아 있던 불씨가 재발화했다는 설도 있는데 중요한 건 이때 산불이 LA 전역 거의 7여 곳에서 동시다발적으로 일어났다는 점이다.

모든 산불은 작게 시작된다. 하지만 강한 바람을 타고 주변으로 번진다. 2025년 LA 산불에서 가장 큰 산불 2개가 이튼 산불과 팰리세

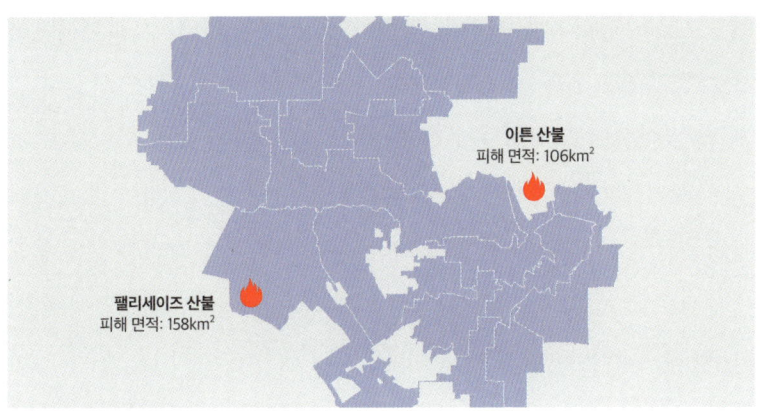

2025년 LA 산불 지도

이즈 산불이었다. 이튼 산불은 다운타운 근처에서 발생했는데 산타나 바람이 내륙에서 태평양을 향해 불었고, 그러다 보니 시가지가 그대로 불에 노출됐다. 팰리세이즈보다 산불 규모는 적었음에도 피해 규모가 더 컸던 건 그 때문이었다.

이번 LA 산불의 가장 큰 특징은 빠른 대형화, 재앙적 파괴력, 연중화 세 가지를 꼽을 수 있다. 산불이 이처럼 오래 지속될 수 있었던 이유는 앞서 언급했듯 탈 물질이 있었기 때문이다. 산불 확산에 가장 큰 영향을 미치는 건 기상, 지형, 숲의 상태다. LA 산불 당시 순간 시속 160킬로미터의 강풍이 불었고, 산은 바짝 마른 상태였다. 본래 캘리포니아 남부는 5~11월이 산불 주의 기간이다. 남부 지역의 특성상 지중해성 기후라 겨울은 고온다습하다. 다습해야 할 겨울에 비가 오지 않으니 불이 더 쉽게 붙었다.

LA 산불을 끄기 위해 수많은 인원과 장비가 투입됐지만 인간의 역량으로는 진화하기 어려운 수준이었다. 그로 인해 수많은 시민이 사망했고, 집도 1만 5,000채가 넘게 불에 탔다. 팰리세이즈 산불이 멈춘 것은 인간의 노력이 아니라 더 이상 탈 물질이 없어 꺼졌다고 보는 시각이 많다. 2024년 8월에 발생했던 미국 캘리포니아 요세미티 국립공원의 산불 역시 마찬가지다. 가능한 인력과 장비를 총동원해 필사적으로 진화하려 했지만 실패했는데 결국 눈이 내리면서 꺼졌다. 캘리포니아에서 8월에 눈이 내린 건 20년 만에 처음 있던 일이었다.

## 우리나라도 안심지대가 아니다

우리나라도 산불의 위협으로부터 자유롭지 않다. 1996년 강원도 고성에서 큰 산불이 났을 때는 울진 원자력 발전소 근처까지 가서 가슴을 쓸어내려야 했고, 2005년 양양 산불 때는 오봉산에 위치한 통일신라시대 사찰 낙산사가 불탔고, 보물 제479호인 낙산사 동종이 화마에 녹아 소실됐다. 이후에도 크고 작은 산불이 있었지만 2025년 3월 처음으로 전국에 동시다발적인 산불이 발생했다. 이 산불은 의성, 하동, 울주 등 여러 지역에 걸쳐 일어났는데 그중에서도 의성 산불은 994제곱킬로미터 산림을 불태우면서 우리나라에서 역대 세 번째로 큰 산불로 기록됐다.

1970년대 우리나라에서는 산불이 나면 해당 지자체장이 해임됐다. 산불은 그야말로 몇 년간의 산림 녹화 작업이 한순간에 무너지는

우리나라의 산불 지도

것이기 때문이다. 1970년대만 해도 4~5월에 군청에 가면 사람이 없었다고들 한다. 모두 산불 감시를 위해 산 아래에서 사람들을 통제하러 갔기 때문이다. 지금도 산에 오르면 종종 산불 감시 초소들을 볼 수 있다.

우리나라는 산불이 발생하면 총력을 다해 신속하게 진압한다. 그런데 이게 마냥 좋은 것만은 아니다. 산불을 계속 끈다는 건 산에 인화 물질이 계속 쌓이고 있다는 의미이기 때문이다. 대개 한번 산불이 난 곳은 다 타고 없어지기 마련이라 다음에 산불이 났을 때 그 영역에 다다르면 더 이상 탈 것이 없어 자연스레 불이 멈춘다. 그런데 우리는 그런 지역 없이 쌓이고 있으니 한번 불이 붙으면 정말 제대로 탈 수 있다.

### 산불, 어떻게 끌까

우리나라의 경우는 산불을 끌 때 헬기를 가장 많이 사용한다. 현재 우리나라 산림청이 보유하고 있는 진화 헬기는 50여 대이며, 항공본부와 항공관리소 13곳에 나뉘어 있다. 전 세계에서 우리나라 산림청이 가장 많은 진화 헬기를 보유하고 있는 것이라고 한다. 진화 헬기를 운전하는 건 육군에서 공격용 헬기를 모는 것과 비슷하다. 아마 파일럿들에게 있어 가장 힘든 작업 두 가지를 꼽으라면 첫째는 항공모함 위에 착륙하기, 둘째는 산불 끄기라고 할 것이다. 연기 때문에 시야는 가려지고, 내가 가지고 있는 물탱크는 제한돼 있고, 그러다 보니 핵심까지 들어가서 물을 뿌리고 나와야 하는데 여러 헬기들이 마구 들어가고, 바람은 아래에서 위로 올라오니 굉장히 혼란스러운 상황이 연출된다. 그래서 지상의 통제관이 '4시 방향에 물을 부어라', '동쪽으로 가라' 등 지시를 하면 그에 따라 화재를 진압한다.

산불 진압을 위해서는 공중에서 진압 대원이 투입되기도 한다.

캘리포니아에서 헬기가 불을 끄는 모습

15장 호주, 그리고 전 세계 생존을 위협하는 산불

우리나라는 주로 헬기에서 레펠을 이용해 강하하는데 외국에는 낙하산을 타고 내리기도 한다. 그들은 묵직한 장비를 메고 뛰어내려 산불이 더 번지지 않도록 방어선을 구축하는 작업을 한다. 러시아의 경우 한번 뛰어내리면 대개 한 달 동안 산에서 작업을 하고, 식량도 산속에서 알아서 조달할 정도다. 그만큼 산불 진화는 쉽지 않다.

우리나라는 지난 30년간 산불 감시 체제를 갖추기 위해 상당히 많은 투자를 했다. 우리나라 산불 방지 정책의 핵심은 '빠른 탐지, 조기 진화'다. 산불이 커지기 전에 조기에 진화한다는 걸 제1원칙으로 내세우고 있으며 1만 2,000명의 감시대원과 1만 명의 진화대원이 산불 조심 기간에 배치된다.

앞에서 말했지만 우리나라 산불의 대부분은 인위적인 원인에 의해 발생한다. 10년 평균으로 1년에 567건의 크고 작은 산불이 있는데 번개와 같은 자연적인 원인은 2.1건밖에 되지 않는다. 캐나다나 미국의 경우 자연적인 원인이 20퍼센트를 넘는 데 비하면 미미한 숫자다. 결국 각자가 조심하는 게 가장 중요하다.

산불을 보고 있으면 여러 가지 생각이 든다. 인류의 미래가 과연 어떻게 될까. 우리나라는 산불이 가끔 일어나는 일, 도시에서 떨어진 곳에서 일어나는 일이라고 생각하지만 호주·미국·유럽 등지에서는 국가의 존립을 위협하는 요소, 나아가 지구 존망이 걸린 일이라고 본다. 그래서 외국에서 더 기후 변화에 적극적으로 나서는 것인지도 모르겠다.

산불로 손상된 산림을 복원할 때 외형을 갖추는 데는 30년, 숲의 기능까지 구현되는 데는 50년이 필요하다. 가장 속도가 더딘 건 토양이다. 토양의 양분이 예전 수준으로 올라오는 데는 시간이 오래 걸린다. 산불 방지, 나아가 기후 변화를 위해 우리가 할 수 있는 일부터 당장 시작할 수 있으면 좋겠다.

참고문헌

## 1부
## 경제와 주택

- Aiden Reiter, Jaren Kerr, "Canada Limits International Student Numbers after Backlash Over Rising Rents", Financial Times, 2024. 2.
- Hilary Schmidt, "Sweden's Severe Housing-Market Pain Is Not Over Yet", International Banker, 2023. 9.
- IMF, "Sweden: Financial System Stability Assessment", IMF Country Reports, 2023. 3.
- James Cottrill, "Pessimism Mounts About Future of Economy and Affordability", Ipsos, 2023. 11.
- Jeremy Nuttall, "Canadian Households Now Have the Worst Debt Ratio of Any G7 Country", Toronto Star, 2023. 5.
- Kim Mackrael, Alice Uribe, "Canada Looks to Immigration to Boost Economic Recovery", The Wall Street Journal, 2021. 3.
- Michelle Butterfield, "The generation 'chasm': Young Canadians feel unlucky, unattached to the country", Global News, 2021. 11.
- Paul Vieira, "Soaring Canada Real Estate Prices Draw Campaign Pledges to Build Homes", The Wall Street Journal, 2021. 8.
- Ruchir Sharma, "A warning from the breakdown nations", Financial Times, 2024. 5.
- Tracy Walsh, "10 Reasons Why Canadians are Still Dissatisfied with the Economy, Despite the Upswing", The Conversation, 2024. 3.
- Vipal Monga, "Canada, in Policy Shift, Weighs Capping Student Visas", The Wall Street Journal, 2023. 9.
- "Approval delays linked with lower housing affordability", CMHC SCHL, 2023. 7.

# 2부
# 에너지

- Anne-Laure Klein, "Angola's Exit from OPEC: A Paradigm Shift in Global Oil Dynamics", Energy Capital & Power, 2024. 1.
- Ciara Nugent, "How Doctors Became Cuba's Biggest Export", TIME, 2018. 11.
- Collin Eaton, "Shale Is Keeping the World Awash With Oil as Conflicts Abound", The Wall Street Journal, 2024. 1.
- Dave Sherwood, Marianna Parraga, "Cuba Import Data Casts Doubt on Official 'Fuel Crisis' Explanation", Reuters, 2024. 2.
- David Wethe, Mia Gindis and Kevin Crowley, "U.S. Shale Drillers Ramp up Oil Production, Calling OPEC+ Strategy into Question", Bloomberg, 2023. 12.
- David Uberti, "The Race to Drill America's Longest Oil and Gas Wells", The Wall Street Journal, 2023. 9.
- Dong Wei, Yiqi Zhao, Hongyuan Liu, Dongbo Yang, Kai Shi, Yuping Sun, "Where Will China's Shale Gas Industry Go? A Scenario Analysis of Socio-technical Transition", Energy Strategy Reviews, 2022. 11.
- Ed Augustin, "How Cuba's Sugar Industry Has Been Ground into Dust", Aljazeera, 2023. 5.
- Emily Atkinson, "Fuel in Cuba to Become Five Times More Expensive", BBC News, 2024. 1.
- Fabio Palmigiani, "Companies Turn to Cuba Following Landmark Onshore Discovery", Upstream, 2023. 9.
- Jacques Pironon, Philippe de Donato, "How We Chanced upon What May Be the World's Largest White Hydrogen Deposit", The Conversation, 2023. 9.

- Jillian Ambrose, "Prospectors Hit the Gas in the Hunt for 'White Hydrogen'", The Guardian, 2023. 8.
- John Kemp, "Record US Oil Output Challenges Saudi Mastery", Reuters, 2023. 12.
- Kaelyn Forde, "Cuba Protests: The Economic Woes Driving Discontent", Aljazeera, 2021. 7.
- Laura Paddison, "They Went Hunting for Fossil Fuels. What They Found Could Help Save the World", CNN, 2023. 10.
- Laurent Truche et al., "A Deep Reservoir for Hydrogen Drives Intense Degassing in the Bulqizë Ophiolite", Science, vol.379, 2024. 2.
- Maria Victoria Andarcia, "Cuba Wants to Increase Nickel and Cobalt Production and Take Advantage of Rising Prices", Universidad de Navarra, 2022. 3.
- Miguel Gomes, Ahmad Ghaddar, Alex Lawler, "Angola Leaves OPEC in Blow to Oil Producer Group", Reuters, 2023. 12.
- Robert Rapier, "Global Leaders In Shale Oil And Gas Reserves", Forbes, 2024. 12.
- Ziwei Zhang, Shangyou Nie, Erica Downs, "Inside China's 2023 Natural Gas Development Report", Center on Global Energy Policy, 2023. 9.
- "China's oil production rises to 208 mln tons in 2023 - CCTV", Reuters, 2024. 1.
- "Profiling the Top Six Countries with the Largest Nickel Reserves in the World", NS Energy, 2021. 2.
- "Profiling the World's Eight Largest Cobalt-producing Countries", NS Energy, 2021. 2.
- "The Potential for Geologic Hydrogen for Next-Generation Energy", USGS, 2023. 4.
- 조용성, "서해 인접 中 보하이 유전 누적 원유생산량 5억 톤 돌파", 뉴스핌, 2023. 6.
- https://hydroma.ca/about-us-our-history

## 3부
## 인구와 기후

- Cheryl L. Reed, "Can Kazakhstan Bury Its Nuclear Past?", Foreign Policy, 2023. 1.
- Jack Leydiker, "The War in Ukraine Is Catalyzing a Linguistic Awakening in Kazakhstan", The Diplomat, 2023. 8.

**생존을 위한 최소한의 지리**

**초판 1쇄 발행** 2025년 9월 1일
**초판 6쇄 발행** 2025년 10월 10일

**지은이** 최준영
**펴낸이** 허정도

**편집장** 임세미
**책임편집** 한지은   **디자인** 용석재
**마케팅** 신대섭 김수연 배태욱 김하은 이영조   **제작** 조화연

**펴낸곳** 주식회사 교보문고
**등록** 제406-2008-000090호(2008년 12월 5일)
**주소** 경기도 파주시 문발로 249(10881)
**전화** 대표전화 1544-1900   **주문** 02)3156-3665   **팩스** 0502)987-5725

**ISBN** 979-11-7061-305-3 (03300)
책값은 표지에 있습니다.

• 이 책의 내용에 대한 재사용은 저작권자와 교보문고의 서면 동의를 받아야만 가능합니다.
• 잘못된 책은 구입하신 곳에서 바꾸어 드립니다.